edition suhrkamp 2321

Nicht nur hinsichtlich der Sozialversicherung, auch hinsichtlich der gedanklichen Durchdringung der politischen Folgeprobleme von Liberalisierung und Industrialisierung wurde im deutschen Sprachraum Pionierarbeit geleistet. Sozialpolitik ist ein sozialwissenschaftlicher Begriff, der praktisch-politische Karriere gemacht hat. Er ist um die Mitte des 19. Jahrhunderts entstanden und beruht auf der Unterscheidung von ›Staat‹ und ›Bürgerlicher Gesellschaft‹. Daß es sich hier um ein Verhältnis wechselseitiger Beeinflussung handelt, ist ein erst in der neuesten Diskussion um die ›Krise des Wohlfahrtsstaats‹ international aufgenommener Ansatz.

Vorliegende Schrift gibt einen Überblick über Entstehung und Entwicklung des sozialwissenschaftlichen Denkens mit Bezug auf Sozialpolitik und ihr verwandte Begriffe von ca. 1840 bis 1999. Sie schlägt einen Bogen von den frühen gesellschaftstheoretischen Entwürfen im Horizont der Hegelschen Rechtsphilosophie, über die Fokussierung auf die Arbeiterfrage im Kaiserreich und die ins ›Dritte Reich‹ mündenden Krisenerfahrungen der Weimarer Republik bis zu den Diskursen nach dem Zweiten Weltkrieg: Soziale Marktwirtschaft, Sozialpolitik als Gestaltung von Lebenslagen, Sozialstaatlichkeit und Krise des Wohlfahrtsstaats. Dabei werden Begriffsgeschichte und Ideengeschichte verknüpft und in ihren realgeschichtlichen Horizont gestellt, so daß zugleich eine Geschichte der Sozialpolitik in Deutschland entsteht.

Franz-Xaver Kaufmann, geb. 1932 in Zürich, lehrte bis zu seiner Emeritierung Sozialpolitik und Soziologie an der Universität Bielefeld. In der edition suhrkamp liegt vor: *Herausforderungen des Sozialstaats* (es 2053), *Varianten des Wohlfahrtsstaats. Der deutsche Sozialstaat im internationalen Vergleich* (es 2301).

Franz-Xaver Kaufmann

Sozialpolitisches Denken

Die deutsche Tradition

Suhrkamp

edition suhrkamp 2321
Erste Auflage 2003

Satz: Jung Crossmedia Publishing, Lahnau
Druck: Nomos Verlagsgesellschaft, Baden-Baden
Umschlag gestaltet nach einem Konzept von Willy Fleckhaus: Rolf Staudt
Printed in Germany
ISBN 3-518-12321-1

1 2 3 4 6 – 08 07 06 05 04 03

Inhalt

Einleitung[1]

Sozialpolitik ist ein sozialwissenschaftlicher Begriff, der praktisch-politische Karriere gemacht hat. Er entstand zuerst im deutschen Sprachraum, im Horizont der Hegelschen Unterscheidung von Staat und bürgerlicher Gesellschaft. Er fand seine allmähliche akademische Codierung durch Wissenschaftler, die dem 1873 gegründeten ›Verein für Socialpolitik‹ angehörten. Seine institutionelle Karriere begann mit den Bismarckschen Sozialreformen, doch dauerte es lange, bis er sich hier gegenüber konkurrierenden deutschen Begriffen und auch international durchsetzen konnte. Bis zum Ende der Weimarer Republik blieb Sozialpolitik vor allem ein akademischer Begriff für die unter anderen Namen sich vollziehenden institutionellen Entwicklungen. Die Einbürgerung in der Praxis erfolgte allmählich, vor allem nach dem Zweiten Weltkrieg. Die internationale Karriere des Begriffs datiert sogar erst aus den letzten drei Jahrzehnten.

Die Sache, um die es der Sozialpolitik geht, hat im Gegensatz zum Begriff ihren Ursprung nicht im deutschen Sprachraum. Schon die radikale französische Revolutionsverfassung von 1793 postulierte die Gleichberechtigung von Arbeitgeber und Arbeitnehmer sowie die Verpflichtung des Staates, jedermann Schulbildung zukommen zu lassen und für den Unterhalt ins Unglück geratener Bürger zu sorgen. Also ein wohlfahrtsstaatliches Pro-

1 Eine Vorfassung dieses Textes ist unter dem Titel »Der Begriff Sozialpolitik und seine wissenschaftliche Deutung« erschienen in: Geschichte der Sozialpolitik in Deutschland seit 1945, hg. v. Bundesministerium für Arbeit und Sozialordnung und Bundesarchiv, Bd. 1: Grundlagen der Sozialpolitik, Baden-Baden 2001, S. 3-101. Sie verdankt die Gründlichkeit ihrer Ausarbeitung den optimalen Arbeitsbedingungen im Wissenschaftskolleg zu Berlin, dem ich im akademischen Jahr 1998/99 als Fellow angehören durfte. Der Text wurde für die vorliegende Buchpublikation überarbeitet und um einige Gesichtspunkte sowie neueste Literatur ergänzt. Ich danke den Mitarbeiterinnen der Bibliothek des Wissenschaftskollegs zu Berlin für vielfältige Hilfe und zahlreichen Fellows für wertvolle Hinweise. Für Kritik und Anregungen zur Vorfassung danke ich insbesondere Christian von Ferber, Hans-Günter Hockerts, Heinz Lampert, Stephan Leibfried, Lutz Leisering, Gerhard A. Ritter und Hans F. Zacher. Schließlich danke ich den Herausgebern des Werkes, in dem die Vorfassung erschienen ist, sowie dem Nomos-Verlag für die Genehmigung zur Weiterverwendung des Textes.

gramm, das angesichts des nachfolgenden Terrors der Guillotine der Vergessenheit anheimfiel. Erste gesetzliche Regelungen der Armenfürsorge erließ die Königin von England, Elisabeth I., um 1600. Dieses »old poor law« wurde dann 1834 im Geiste von Jeremy Bentham reformiert und für die arbeitsfähig Geltenden im Sinne der Abschreckung verschärft; für die Arbeitsunfähigen wurde dagegen die Gesundheitsfürsorge eingeführt, aus der sich in der Folge ein ausgebautes öffentliches Gesundheitswesen entwickelte. Etwa gleichzeitig (1833) erließ das britische Parlament die erste Fabrikgesetzgebung zur Regulierung der Kinderarbeit und schuf das Institut der Fabrikinspektoren. Noch früher begannen der Arbeitsschutz und die Fabrikgesetzgebung in der Schweiz: die früheste Ordonnanz zum Schutze arbeitender Kinder erließ 1799 der Kanton Zürich. Im Kanton Glarus wurde schon 1848 eine Beschränkung der Arbeitszeit für Erwachsene und 1864 ein umfassendes Fabrikgesetz beschlossen, dem 1877 und 1881 eine umfassende Fabrikgesetzgebung auf Bundesebene folgte. Preußen wurde führend im Bereich staatlicher Volksbildung und regulierter Hilfskassen; dem folgte mit der Bismarckschen Sozialgesetzgebung (1883-1889) der Durchbruch zur Sozialversicherung für Arbeiter auf Reichsebene. Dänemark, das schon 1862 eine Krankenversicherung eingeführt hatte, schuf zwischen 1891 und 1907 ein System bedarfsorientierter Mindestsicherung, das nahezu die gesamte Bevölkerung vor Armut durch Berufsunfälle, Arbeitslosigkeit und Krankheit schützte.

Um 1900 war das Arsenal der heute als sozialpolitisch oder wohlfahrtsstaatlich bezeichneten Maßnahmen zur Lösung der ›Sozialen Frage‹ im Prinzip somit bereits entwickelt, nicht jedoch ein die vielen Maßnahmen im Zusammenhang thematisierendes Konzept – mit Ausnahme des deutschen Begriffs ›Sozialpolitik‹. Dies rechtfertigt eine Studie, die der Entstehung und dem Wandel dieses Begriffes nachgeht. Wie zu zeigen sein wird, führt diese Recherche in Kerngebiete der entstehenden Sozialwissenschaften und darf deshalb sowohl als Beitrag zur internationalen Erforschung der Geschichte des Wohlfahrtsstaates als auch zur Geschichte der Sozialwissenschaften in Deutschland gelten.

Mit dem Begriff Sozialpolitik wird die keineswegs selbstverständliche Einheit bestimmter institutioneller Entwicklungen postuliert, und wie zu zeigen sein wird, haben sich die Kriterien der Einheit im Laufe der Zeit gewandelt. Idee und Begrifflichkeit von Sozialpolitik sind das historische Ergebnis ethischer Ideen, sozialer Problemdiagnosen, politischer Postulate und wissenschaftlicher Konstruktionen. Diese Studie zeichnet die Entstehung und Vereinheitlichung des Gegenstandes nach, um zum einen die sachliche Reichweite des institutionellen Verständnisses von Sozialpolitik verständlich zu machen, zum anderen aber auch die Grenzen des Begriffs und die ihn in jüngerer Zeit ersetzende Begrifflichkeit des Sozial- oder Wohlfahrtsstaates zu verdeutlichen. Unter ›Sozialpolitik‹ kann auch kategorial Unterschiedliches verstanden werden: Der politische Kampf um Maßnahmen und Gesetze (*social politics*), die Durchführung staatlich veranlaßter Maßnahmen, in Deutschland auch durch verselbständigte Körperschaften oder gar private Träger (*social policies*); und schließlich die intellektuelle Auseinandersetzung um die Definition sozialer und politischer Probleme sowie die Kritik sozialpolitischer Praktiken, vor allem von seiten der Rechts-, Wirtschafts- und Sozialwissenschaften (*socio-political ideas*). Zwischen diesen drei Dimensionen bestehen natürlich Wechselwirkungen, die jedoch nur aus der dritten, wissenschaftlichen Perspektive deutlich werden, die im Zentrum dieser Untersuchung steht.

Die Differenz und Konvergenz zwischen wissenschaftlichem und praktisch-politischem Verständnis von ›Sozialpolitik‹ blieb historisch recht kontingent und kann deshalb nur beiläufig erwähnt werden.[2] Wir konzentrieren uns vielmehr auf die *Begriffs- und Reflexionsgeschichte von Sozialpolitik in Deutschland.* Verfolgt wird die Entstehung des Begriffs Sozialpolitik, und verdeut-

2 Überblicke über die Geschichte der praktischen Sozialpolitik in Deutschland geben: Syrup, Friedrich und Otto Neuloh: Hundert Jahre staatliche Sozialpolitik 1839-1939, Stuttgart 1957; Gladen, Albin: Geschichte der Sozialpolitik in Deutschland, Wiesbaden 1974; Hentschel, Volker: Geschichte der deutschen Sozialpolitik (1880-1980) – Soziale Sicherung und Kollektives Arbeitsrecht, Frankfurt/M. 1983; Frerich, Johannes und Martin Frey: Handbuch der Geschichte der Sozialpolitik in Deutschland, 3 Bde., 2. Aufl. München 1996; Lampert, Heinz: Lehrbuch der Sozialpolitik, 5. Aufl. Berlin u. a. 1998, S. 17-115; Schmidt, Manfred G.: Sozialpolitik in Deutschland: Historische Entwicklung und internationaler Vergleich, 2. Aufl. Opladen 1998, S. 21-173; Drei Wege deutscher Sozialstaatlichkeit: NS-Diktatur, Bundesrepublik und DDR im Vergleich, hg. v. Hans Günter Hockerts, München 1998; Stolleis, Michael: Historische Grundlagen: Sozialpolitik in Deutschland bis 1945, in: Geschichte der Sozialpolitik in Deutschland seit 1945, hg. v. Bundesministerium für Arbeit und Sozialordnung und Bundesarchiv, Bd. 1, Baden-Baden 2001, S. 199-332.

licht werden die Bezugsprobleme, mit deren Hilfe die Einheitlichkeit seines Gegenstandes konstruiert wurde, unter Einschluß konkurrierender Bezeichnungen. Deshalb auch ist keine vollständige Erfassung des Sprachgebrauchs beabsichtigt; hervorgehoben werden vielmehr Bedeutungen, die der Begriff in der deutschen Gelehrtensprache erhalten hat.[3] Das Quellenmaterial besteht daher im wesentlichen aus akademischen Schriften, nicht aus Dokumenten der praktischen Politik. Zwar wurden viele dieser Schriften auch in politischer Absicht oder zum mindesten im Horizont bestimmter politischer Orientierungen geschrieben; ja es ist für unseren Gegenstand charakteristisch, daß normative und deskriptive Konnotationen in schwer entwirrbarer Weise durcheinandergehen, wie das auch in der politischen Rhetorik üblich ist. Dennoch handelt es sich hier typischerweise um Äußerungen von *Wissenschaftlern*, nicht von Politikern oder Verwaltungsleuten. Soweit ersichtlich, werden jedoch Punkte markiert, an denen Wissenschaft und Politik sich begegneten und wo Transfers aus der einen oder anderen Richtung zur historischen Konstitution des Gegenstandes beigetragen haben.

Ein Defizit der bloß begriffsgeschichtlichen Betrachtung[4] be-

3 Dabei werden die eher seltenen Versuche übergangen, ›Sozialpolitik‹ zu einem universalhistorischen Begriff zu machen; vgl. zuletzt Molitor, Bruno: Sozialpolitikgeschichte in theoretischer Sicht, in: Hamburger Jahrbuch für Wirtschafts- und Gesellschaftspolitik 35 (1990), S. 149-170. Und es kann ebensowenig darum gehen, die Gesamtheit der Ideen und wissenschaftlichen Auffassungen und Debatten nachzuzeichnen, welche die Problemlagen betreffen, die gelegentlich dem Begriff Sozialpolitik zugeordnet wurden. Vgl. für die ältere Zeit Philippovich, Eugen von, und Heimann, Eduard: Entwicklungsgang der wirtschafts- und sozialpolitischen Systeme und Ideale, in: Grundriß der Sozialökonomik I. Abt., I. Teil: Wirtschaft und Wirtschaftswissenschaft, 2. Aufl. Tübingen 1924, S. 125-201; ferner Keller, Paul: Dogmengeschichte des wohlstandspolitischen Interventionismus. Winterthur 1955; Scheer, Christian: Sozialstaat und öffentliche Finanzen, Köln 1975; Ritter, Gerhard A.: Zur Geschichte der sozialen Ideen im 19. und frühen 20. Jahrhundert, in: ders.: Arbeiter, Arbeiterbewegungen und soziale Ideen in Deutschland, München 1996, S. 11-66.

4 Zu Aufgaben und Methoden der Begriffsgeschichte vgl. Meier, H. G.: Begriffsgeschichte, in: Historisches Wörterbuch der Philosophie, hg. v. Joachim Ritter, Bd. 1, Darmstadt 1971, Sp 788-808; Gadamer, Hans-Georg: Die Begriffsgeschichte und die Sprache der Philosophie, Opladen 1971; Historische Semantik und Begriffsgeschichte, hg. v. Reinhart Koselleck, Stuttgart 1978; Koselleck, Reinhart: Sozialgeschichte und Begriffsgeschichte, in: Sozialgeschichte in Deutschland, hg. v. Wolfgang Schieder und Volker

steht in dem Umstand, daß realgeschichtliche Kontexte der begrifflichen Veränderungen unterbelichtet bleiben.[5] Auch die akademischen Erörterungen um Sozialpolitik beziehen sich in der Regel auf eine konkrete gesellschaftliche und politische Situation, die den Horizont der jeweiligen Überlegungen bildet. Dieser kommt jedoch in den begrifflichen Erörterungen meist nicht direkt zum Ausdruck. Deshalb werden gelegentlich, allerdings in sehr summarischer Form, auch realhistorische Bezüge hergestellt, so daß diese Studie auch einen Beitrag zu einer historischen Soziologie der Sozialpolitik leistet. Denn wie die meisten ›großen‹ Gegenstände der Soziologie ist Sozialpolitik uns nur als historischer Gegenstand und in begrifflicher Form gegeben.[6]

Der begriffsgeschichtliche Befund zeigt im Zeitablauf starke Veränderungen im dominanten Sinngehalt von ›Sozialpolitik‹, wobei Perspektiven, die am Anfang standen, in jüngster Zeit wieder an Bedeutung gewonnen haben. Auch deshalb ist es wichtig, das sozialpolitische Denken in den jeweiligen historischen Kontext zu stellen. Der Begriffswandel ist nicht beliebig, und demzufolge auch nicht der ›Sinn‹ von Sozialpolitik. In der deutschen Tradition meine Sozialpolitik stets mehr als politische Maßnahmen zugunsten Hilfebedürftiger oder sozial Benachteiligter. Nahezu alle sozialpolitischen Diskurse implizieren auch gesellschaftstheoretische Vorstellungen.

Eine letzte Vorbemerkung: Aus der Sicht der großen politischen Strömungen des 19. und 20. Jahrhunderts, nämlich Libera-

Sellin, Bd. I: Die Sozialgeschichte innerhalb der Geschichtswissenschaft, Göttingen 1986, S. 89-109.

5 Hierauf weist zu Recht hin: Dipper, Christoph: Sozialreform – Geschichte eines umstrittenen Begriffs, in: Archiv für Sozialgeschichte 32 (1992), S. 323-351, hier S. 324f. Diese Studie zu einem sehr verwandten Begriff erwies sich als besonders hilfreich und sei zur Ergänzung empfohlen. – Die in reicher Zahl vorliegenden, meist älteren Studien zum Begriff der Sozialpolitik entbehren der begriffsgeschichtlichen Methodik. Am ertragreichsten ist immer noch: Philippovich, Eugen von: Das Eindringen der sozialpolitischen Ideen in die Literatur, in: Die Entwicklung der Volkswirtschaftslehre im neunzehnten Jahrhundert. Gustav Schmoller zur siebenzigsten Wiederkehr seines Geburtstages, Teil II, Leipzig 1908, XXXI, S. 1-51.

6 Auf das häufige Fehlen dieses historischen Sinns in der gegenwärtigen deutschen Soziologie weist Hans-Ulrich Wehler hin: Soziologie und Geschichte als Nachbarwissenschaften, in: Soziologischer Eigensinn – Zur ›Disziplinierung‹ der Sozialwissenschaften, hg. v. Christiane Funken, Opladen 2000, S. 113-121.

lismus, Sozialismus und Konservatismus, hat sich Sozialpolitik als eine anscheinend heterogene Folge inkonsistenter Kompromisse entwickelt. Demgegenüber liegt dieser Darstellung die Auffassung zugrunde, daß die Geschichte der Sozialpolitik in Deutschland Ausdruck einer eigenständigen ›reformistischen‹ Strömung ist, die sich zwar im Spannungsfeld der drei genannten ›Großideologien‹ entwickelt hat, aber durchaus eigenständige Wurzeln (insbesondere im Ethos der beiden großen christlichen Konfessionen[7]) und ideologische Positionen aufweist. Dabei erscheinen die sozialdemokratische, die christlich-soziale und die sozialliberale Position nicht nur als mehr oder weniger konsistente Kompromisse zwischen liberalen, sozialistischen und konservativen Ideen, sondern vielfach auch als produktive Synthesen mit weiter reichenden, eigenständigen Perspektiven. Von daher wird verständlich, weshalb ›reine‹ liberale, sozialistische und konservative Positionen in dieser Darstellung eine untergeordnete Rolle spielen.

7 Vgl. hierzu Moenning, Maria: Die Stellung der deutschen katholischen Sozialpolitiker des 19. Jahrhunderts zur »Staatsintervention« in der sozialen Frage, Diss. Münster 1927; Bredendiek, Walter: Christliche Sozialreformer des 19. Jahrhunderts, Leipzig 1953; Liebersohn, Harry: Religion and Industrial Society. The Protestant Congress in Wilhelmine Germany. Philadelphia 1980; Kaufmann, Franz-Xaver: Christentum und Wohlfahrtsstaat, in: Zeitschrift für Sozialreform 34 (1988), S. 65-89 (mit weiteren Nachweisen); Soziale Reform im Kaiserreich: Protestantismus, Katholizismus und Sozialpolitik, hg. v. Jochen-Christoph Kaiser und Wilfried Loth, Stuttgart 1997. Nicht zu vergessen sind ferner erhebliche wissenschaftliche und praktische Beiträge der jüdischen Intelligenz zur deutschen Sozialpolitik bis 1933. Dies ist erst für das Gesundheitssystem aufgearbeitet, vgl. hierzu Tennstedt, Florian und Stephan Leibfried: Sozialpolitik und Berufsverbote im Jahre 1933, in: Zeitschrift für Sozialreform 25 (1979), S. 129-153, 211-238.

1. Social-Politik als Vermittlung zwischen ›Staat‹ und ›bürgerlicher Gesellschaft‹

Das Wort ›sozial‹ ist erst in den dreißiger Jahren des 19. Jahrhunderts in die deutsche Sprache eingedrungen, so daß es sich erübrigt, die Archäologie unseres Begriffs weiter zurückzuverfolgen.[8] In den vierziger Jahren bürgerte es sich in der Schreibweise ›social‹ rasch ein[9] und gab zur Entstehung einer Vielzahl von Komposita und verwandten Wörtern Anlaß, unter denen für unseren Zusammenhang die Termini ›soziale Frage‹, ›soziale Bewegung‹, ›Sozialismus‹, ›Sozialwissenschaft‹, ›soziale Reform‹, ›Sozialstaat‹ und ›soziale Politik‹ (bzw. ›sozialpolitisch‹) von besonderer Bedeutung sind.[10] Diese weitgehend unabhängig voneinander entstandenen Bezeichnungen konvergierten in den fünfziger und sechziger Jahren zu einem Bedeutungsfeld, dessen spezifische Differenz durch das Adjektiv ›sozial‹ bezeichnet wird, das somit den Anfangspunkt einer begriffsgeschichtlichen Rekonstruktion bildet.

1.1 Sozial – Sozialismus – Gesellschaftslehre

In den vierziger Jahren des 19. Jahrhunderts erreichte die Spannung zwischen der vergehenden Epoche des agrarischen Feudalismus und der heraufkommenden Epoche der Liberalisierung

8 Nachweise bei Geck, L. H. Adolph: Über das Eindringen des Wortes ›sozial‹ in die deutsche Sprache, Göttingen 1963. Erwähnt sei immerhin der bisher älteste Nachweis unserer Wortverbindung bei Langemarck, Lucas Friedrich: Das allgemeine gesellschaftliche Recht nebst der Politik, Berlin 1745: »die gesellschaftliche Politik oder Sittenlehre (Prudentiam, Politicam socialem)«, zitiert bei Geck, S. 21f.

9 Die Schreibweise ›sozial‹ setzte sich erst um 1900 generell durch; beispielsweise schrieb das vom Verlag Brockhaus herausgegebene Konversationslexikon in seiner 13. Auflage (1882-1887) bereits ›sozial‹, kehrte jedoch in der 14. Auflage (1892-1895) zur Schreibweise ›social‹ zurück. Im folgenden werden Titel in der ursprünglichen Schreibweise zitiert; bei Textzitaten wurde die Schreibweise modernisiert.

10 Der Zusammenhang dieser Begriffe wurde herausgearbeitet von Pankoke, Eckart: Sociale Bewegung – Sociale Frage – Sociale Politik. Grundfragen der deutschen ›Socialwissenschaft‹ im 19. Jahrhundert, Stuttgart 1970.

und Industrialisierung in Europa ihren Höhepunkt. Hungersnöte, Arbeiteraufstände, Revolutionsversuche und Bürgerkriege bildeten die emotionalisierende Basis für die wissenschaftlichen Deutungsversuche und ideenpolitischen Auseinandersetzungen der Zeit. Dabei blieben politische (Nationalismus und Konstitutionalismus) und soziale Probleme (Pauperismus, Verstädterung, Verelendung der Arbeiter) eng ineinander verwoben. Dementsprechend unterlag auch das entstehende sozialwissenschaftliche Denken den unterschiedlichen Strömungen des Zeitgeistes. Das gilt insbesondere für England und Frankreich, die Länder mit den größten sozialen Veränderungen.[11] Der politisch noch nicht geeinigte deutsche Sprachraum blieb auch hinsichtlich der Industrialisierung im Rückstand. Deshalb reflektierten die deutschen Sozialwissenschaftler vorzugsweise die Verhältnisse in England und Frankreich; sie hatten somit einen distanzierteren Blick auf die neuen Verhältnisse, was der Entstehung einer eigenständigen Sozialwissenschaft förderlich war. Mit Bezug auf das sozialwissenschaftliche Denken war im 19. Jahrhundert der deutsche Sprachraum führend. Das rechtfertigt eine ausführliche Darstellung dieser frühen Zusammenhänge.

1.1.1 Das ›Soziale‹ als Ausdruck von Säkularisierung

›Sozial‹ geht auf das lateinische *socialis* zurück, das schon im Altertum durch Seneca mit der Gesellschaftslehre verknüpft worden war. Er übersetzte das aristotelische *zoon politicon* mit *animal sociale*, und von da an diente das lateinische Wort *socialis* zur Bezeichnung des spezifisch politischen bzw. gesellschaftlichen Zustandes des Menschen. Diese Begrifflichkeit wurde durch die mittelalterliche Philosophie theologisch überhöht: Das menschliche Zusammenleben resultierte hier aus der göttlichen Vernunftbegabung des Menschen, dem die Fähigkeit gegeben war, das von

11 Für England vgl. Pinker, Robert: Social Theory and Social Policy, London 1971; Metz, Karl H.: Liberalismus und soziale Frage. Liberales Denken und die Auswirkungen der Industrialisierung in Großbritannien des 19. Jahrhunderts, in: Zeitschrift für Politik 32 (1985), S. 375-392. Für Frankreich vgl. Donzelot, Jacques: L'invention du social. Essai sur le déclin des passions politiques, Paris 1984; Castel, Robert: Metamorphosen der sozialen Frage. Eine Chronik der Lohnarbeit, Konstanz 2000 (franz. 1995).

Natur her Rechte zu erkennen. Dieser christliche Bedeutungsgehalt wurde sodann im 17. Jahrhundert durch die neuzeitliche Naturrechtslehre in Frage gestellt. In dieser durch Hugo Grotius und Samuel Pufendorf begründeten Denktradition gewannen der Begriff *socialis* bzw. die davon abgeleiteten Substantive *socialitas* und *sociabilitas* kategorialen Charakter zur Bezeichnung menschlichen Zusammenlebens und der Frage nach seinen Gründen.[12] Entsprechend der sich säkularisierenden Weltauffassung wurde die menschliche Neigung zum Zusammenleben und zum politischen Zusammenhalt nun nicht mehr durch eine von der göttlichen Weisheit abgeleitete gemeinsame Menschenvernunft getragen, sondern *bedurfte einer spezifischen Begründung*. Und diese Begründungslast wurde um so größer, je stärker sich das naturrechtliche Denken mit den Auffassungen des aufklärerischen Individualismus verband.[13]

Seit Ende des 18. Jahrhunderts findet sich »der als Fremdwort in das Deutsche übernommene Terminus ›Socialisten‹ als durchaus wertfreie Bezeichnung der naturrechtlichen Sozialphilosophie der Schule von Grotius und Pufendorf«.[14] Als Sozialisten galten somit zunächst diejenigen Philosophen, die als erste die Frage nach der Ordnung menschlichen Zusammenlebens unter rein innerweltlichen Prämissen stellten. Dies geschah hier noch unter primär *politischen* Vorzeichen. Diejenigen Denker, die ab Mitte der 1830er Jahre unter dem Namen ›Sozialisten‹ zusammengefaßt wurden – insbesondere Robert Owen, Saint-Simon und Fourier – unterschieden sich von ihnen vor allem darin, daß sie eine Lösung der Probleme menschlichen Zusammenlebens nicht mehr von politischen Reformen oder Revolutionen, sondern von ›gesellschaftlichen‹ Veränderungen, insbesondere einer

12 Nach Schieder, Wolfgang: Sozialismus, in: Geschichtliche Grundbegriffe. Historisches Lexikon zur politisch-sozialen Sprache in Deutschland, hg. v. Otto Brunner, Werner Conze und Reinhart Koselleck, Bd. 5, Stuttgart 1984, S. 923-996, hier S. 924. Vgl. auch Müller, Hans: Ursprung und Geschichte des Wortes Sozialismus und seiner Verwandten, Hannover 1967, S. 23-46.

13 Aus dieser Begründungsproblematik ist nicht nur die moderne politische Philosophie, sondern auch die Soziologie entstanden. Niklas Luhmann bezeichnet »die ungesicherte Möglichkeit von Sozialität überhaupt« als »die Disziplin konstituierende Problemstellung«. Luhmann, Niklas: Wie ist soziale Ordnung möglich?, in: ders.: Gesellschaftsstruktur und Semantik, Bd. 2, Frankfurt/M. 1993, S. 195-285, Zitat S. 195.

14 Schieder, Sozialismus, S. 930.

Umwandlung der *Eigentumsverhältnisse* erwarteten. Diese Verschiebung des Problembewußtseins steht in einem engen Zusammenhang mit der Entstehung einer eigenständigen, von politischer- und Rechtsphilosophie getrennten *Gesellschaftslehre*.

Vereinzelt findet sich auch bereits um 1800 das deutsche Wort ›social‹, doch bürgerte sich sein Gebrauch noch nicht ein.[15] *Socialis* wurde in der Regel mit ›gesellschaftlich‹ oder mit inzwischen ungebräuchlich gewordenen Termini übersetzt. Dagegen hat *social* im Französischen seit Rousseaus *Contrat social* (1762) schon um die Wende zum 19. Jahrhundert weite Verbreitung gefunden. Berücksichtigt man, daß lediglich die deutsche Sprache die Unterscheidung von ›sozial‹ und ›gesellschaftlich‹ als Übersetzungen von *socialis* bzw. *social* kennt, so ist diese Doppelung erklärungsbedürftig. Der Umstand, daß sich bis heute in der Alltagssprache keine eindeutige Bedeutungsdifferenz etabliert hat, mag dazu beigetragen haben, daß diese Frage in der bisherigen begriffsgeschichtlichen Literatur kaum behandelt wird.

›Social‹ bürgerte sich im Deutschen im Zuge einer Umcodierung des Begriffs ›Gesellschaft‹ ein, an die hier kurz zu erinnern ist.[16] Bis zur Wende zum 19. Jahrhundert blieb die Verwendung des Wortes ›Gesellschaft‹ als vorherrschende Übersetzung des lateinischen *societas* vielfältig und deckte nahezu alle Formen menschlichen Zusammenlebens ab. Spezifischer verwendet wurde die Bezeichnung ›bürgerliche Gesellschaft‹ (*societas civilis*), die im Anschluß an die aristoteliche Auffassung die *politische Form der Vergesellschaftung* meinte. Die bürgerliche Gesellschaft wurde somit als Herrschaftsverband verstanden, wobei sich im Zuge des neuzeitlichen Naturrechtsdenkens lediglich die Legitimationsgrundlage für Herrschaft von der theologischen zur vertragstheoretischen Begründung verschob.

Die älteren Herrschaftsformen sind stets als Verknüpfung von Hausherrschaft und politischer Herrschaft zu verstehen; die einzig rechtsfähigen ›Bürger‹ der vorrevolutionären ›Gesellschaft‹ (*societas civilis cum imperio*) waren somit die ›Hausherren‹, die

15 Vgl. Geck, Das Eindringen, S. 25ff.; ders.: Das Aufkommen des Wortes ›sozial‹ im Deutschen, in: Die Muttersprache. Zeitschrift zur Pflege und Erforschung der deutschen Sprache, Jahrgang 1961, S. 294-308.

16 Vgl. zum folgenden Riedel, Manfred: Gesellschaft, bürgerliche, in: Geschichtliche Grundbegriffe, Bd. 2, 1979, S. 719-800; ders.: Gesellschaft, Gemeinschaft. Ebd. S. 801-862.

ihrerseits Herrschaftsbefugnisse gegenüber den im politischen Sinne rechtlosen Hausangehörigen besaßen. Diese *intermediäre Struktur* blieb trotz vielfältiger Veränderungen der Machtverhältnisse zwischen politischen Herren (Könige, Fürsten, Magistrate) und Hausherren sowie deren Zusammenschlüssen (Stände, Korporationen) charakteristisch für die politisch-sozialen Verhältnisse in großen Teilen Europas vom Altertum bis zur Französischen Revolution. In politischer Hinsicht war gerade die Abschaffung aller *corps intermédiaires* und die Einräumung bürgerlicher Rechte für alle Menschen das Revolutionäre der Ereignisse von 1789; selbst hier blieben jedoch die Frauen und das abhängige Gesinde noch von den politischen Beteiligungsrechten ausgeschlossen! Und mit der Restauration der Monarchie (1814) wurde das Wahlrecht auf die wohlhabendsten Bürger beschränkt.

Die Einräumung *bürgerlicher Rechte* und damit die Abschaffung alter Schutz- und Gehorsamspflichten vollzog sich – nicht zuletzt infolge der napoleonischen Kriege – rasch in ganz Europa. Die Verallgemeinerung der *politischen Beteiligungsrechte* für die unterbürgerlichen Bevölkerungsgruppen sowie für die Frauen ließ dagegen auf sich warten und bildete ein zentrales Thema der politischen Auseinandersetzungen bis zum Ersten Weltkrieg. Neben den Kampf gegen die politische trat jedoch bald auch der Kampf gegen die soziale Ungleichheit, wobei das Verhältnis beider Formen der Ungleichheit zueinander je nach politischer Richtung recht unterschiedlich gesehen wurde. Vielfach artikulierte sich diese Differenz der Perspektiven in der Begrifflichkeit des Verhältnisses von ›politischer‹ zu ›sozialer Reform‹.[17] Die Diagnose der Vertreter *sozialer* Reform hatte bereits 1837 der badische Abgeordnete Buß klar formuliert: »Da die unsichere rechtliche und politische Stellung der Arbeiter vorzugsweise in ihrer ungünstigen ökonomischen Lage wurzelt, so muß auch in rechtlicher und politischer Beziehung die Hilfe von der wirtschaftlichen Besserstellung der Arbeiter erwartet werden.«[18] Oder pla-

17 Hierzu Dipper, Sozialreform, S. 326ff.

18 Buß, Franz Josef von: Begründung seiner Motion betreffend die Fabrikgesetzgebung im badischen Landtag (1837), hier zitiert nach: Kuczynski, Jürgen: Bürgerliche und halbfeudale Literatur aus den Jahren 1840-1847 zur Lage der Arbeiter. Eine Chrestomathie, Berlin 1960, S. 248. Die Motion von Buss gilt heute als die erste ›sozialpolitische‹ Initiative auf dem Gebiet Deutschlands.

stischer: »Was gibt die Konstitution dem Volke? Rechte, aber kein Brot, keine Arbeit, keine Erziehung. Rechte sind Steine, und diese Steine erhalten nicht einmal alle; wer im niedrigsten Falle keine 20 Gulden Steuern bezahlt, wer also nicht schon Brot hat, erhält nicht einmal die Steine des Rechts.«[19]

1.1.2 Die Differenzierung zwischen dem Politischen und dem Gesellschaftlichen: G. W. F. Hegel

Die konzeptuelle Unterscheidung von ›Staat‹ und ›(bürgerlicher) Gesellschaft‹ (*societas civilis sine imperio*) bzw. zwischen dem ›Politischen‹ und dem ›Gesellschaftlichen‹ bereitete sich bei den Kritikern des Absolutismus seit Montesquieu[20] vor; sie hat jedoch erst in der Hegelschen Rechtsphilosophie zu einem klaren Begriff gefunden. Das Politische und das Gesellschaftliche erscheinen hier erstmals als zwei getrennte, von *unterschiedlichen* Rechtsprinzipien dominierte Sphären, deren *Verhältnis* in der Folge zum Grundproblem von ›Social-Politik‹ wird.

Der neue Gedanke der entstehenden ›Gesellschaftslehre‹ ist jener der *Eigendynamik des Gesellschaftlichen.* Indem politische Herrschaft an die Regeln des Rechts gebunden und durch die Freiheitsrechte der Verfassung beschränkt wurde, gleichzeitig jedoch mit der Abschaffung der feudalen Bande die Individuen in die Freiheit entlassen und zur Konkurrenz gezwungen wurden, entstand eine politisch nicht mehr beherrschbare Dynamik, die nach den liberalen Grundsätzen einer Selbstbeschränkung des Staates auch nicht kontrolliert werden sollte. Sie äußerte sich in vielfältiger Weise: Als Verbreitung wirtschaftlicher Konkurrenz, als Landflucht und Verstädterung, als Ausbreitung der Industrie und als Zerstörung der protoindustriellen Heimarbeit sowie in einem allgemeinen Bevölkerungswachstum, das sowohl durch den Sterblichkeitsrückgang als auch durch die Abschaffung der Heiratserlaubnisse stimuliert wurde. So wuchs die Zahl der entwurzelten Arbeitsuchenden sprunghaft an, die vielfach auch keinen festen Wohnsitz hatten. Dieser sich vor aller Augen abspielende

19 Grün, Karl: Die soziale Bewegung in Frankreich und Belgien (1845), Nachdruck Hildesheim 1974, S. 19.

20 Vgl. insbesondere Montesquieu: De l'ésprit des lois, Genf 1745, 26. Buch, 15. bis 19. Kapitel.

Wandel der Lebensverhältnisse wurde in den 1820er und 1830er Jahren vor allem unter dem Begriff des ›Pauperismus‹ diskutiert, doch ab 1840 bürgerte sich ein neuer Name ein: Die *›Soziale Frage‹*.[21] Diese Umbenennung deutet auf ein neues Problembewußtsein hin: Es ging nun nicht mehr nur um die Behandlung der Armen, sondern um das Verhältnis zwischen den ›Ständen‹ oder ›Klassen‹, um eine Frage der *gesellschaftlichen Struktur*.

Der Inhalt der neuen Lehre von der ›Gesellschaft‹ blieb das ganze 19. Jahrhundert hindurch umstritten, und ebenso der Gegenstand der entstehenden Gesellschafts- oder Sozialwissenschaft.[22] Für unseren Zusammenhang sind nur Denktraditionen von Bedeutung, die den *Unterschied von Staat und Gesellschaft* systematisch reflektieren.

Die Auflösung der millenären Vorstellung einer durch politische Herrschaft konstituierten gesellschaftlichen Einheit in die Differenz von Staat, bürgerlicher Gesellschaft und Familie durch Hegel stellt den Anfang einer *Theorie funktionaler Differenzierung moderner Gesellschaften* dar, die insbesondere durch Talcott Parsons und Niklas Luhmann zu einem der bedeutendsten Paradigmen moderner Gesellschaftstheorie geworden ist.[23] Hegels Begriff der bürgerlichen Gesellschaft orientiert sich – in moderner Terminologie – am ökonomischen Teilsystem von Gesellschaft, dessen Konzeptualisierung als eigendynamisches System marktvermittelter Arbeitsteilung bereits durch Adam Smith, Jean Baptiste Say und David Ricardo vorangetrieben worden war. Während sich menschliche Freiheit im Staate nach Hegel als freie Bejahung einer die Freiheit auch der Mitmenschen sichernden Rechtsordnung äußert und in der Familie die sittliche Bedingung ihrer Entfaltung findet, äußert sie sich in der bürgerlichen Gesell-

21 Zuerst als Übersetzung des französischen *question sociale* (z. B. Heinrich Heine ab 1840), wie denn überhaupt die frühe Verwendung von ›sozial‹ und seiner Komposita auf französische Einflüsse verweist. Vgl. Geck, Das Aufkommen, S. 303 f.; ferner Pankoke, Eckart: Soziale Frage, in: Historisches Wörterbuch der Philosophie, Bd. 9, 1995, Sp. 1129-1134.

22 Vgl. Gesellschaftslehre, hg. v. Eckart Pankoke, Frankfurt/M. 1991; Jonas, Friedrich: Geschichte der Soziologie, Bd. 1, Reinbek bei Hamburg 1976.

23 Vgl. zusammenfassend: Gesellschaftliche Differenzierung. Zur Geschichte einer Idee, hg. v. Niklas Luhmann, Opladen 1985. Zum Zusammenhang zwischen der Transformation der Gesellschaftsstrukturen und dem Wandel der Begrifflichkeiten vgl. grundsätzlich: Luhmann, Niklas: Gesellschaftliche Struktur und semantische Tradition, in: ders.: Gesellschaftsstruktur und Semantik, Bd. 1, Frankfurt/M. 1993, S. 9-71.

schaft als ungebundener Wille zur Befriedigung von Bedürfnissen. Dieser Wille verwirklicht sich als Arbeit, die unter den Bedingungen der bürgerlichen Gesellschaft vornehmlich zur Arbeit für die Befriedigung der Bedürfnisse anderer als Bedingung der Befriedigung eigener Bedürfnisse wird.[24] *Im Unterschied zur ökonomischen Theorie konzeptualisierte Hegel somit die ökonomischen Verhältnisse nicht als durch Marktpreise vermittelte Tauschprozesse, sondern als Beziehungen zwischen Individuen.* Nicht die Güter, sondern die Bedürfnisse des Wirtschaftsbürgers und seine Arbeit bilden den Ausgangspunkt seines Denkens. Diese führen jedoch nicht von allein zu einem »System der Bedürfnisse«, wie es die *bürgerliche Gesellschaft* darstellt. Vielmehr wird die wechselseitige Vorteilhaftigkeit der »Vermittelung des Bedürfnisses« erst durch die Gewährleistung des Privateigentums und die Rechtssicherheit der Vertragsverhältnisse, also durch *Leistungen des Staates* hergestellt.[25] Die Konstitutionalisierung der politischen Herrschaft, also die Entstehung des Verfassungsstaates, hat Hegel als die geschichtliche Verwirklichung der Vernunft begriffen.[26] Das Individuum wird somit in der Hegelschen Gesellschaftstheorie im doppelten Sinne zum Bürger: als *Citoyen* im Staate und als *Bourgeois* in der bürgerlichen Gesellschaft.[27]

Hegel betont die »Zufälligkeit und Willkür« der Verhältnisse in der bürgerlichen Gesellschaft. Diese sei kein Naturzustand, sondern das Ergebnis der eigennützigen Interessenverfolgung willkürlich handelnder Individuen. Im Unterschied zu den grundsätzlich gleichen Bürgerrechten im Verfassungsstaat resultiert in

24 Zu Hegels Gesellschaftslehre vgl. die vorzügliche Zusammenfassung bei Jonas, Geschichte, S. 144-163; zu Hegels Begriff der bürgerlichen Gesellschaft ferner Pankoke (Hg.), Gesellschaftslehre, S. 288-304 (= §§ 182-207 aus Hegels Grundlinien der Philosophie des Rechts) und Pankokes Kommentar, ebd. S. 1046-1064.

25 Vgl. Hegel, Georg Wilhelm Friedrich: Grundlinien der Philosophie des Rechts, hg. v. Johannes Hoffmeister, 4. Aufl. Hamburg 1955, § 188.

26 Vgl. hierzu Siep, Ludwig: Verfassung, Grundrechte und soziales Wohl in Hegels Philosophie des Rechts, in: ders., Praktische Philosophie im Deutschen Idealismus, Frankfurt/M. 1992, S. 270-284.

27 Für die hier vertretene differenzierungstheoretische Interpretation Hegels, die bei Luhmann merkwürdig unterbelichtet bleibt, vgl. Horstmann, Rolf-Peter: Hegels Theorie der bürgerlichen Gesellschaft, in: Hegel, G. W. F.: Grundlinien der Philosophie des Rechts, hg. v. Ludwig Siep, Berlin 1997, S. 193-216; eine systematische Interpretation der ökonomischen Äußerungen Hegels gibt Priddat, Birger: Hegel als Ökonom, Berlin 1990.

der bürgerlichen Gesellschaft aus der »Ungleichheit der Geschicklichkeit, des Vermögens und selbst der intellektuellen und moralischen Bildung« der Individuen eine »in der Idee enthaltene [...] Ungleichheit der Menschen«, und dieser »die Forderung der *Gleichheit* entgegensetzen, gehört dem leeren Verstande an.«[28] Die *soziale Ungleichheit* der Personen ist somit für Hegel ein *konstitutives* Moment der bürgerlichen Gesellschaft.[29] Dieser Gedanke wurde in der Folge von Karl Marx und Lorenz von Stein in klassentheoretischer Perspektive aufgenommen und mit den Diagnosen der Frühsozialisten auf unterschiedliche Weise verknüpft.

Festzuhalten bleibt zunächst, daß mit der Hegelschen Gesellschaftstheorie zum erstenmal wesentliche Merkmale der neuzeitlichen, industriell-kapitalistischen Gesellschaft und damit auch die implizite Spannung auf den Begriff gebracht wurden, die zwischen dem politischen Gleichheitsideal und der sozioökonomischen Ungleichheit besteht. Durch Hegel kommt ›die Gesellschaft‹ sozusagen zu sich selbst. Im Begriff der *Sozialen Frage* thematisierte die bürgerliche Öffentlichkeit erstmals die Spannung zwischen den politischen Idealen bürgerlicher Gleichheit und der faktischen sozialen Entwicklung, die sich vor allem in

28 Hegel, Grundlinien, § 200. (Hervorhebungen in Zitaten entsprechen im folgenden grundsätzlich dem Original; gelegentlich wurden Hervorhebungen ohne ausdrücklichen Hinweis weggelassen.)

29 Hegel übersah nicht die problematischen Aspekte der zeitgenössischen Verelendung, was allerdings in den »Grundlinien« (vgl. § 243 f.) weit weniger zum Ausdruck kommt als in den Vorlesungsnachschriften: »Die Entstehung der Armut ist überhaupt eine Folge der bürgerlichen Gesellschaft, und sie ergibt sich im ganzen notwendig aus derselben. Es häuft sich so Reichtum ohne Maß und Grenze an der einen und Not und Elend an der anderen Seite. Die Vermehrung des Reichtums und der Armut hält gleichen Schritt. Die Notwendigkeit dieser Erscheinung besteht darin, daß die Arbeiten zur Befriedigung der Bedürfnisse abstrakter werden. [...] An die Stelle der abstrakten Arbeit tritt, wie wir sahen, die Maschine. Dadurch werden die Wirkungen der abstrakten Arbeit noch vermehrt [...]. Auf all diese Weise häuft sich die Not und die Armut. Zugleich werden die Individuen durch die Teilung der Arbeit immer abhängiger.« Hegel zieht aus dieser Diagnose auch bereits sozialpolitische Konsequenzen (ohne allerdings den Terminus zu benutzen): »Dies ist die höhere Sorge, welche der Verwaltung obliegt. Sie hat so dafür zu sorgen, daß den Individuen Möglichkeit gegeben ist, durch Arbeit das Ihrige zu verdienen. Wenn Arbeitslose vorhanden sind, so haben diese ein Recht zu fordern, daß ihnen Arbeit verschafft wird.« Hegel, G. W. F.: Die Philosophie des Rechts: Die Vorlesung von 1819/20 in einer Nachschrift, hg. v. Dieter Henrich, Frankfurt/M. 1983, S. 192ff.; zitiert bei Pankoke, Gesellschaftslehre, S. 1050f.

Frankreich in wiederholten gewaltsamen Auseinandersetzungen entlud. Aber auch im deutschen Sprachraum waren es die böhmischen und schlesischen Weberaufstände (1844), die der sozialen Frage öffentliche Resonanz verschafften und damit das Interesse für ein besseres Verständnis der modernen Gesellschaft stimulierten.[30]

Im Unterschied zum überwiegend deskriptiven Gebrauch von *social* im Französischen und im Englischen kommt dem Wort ›sozial‹ im deutschen Sprachraum vielfach ein normativer – bald werthafter, bald kritischer – Sinn zu. Dabei verband sich sein Sinn zunächst eng mit der Armuts- und später mit der Arbeiterfrage.[31] Auch wenn es im allgemeinen Sprachgebrauch der Zeit an Trennschärfe zwischen ›gesellschaftlich‹ und ›sozial‹ mangelte, so läßt sich doch die spezifische Differenz der Konnotationen auf das Verhältnis zwischen einem deskriptiven (›gesellschaftlich‹) und einem normativen bzw. kritischen Sinn (›sozial‹) bringen.[32] Das Soziale wurde dabei vielfach in einen Gegensatz zum Individualistischen gesetzt und erscheint dann als das, was der bürgerlichen Gesellschaft im liberalen Sinne *fehlt*.[33] Dieses Fehlen erscheint jedoch nicht als konstitutiver Mangel des Kapitalismus, wie bei Karl Marx, sondern als durch ›soziale Reform‹ oder ›soziale Politik‹ *behebbar*.[34]

30 Dipper, Sozialreform, S. 326f. Wie sehr diese Bemühungen allerdings durch eine paternalistische Staatsadministration gehemmt wurden, zeigt Reulecke, Jürgen: Sozialer Frieden durch soziale Reform. Der Zentralverein für das Wohl der arbeitenden Klassen in der Frühindustrialisierung, Wuppertal 1983.

31 Müller, Ursprung, S. 119ff., 192f.

32 Zum Bedeutungsraum von ›sozial‹, insbesondere auch im Hinblick auf die Wortfügung vom *sozialen Staat* vgl. Benda, Ernst: Industrielle Herrschaft und sozialer Staat, Göttingen 1966, S. 89-103; Zacher, Hans F.: Sozialpolitik und Verfassung im ersten Jahrzehnt der Bundesrepublik Deutschland, Berlin 1980, S. 18-22, 684-706.

33 In diesem Sinne argumentiert auch der große Traktat von Gurvitch, Georges: L'idée du droit social (1932), Neudruck Aalen 1972: Das ›soziale‹ Recht – von Hugo Grotius bis Maurice Hauriou – unterscheidet sich von der herrschenden individualistischen Rechtsauffassung durch die Betonung seines transindividuellen Ursprungs.

34 Die Appellqualität des Wortes ›sozial‹ hat als erster Karl Marx klar erkannt, wenn er in der »Deutschen Ideologie« vermerkt, »daß das Publikum mit Heißhunger nach allem greift, was nur das Wort ›sozial‹ an der Stirne trägt, weil ein richtiger Takt ihm sagt, welche Geheimnisse der Zukunft in diesem Wörtchen verborgen liegen.« (Hier zitiert nach Kuhn, Annette:

Dieser spezifische Sprachgebrauch setzt jedoch nicht nur die Unterscheidung zwischen ›politisch‹ und ›sozial‹, sondern auch diejenige zwischen ›sozial‹ und ›ökonomisch‹ voraus. Letztere Unterscheidung ist in Hegels Begriff der bürgerlichen Gesellschaft noch nicht enthalten. Das Thema einer spezifischen ›Gesellschaftslehre‹, die sich gleichermaßen von der ›Staatswissenschaft‹ wie von der ›Nationalökonomie‹ bzw. ›Volkswirtschaftslehre‹ unterscheidet, wurde erst durch Robert von Mohl in die Debatte gebracht. Mohl kritisierte an den Gesellschaftslehren seiner Zeit, daß sie im Anschluß an die Fiktionen der Französischen Revolution die Gesellschaft zu individualistisch faßten, und postulierte dagegen den Gesamtbereich der zwischen Individuum und Staat *intermediären Korporationen und Assoziationen* als Gegenstand der Gesellschaftslehre.[35] Zu einer systematischen Verknüpfung zwischen der klassentheoretischen und der korporativen Auffassung von Gesellschaft ist es in der Folge nicht gekommen, doch haben beide Auffassungen nachhaltigen Einfluß auf das sozialpolitische Denken gewonnen.

Die enge Verbindung zwischen ›sozial‹ und ›*Sozialismus*‹ erklärt sich daraus, daß dieser Begriff bis zum Ende des 19. Jahrhunderts keineswegs auf die Marx-Engelssche Denkrichtung fixiert war, sondern bald als Sammelbegriff, bald als differenzierender Begriff für die verschiedensten Strömungen der ›sozialen Bewegung‹ und der ›sozialen Reform‹, aber auch für deren intellektuelles ›sozialwissenschaftliches‹ Fundament diente.[36] In dieser Verbindung zwischen sozialwissenschaftlicher Reflexion und politischem Engagement, die vielfach auch mit ›Sozialismus‹ in eins gesetzt wurde, besteht auch der dauerhafte Kontext für die Entstehung von ›Sozialpolitik‹.

Exkurs: christlich-sozial, in: Geschichtliche Grundbegriffe, Bd. 1, S. 815-820, Zitat S. 817.) In den Schriften von Marx und Engels kommt das Wort ›sozial‹ nur sporadisch vor, ›gesellschaftlich‹ dominiert. Dagegen wurde ›sozial‹ zum Programmwort der reformistischen Strömungen. Dies unterstützt unsere Vermutung, daß ›sozial‹ im normativen Sinne *ein als behebbar betrachtetes Defizit* der vom liberalen Individualismus geprägten bürgerlichen Gesellschaft bezeichnet.

35 Mohl, Robert von: Gesellschaftswissenschaften und Staatswissenschaften, in: Zeitschrift für die gesamte Staatswissenschaft 7 (1851), S. 3-71; ders., Die Geschichte und Literatur der Staatswissenschaften, Bd. I, (1855), Neudruck Graz 1960, S. 72ff.

36 Vgl. Müller, Ursprung, S. 131-156; Schieder, Sozialismus, S. 949-952.

1.2 Soziale Frage – Soziale Reform – Sozialpolitik

Von den 1840er Jahren bis zum Ersten Weltkrieg bildete der Terminus ›Soziale Frage‹ den dominierenden Bezugspunkt von ›sozialer Reform‹ bzw. ›Sozialpolitik‹.[37] Dabei wurde hinsichtlich der deutschen Verhältnisse bis ca. 1850 die soziale Frage mit der Problematik des Pauperismus identifiziert, während mit Bezug auf die Verhältnisse in England und Frankreich bereits die Probleme der Industriearbeiter in den Blick kamen. Die früheste deutsche Verknüpfung der Probleme des industriellen Proletariats mit der Semantik des Sozialen findet sich bei Franz von Baader (1835).[38]

1.2.1 Gesellschaftslehre und soziale Reform: Lorenz von Stein

Entscheidend für die Entstehung eines festen Zusammenhangs zwischen der Arbeiterfrage, der Sozial- oder Gesellschaftswissenschaft und den Forderungen nach sozialen Reformen wurden in Deutschland die Schriften Lorenz von Steins.[39] Stein ver-

37 In der Literatur der vierziger Jahre findet sich im Anschluß an Stein, Lorenz von: Der Socialismus und Communismus des heutigen Frankreich (Leipzig 1842) vor allem der Terminus ›sociale Reform‹. – Zur Literatur über Sozialpolitik *avant la lettre* vgl. Philippovich, Das Eindringen, S. 2-47; Reidegeld, Eckart: Staatliche Sozialpolitik in Deutschland. Historische Entwicklung und theoretische Analyse von den Ursprüngen bis 1918, Opladen 1996, S. 65-150.

38 Baader, Franz von: Über das dermalige Missverhältnis der Vermögenslosen oder Proletairs zu den Vermögen besitzenden Klassen der Sozietät in Betreff ihres Auskommens, sowohl in materieller, als intellektueller Hinsicht, aus dem Standpunkt des Rechts betrachtet, München 1835, zitiert nach Pankoke, Gesellschaftslehre, S. 320-339.

39 Stein hat seine bahnbrechende Schrift »Der Socialismus und Communismus des heutigen Frankreich« (1842) erneut 1848 in einer auf zwei Bände erweiterten Auflage veröffentlicht und dann unter dem Titel »Die Geschichte der sozialen Bewegungen in Frankreich von 1789 bis auf unsere Tage« (Leipzig 1850, div. Neuauflagen) in eine definitive dreibändige Form gebracht. Den gesellschaftstheoretischen Gehalt des Steinschen Werks würdigende Interpretationen geben: Böckenförde, Ernst-Wolfgang: Lorenz von Stein als Theoretiker der Bewegung von Staat und Gesellschaft zum Sozialstaat (1963), in: ders., Staat, Gesellschaft, Freiheit. Studien zur Staatstheorie und zum Verfassungsrecht, Frankfurt/M. 1976, S. 146-184; Quesel, Carsten: Soziologie und Soziale Frage. Lorenz von Stein und die

knüpfte die kapitalismuskritischen Gesellschaftsdiagnosen der französischen Sozialisten mit der Gesellschaftstheorie Hegels und gelangte dabei – und vor ihnen – zu verblüffend ähnlichen Diagnosen wie Karl Marx und Friedrich Engels hinsichtlich der Unvermeidlichkeit des Klassenkampfes unter den Bedingungen des liberalen Kapitalismus. Allerdings unterscheidet er sich von diesen Autoren hinsichtlich möglicher Auswege: Nicht die Revolutionierung der Eigentumsverhältnisse, sondern eine »soziale Reform« unter der Verantwortung eines sich über den Klassengegensatz erhebenden ›neutralen‹ Staates stellt für ihn den Ausweg aus der proletarischen Misere dar.

Steins Denkfortschritt gegenüber dem Differenzdenken Hegels zeigt sich in der Herausarbeitung der *Spannung zwischen den ›reinen‹ Begriffen* des Staates und der Gesellschaft einerseits und ihrem *realen Verhältnis* andererseits. Dem Begriffe nach ist der *Staat* der Wahrer des Gesamtinteresses eines Volkes, und diese Wahrung vollzieht sich als Repräsentation in der Person des Fürsten und als Arbeit in der Form der Verwaltung. Dem steht begrifflich die *Gesellschaft* als sittliche Ordnung und als Ort der Entfaltung der Persönlichkeit sowie ihrer Interessen unter den gegebenen Besitzverhältnissen gegenüber. Staat und Gesellschaft sind ihrer Idee nach deutlich geschieden, durchdringen sich jedoch in der geschichtlichen Wirklichkeit ununterbrochen und bringen auf diese Weise unterschiedliche Gesellschaftsformen hervor.[40]

Ein weiterer Denkfortschritt Steins bestand in der *dynamischen Auffassung* der mit der französischen Revolutionsverfassung von 1789 real gewordenen Unterscheidung von Staat und Gesellschaft. Die Verallgemeinerung der Bürgerrechte bringt die »staatsbürgerliche Gesellschaft« hervor, in der soziale Ungleichheit nicht mehr auf dem Unterschied der Rechte, sondern nur noch auf demjenigen des Besitzes beruht. *Der Besitz gewinnt dadurch für den einzelnen wie für die Gemeinschaft eine weit zen-*

Entstehung der Gesellschaftswissenschaft in Deutschland, Wiesbaden 1989; Koslowski, Stefan: Die Geburt des Sozialstaats aus dem Geist des Deutschen Idealismus. Person und Gemeinschaft bei Lorenz von Stein, Weinheim 1989; ders., Vom sozialen Staat zum Sozialstaat: Aufstieg und Niedergang einer Vision, in: Der Staat 34 (1995), S. 221-241.

40 Vgl. in konziser Form Stein, Lorenz: System der Staatswissenschaft, Bd. 2: Die Gesellschaftslehre, 1. Abteilung: Der Begriff der Gesellschaft und die Lehre von den Gesellschaftsklassen, Stuttgart und Augsburg 1856, S. 22ff.

tralere Bedeutung, er wird zum zentralen Merkmal der gesellschaftlichen Stellung. Arbeit und Besitz werden nun die Strukturmerkmale der »volkswirtschaftlichen Gesellschaft«, die sich auf der Basis der Rechtsgleichheit aller entwickelt.[41] Diese eröffnet *ihrer Idee nach* die Chance des sozialen Aufstiegs und des Besitzerwerbs für alle, doch die *faktische* Wirksamkeit des verallgemeinerten Konkurrenzprinzips und der bestehenden Besitzunterschiede führt zur Verfestigung sozialer Klassen und damit zur »industriellen Gesellschaft«, also dem Kapitalismus im Sinne von Marx.[42]

Es war das Ziel der Steinschen Gesellschaftslehre, zunächst die Formierung des Proletariats zur Klasse und den immanent unauflöslichen Klassenkonflikt der industriellen Gesellschaft herauszuarbeiten, der – wie die durch Stein analysierten Verhältnisse in Frankreich zeigten – zum Bürgerkrieg tendiert. Sie wollte sodann zeigen, daß ein konstruktiver Ausweg möglich ist, und zwar durch die Vermittlung zwischen den konfligierenden, jedoch gleichzeitig aufeinander angewiesenen Klasseninteressen von Arbeit und Kapital mittels eines neutralen Dritten, das Stein zunächst als »Königtum der sozialen Reform« bezeichnete; doch ging es ihm im Kern »um die Verwirklichung des staatlichen Prinzips«.[43] Zwar hatte Stein – hierin Hegel folgend – große Vorbehalte gegenüber den ihm damals bekannten Formen der Demokratie, da er befürchtete, daß in dieser Staatsform der Klassenkampf in die Politik getragen und damit die erforderliche

41 Stein, Lorenz von: Geschichte der sozialen Bewegung in Frankreich von 1789 bis auf unsere Tage (1850), 3 Bde., zitiert nach dem Nachdruck der von Gottfried Salomon 1921 herausgegebenen Ausgabe, Darmstadt 1972, Bd. 1, S. 451 ff.

42 Stein, Geschichte, Bd. 2, S. 11, 55 ff. Vgl. auch Hegner, Friedhart: Die Entwicklung des sozialwissenschaftlichen Klassenbegriffs bei den Frühsozialisten und bei Lorenz von Stein, in: Archiv für Rechts- und Sozialphilosophie LXII (1976), S. 401-422.

43 Böckenförde, Lorenz von Stein, S. 162. – Vgl. hierzu auch Huber, Ernst Rudolf: Vorsorge für das Dasein: Ein Grundbegriff der Staatslehre Hegels und Lorenz v. Steins, in: Festschrift für Ernst Forsthoff zum 70. Geburtstag, hg. v. Roman Schnur, München 1972, S. 139-163. – Scheer (Sozialstaat, S. 174-203) weist dagegen zu Recht darauf hin, daß die unmittelbare Wirkung der Steinschen Analysen in Deutschland zur Programmatik des ›sozialen Königtums‹ führte. Vgl. hierzu Blasius, Dirk: Lorenz von Steins Lehre vom Königtum der sozialen Reform und ihre verfassungspolitischen Grundlagen, in: Der Staat 10 (1971), S. 33-51.

Neutralität des Staates zerstört werde. Doch zentral war für ihn nicht die Staatsform, sondern das *Gelingen des produktiven Klassenkompromisses*, den Stein in der verfassungsmäßigen Gewährleistung der Eigentumsrechte für die besitzenden Klassen einerseits und in der Förderung der sozialen und daraus folgend politischen Emanzipation der Arbeiterklasse mittels freier Assoziation (»soziale Bewegung«) und »sozialer Verwaltung« andererseits zu erkennen glaubte.[44]

Auch in seiner das spätere Werk dominierenden Verwaltungslehre blieb Stein dem einmal gefaßten Gedanken der »sozialen Reform« treu. Er konzentrierte sich nunmehr auf das Teilproblem der »sozialen Verwaltung«, wobei er jedoch auf ein Problem stieß, das für die nachfolgende Begriffsgeschichte von ›Sozialpolitik‹ zentral werden sollte: Handelt es sich bei »sozialer Verwaltung« um ein *bestimmtes Gebiet* der öffentlichen Verwaltung? Oder handelt es sich um eine *bestimmte Intention oder Richtung* des staatlichen Eingreifens in die gesellschaftlichen Verhältnisse? In der Auflage von 1876 seines »Handbuchs der Verwaltungslehre« versuchte er, diese Differenz mit der Unterscheidung »Gesellschaftliche Verwaltung« versus »Soziale Verwaltung« zu treffen.[45] In der Auflage von 1887/88 dagegen tritt der Begriff

44 »Wenn dagegen die besitzende Klasse die Staatsverwaltung im Sinne der nichtbesitzenden Klasse zur Hebung des Loses der Arbeiter, für ihre Bildung [sorgt] und die Möglichkeit eines, wenn auch nur allmählichen, Kapitalerwerbes bietet, so wird diese Klasse *in dem Maße mehr gleichgültig gegen die Form der Verfassung sein, in welchem die Interessen derselben mehr gefördert werden.* Es sind bei dieser Verwaltung Königtum, Diktatur, Aristokratie und Demokratie gleichermaßen möglich, und zwar darum, *weil der erworbene Besitz die Unfreiheit doch am Ende unmöglich macht,* und weil die *Förderung des Erwerbs* zur *Förderung der Freiheit* wird. [...] Der Übergang der Demokratie zu jener neuen Gestalt ist bereits angedeutet in dem Losungswort der sozialen Demokratie. Noch ist der Inhalt dieser Idee unklar. Wenn sie nicht aus ihrer Unklarheit heraustritt, wird sie verschwinden. Wenn sie aus derselben heraustreten will, muß sie zur *Lehre von der Gesellschaft* werden. *Dann wird ihr die Zukunft gehören.*« Stein, Geschichte, Bd. 3, S. 207.

45 »Da schließlich alle Gesellschaft eine Ordnung des Lebens der ganzen Persönlichkeit ist und daher alle Elemente derselben umfaßt, so muß ja jeder Teil und Akt der Verwaltung [...] auch direkt oder indirekt in das Leben der Gesellschaft hineingreifen. Es gibt daher überhaupt keine Verwaltung, die nicht im obigen Sinne eine ›sociale‹ wäre; [...] insofern endlich der Staat der großen Aufgabe sich bewußt ward, auch innerhalb [...] dieser selbständigen Gesetze, Kräfte und Ordnungen der Gesellschaft die Entwicklung der Idee der Persönlichkeit mit seinem Willen und seiner Tat zu ver-

»soziale Verwaltung« neben die rechtliche und die wirtschaftliche Verwaltung als eigenständiges »Gebiet«, dem es neben einer entsprechenden Rechtspflege obliegt, »das Verhältnis zwischen dem Kapital und der Arbeit dahin zu bestimmen, daß neben der Erhaltung des erworbenen Kapitals die kapitalbildende Kraft der Arbeit zugleich erhalten werde.« Demzufolge unterscheidet er zwischen »allgemeiner sozialer Verwaltung« und »eigentlicher sozialer Verwaltung«. Erstere meint die Verwaltung insgesamt, insofern sie die Intention einer Förderung der »kapitalbildenden Kraft der Arbeit« verfolgt. Letztere dagegen hat die Aufgabe, den Interessenkonflikt zwischen Kapital und Arbeit zu entschärfen.[46]

Der *Begriff* ›Sozialpolitik‹ taucht bei Stein erst in der Auflage von 1888 auf,[47] und zwar als Unterkategorie der »allgemeinen sozialen Verwaltung« und gleichgeordnet mit der »Sozialpolizei«. »Die Sozialpolitik – auch hier kommt es auf den Namen nicht an [!] – entsteht da, wo das allgemeine Prinzip der sozialen Verwaltung sich in den *einzelnen* Verwaltungsgebieten, also in den *Fach*verwaltungen und Ministerien, zu Geltung bringt. Sie enthält die Gesamtheit derjenigen Maßregeln, durch die sie dem *einzelnen* Teile des Verwaltungsorganismus die freie Entwicklung der Arbeitskraft für alle, *ohne* Rücksicht auf Kapital und Erwerb, gleichmäßig möglich macht.«[48] Die Sozialpolizei dagegen hat es mit dem Schutz der Eigentumsverhältnisse zu tun, für den Stein jedoch ein Sonderrecht im Sinne der Bismarckschen Sozialistengesetze ausdrücklich ablehnte.[49]

treten, entsteht der Begriff der *Verwaltung des gesellschaftlichen Lebens* als gleichfalls durchaus selbständiger Teil der Verwaltungslehre.« Stein, Lorenz von: Handbuch der Verwaltungslehre, 2. Aufl. Stuttgart 1876, S. 739f.

46 Stein, Lorenz von: Handbuch der Verwaltungslehre, 3. Teil: Die Verwaltung und das gesellschaftliche Leben, 3. Aufl. Stuttgart 1888, S. 35f.

47 Die von Pankoke, Eckart (Sozialpolitik, in: Historisches Wörterbuch der Philosophie, Bd. 9, 1995, Sp. 1227-1236, hier Sp. 1235) behauptete Verwendung der Bezeichnung ›Sozialpolitik‹ in Stein, Der Socialismus, kann ich nicht bestätigen. Auch Geck, Das Eindringen, S. 37, erwähnt den Begriff unter den dort verwendeten Komposita von ›social‹ nicht.

48 Stein, Handbuch, 3. Teil, S. 46.

49 »Die wahre soziale Gefahr in der staatsbürgerlichen Gesellschaft liegt mithin nicht in den sozialistischen Lehren, sondern in der Erwerbslosigkeit der Arbeit. Demnach beruht die polizeiliche Verfolgung von sozialistischen Lehren und Überzeugungen aller Art auf dem Mißverständnis des Wesens der sozialen Gefahr und der Aufgabe der Polizei, solange nicht die direkte *Aufforderung* zur Anwendung physischer Gewalt gegen die bestehende Ordnung auftritt.« Stein, Handbuch, 3. Teil, S. 75.

Stein hat als erster eine theoretische Position bezogen, die dem heute vorherrschenden ordnungspolitischen Verständnis der Sozial- oder Wohlfahrtsstaatlichkeit entspricht. Sein »sozialer Staat« hat die Aufgabe, gleichzeitig die Bedingungen des Privateigentums und damit der Entfaltung einer unabhängigen Unternehmerfunktion zu gewährleisten und die Arbeits- und Lebensbedingungen der Arbeiter zu verbessern. Damit ist auch eine Selbstbegrenzung der staatlichen Tätigkeit im Sinne des Subsidiaritätsprinzips postuliert, die jedoch weniger eng ausfällt als nach den liberalen Vorstellungen:

»Der Staat soll durch seine Verwaltung niemals und unter keinen Umständen etwas anderes leisten, als die Herstellung der Bedingungen der persönlichen, wirtschaftlichen und gesellschaftlichen Entwicklung, welche der Einzelne sich nicht selber zu schaffen vermag, und es dann dem Einzelnen und seiner freien selbständigen Tat überlassen, aus der Benützung dieser Bedingungen sich sein eigenes Leben zu bilden und zu entwickeln.«[50]

›Sozialpolitik‹ bedeutet somit bei Stein eine bestimmte *Intention des ›arbeitenden Staates‹*, also der Verwaltung. Der Begriff bezieht sich nicht auf den politischen Prozeß, in dem soziale Reformen durchgesetzt werden. Dieser bleibt in den Überlegungen Steins generell unterbelichtet. Die staatliche, d. h. *obrigkeitliche* Einsicht in die Notwendigkeit sozialer Reformen, die zu verbreiten ein Kernanliegen Steins ist, scheint ihm als geschichtliches Movens genügt zu haben. Abgesehen von diesem politisch-demokratischen Defizit – das ja auch für die Realität der habsburgischen und hohenzollernschen Sozialpolitik zutraf – finden wir jedoch bei Stein bereits die meisten Einsichten, die für eine moderne Begründung von Sozialpolitik von Bedeutung sind, so insbesondere das humankapitaltheoretische und das ordnungspolitische Argument.

1.2.2 Das Aufkommen des Terminus Sozialpolitik

Verbindungen der Worte ›politisch‹ und ›social‹ lassen sich ab Mitte der vierziger Jahre feststellen, setzten sich aber erst im Zu-

50 Stein, Lorenz von: Die Verwaltungslehre, Theil 2: Die Lehre von der inneren Verwaltung, Stuttgart 1866 (Nachdruck Aalen 1975), S. 59.

sammenhang mit dem Revolutionsjahr 1848 durch. Auch für diese Wortkombination war ein französischer Einfluß maßgeblich,[51] die Semantik des Sozialen wurde vielfach von nach Frankreich oder Belgien emigrierten Deutschen in die deutsche Sprache transportiert.[52]

Für das Aufkommen der deutschen Wortverbindung bemerkenswert ist eine Studie des aus Preußen ausgewiesenen und in Zürich lebenden radikalen Demokraten *Julius Fröbel.*[53] Er veröffentlichte sie 1846 pseudonym unter dem Titel »Neue Politik«, benannte sie aber in der zweiten Auflage in »System der socialen Politik« um.[54] Inhaltlich handelt es sich um eine u. a. von den Verhältnissen seines Emigrationslandes, nämlich der Schweiz, inspirierte, weit ausholende philosophische Begründung einer föderalistisch aufgebauten und durch eine Mischung von direkter und repräsentativer Demokratie regierten Republik, die u. a. bereits die verfassungsmäßig garantierte Bildung politischer Parteien, das Stimmrecht für beide Geschlechter ab dem 20. Lebensjahr und Maßnahmen zur sozioökonomischen Gleichstellung der Frauen vorsah. Insoweit handelt es sich in erster Linie um eine *politische* Reformschrift, die jedoch auch explizit zu Fragen der Wirtschaftsordnung Stellung nahm. Fröbel stand der liberalen

51 Vgl. etwa den aus dem Umkreis der Saint-Simonisten stammenden Buchtitel von Lechevalier, Jules: Question sociale. De la réforme industrielle, considérée comme problème fondamentale de la politique positive, Paris 1833, zitiert bei Geck, L. H. Adolph: Sozialpolitische Aufgaben, Tübingen 1950; dort weitere Hinweise auf den frühen Sprachgebrauch im Umfeld von ›Sozialpolitik‹.

52 Vgl. z. B. Grün, Die soziale Bewegung, wo sich auch der m. W. früheste Nachweis der deutschen Wortverbindung ›soziale Politik‹ findet: »Dezamy [der ›kommunistische‹ Autor des Code de la Communauté, 1843] behält das Wort Politik bei, aber er erklärt es vernünftig; er sagt, *die soziale Politik ist nichts als die Direktion der Arbeiten und die Repartition der Produkte*« (S. 394).

53 Zum wechselvollen Lebensschicksal Julius Fröbels vgl. Allgemeine Deutsche Biographie, Bd. 49, Berlin 1904, S. 163-172; zu seiner politischen Theorie vgl. Koch, Rainer: Demokratie und Staat bei Julius Fröbel 1805-1893. Liberales Denken zwischen Naturrecht und Sozialdarwinismus, Wiesbaden 1978.

54 Junius, C. (= Julius Fröbel): Neue Politik. In zwei Theilen, Mannheim 1846; Fröbel, Julius: System der socialen Politik. Zweite Auflage der ›Neuen Politik‹, Leipzig 1850. Es existiert auch eine Ausgabe Mannheim 1847, die dem von Rainer Koch eingeleiteten Nachdruck (Aalen 1975) zugrunde liegt.

Hemmungslosigkeit des Erwerbsstrebens ebenso kritisch gegenüber wie der sozialistischen Forderung nach einem Recht auf Arbeit: »Das Mißverhältnis zwischen den Bedürfnissen und den Kräften ist gerade die Quelle aller Ungerechtigkeiten und die ganze Schwierigkeit bei der Aufgabe einer gerechten Organisation des Eigentums und der Arbeit.« Daher plädierte er – zwei Jahre vor dem kommunistischen Manifest – für den Grundsatz: »Einem jeden die Arbeit nach seinen Kräften und die Güter für seine Bedürfnisse.«[55] Im Unterschied zu den Sozialisten plädierte er jedoch nicht für bloßes Gemeineigentum, sondern für eine nach den Grundsätzen der Wirtschaftsfreiheit funktionierende »Volkswirtschaft«, wobei, »wo dieselbe zu fehlerhaften Zuständen der Gesellschaft führt, die Staatswirtschaft das Korrektiv für den mangelhaften Gang der Volkswirtschaft bilden muß«.[56] Die Legitimation für diese Doppelung des Wirtschaftssystems, die in etwa den Grenzen zwischen Produktion und Redistribution folgt, zog Fröbel aus einer Doppelung des Eigentumsbegriffs als Privat- und Gemeineigentum: Die hierfür befähigten Individuen sollten Eigentumstitel auf Lebenszeit von den politischen Körperschaften als Lehen erhalten, würden diese jedoch nicht vererben können.

Der Buchtext ist in beiden Auflagen identisch und enthält das Wort ›sozial‹ nur sporadisch und ohne Bezug auf ›politisch‹. Im Vorwort zur zweiten Auflage dagegen wird die Wortverbindung ganz selbstverständlich verwendet:

> »Für alle socialen oder politischen Probleme – die ökonomischen eingeschlossen – gibt es nur einen Entscheidungsgrund, nämlich den sittlichen. [...] wenn die Welt eine neue politisch-soziale Form annehmen will, muß sie zuerst die Fortschritte im sittlichen Bewußtsein machen, von denen die neue Form bedingt wird. [...] die Fortschritte müssen in ihrem Zusammenhange [...] zur vollen Klarheit kommen, wenn [...] mit Bewußtsein an der Gestalt einer bessern politisch-sozialen Ordnung gearbeitet werden soll. Ich habe also meine soziale Politik auf eine neue Bearbeitung der Ethik gestützt, oder vielmehr sie ist eine solche.«[57]

Fröbels Text steht, dies wird auch aus dieser Passage deutlich, eher im Horizont von Kant als von Hegel. Ihm fehlt noch eine eigen-

55 Junius (= Fröbel), Neue Politik, II, S. 336.
56 Junius (= Fröbel), Neue Politik, II, S. 402.
57 Fröbel, System, S. IVf.

ständige Theorie des Gesellschaftlichen, das vielmehr als ganz vom Politischen abhängig verstanden wird. In einer auf die Frankfurter Verfassungsdiskussionen gemünzten späteren Schrift forderte Fröbel sodann »die soziale Republik, d. h. den Staat, in dem das Glück, die Freiheit und die Würde jedes Einzelnen als gemeinsamer Zweck Aller anerkannt ist, und die Rechts- und Machtvollkommenheit der Gesellschaft aus der Verständigung und Vereinbarung aller ihrer Glieder entspringt«.[58]

Die Veränderung der Wortwahl zwischen beiden Auflagen von Fröbels »Neuer Politik« läßt das Aufkommen der Verknüpfung von ›sozial‹ und ›politisch‹ in den Jahren 1844/46, d. h. im Horizont der Weberaufstände und der auf sie reagierenden preußischen Kabinettsordre Friedrich Wilhelms IV. vermuten. In einem dem Fröbelschen ähnlichen Sinne findet sich die Wortverbindung ›sozial-politisch‹ in einer polemischen Schrift gegen den liberalen Radikalismus, die offensichtlich im Frühjahr 1848 geschrieben wurde:

> »Diese Partei ist die eigentliche Führerin der von Paris aus sich über Europa erstreckenden revolutionären Bewegung. Sie ist die sozialistisch-politische Propaganda, die Trägerin und Verbreiterin der sozial-politischen Ideen und Lehren, durch welche die Welt bewegt und erschüttert, durch welche der Absolutismus vernichtet werden soll, um der sozialistisch-demokratischen Republik Platz zu machen.«[59]

Die Wortverbindung ›sozial-politisch‹ soll hier eine Verbindung zwischen der demokratischen und der sozialistischen Bewegung suggerieren.

Maßgeblich hat zur Verbreitung der Begriffsverbindung ›sozial-politisch‹ der preußische Landrat und ›Gesellschaftswissenschaftler‹ M. v. Lavergne-Peguilhen beigetragen. Ihm zufolge »soll die Politik von dem Standpunkt des *gesellschaftlichen Kosmos* ausgehen, und die daraus abgeleitete Politik ist *die deutsche Sozialpolitik*«.[60] Diesen Begriff stellt er gegen den Individualis-

58 Fröbel, Julius: Monarchie oder Republik. Aus der Deutschen Volkszeitung besonders abgedruckt, Mannheim 1848, S. 6.

59 Hofmann, Eduard: Woher und Wohin? Eine populaire Schrift zur Aufklärung über die social-politische Bewegung der Neuzeit, Königsberg 1848, S. 9.

60 Lavergne-Peguilhen, Moritz von: Sozialpolitische Studien, Berlin 1863, S. IV.

mus und politischen Zentralismus der französischen Politik und betont somit das monarchische und das ständische Prinzip.

»Die großen Erscheinungen des gesellschaftlichen Lebens unterliegen bestimmten Gesetzen; vermöge der politischen Arithmetik müssen sich diese Erscheinungen vorbestimmen lassen, ebenso die Wirkungen der staatlichen Reformen etc. Die Sozialpolitik zieht die Konsequenzen dieser wissenschaftlichen Axiome, sie baut ihre Lehren auf der Grundlage derselben, indem sie deren Prüfung und Bestätigung in der Erfahrung sucht; sie vertritt neben den Rechten und Interessen des Individuums zugleich die der Gesellschaft und ist bestrebt diese in ihre Rechte einzusetzen; sie glaubt dem Individuum nicht besser dienen, die Interessen der Völker nicht besser wahren zu können, als durch sorgsames Studium der Gesetze, auf denen das Dasein und die Entwicklung der Gesellschaft beruht, durch staatliche Behandlung der Gesellschaft nach Maßgabe dieser Gesetze und mit Rücksicht auf den christlichen Beruf des Menschen. Dies ist der Standpunkt dieser jungen, kaum in ihren Anfangsstadien entwickelten Wissenschaft, die jedoch vermöge dieses Standpunkts eine zukunftsreiche Bedeutung hat.«[61]

Dies ist eine späte Ausformulierung weit zurückreichender Ideen. Bereits ab 1838 war Lavergne-Peguilhen als Verfechter einer ›Gesellschaftswissenschaft‹ hervorgetreten.[62] 1848 erschien er als Erstunterzeichner eines Programms des *Vereins für sozialpolitische Reform*, einer Vereinigung, die aus dem ›Verein zum Schutze des Eigenthums und zur Förderung des Wohlstandes aller Volksklassen‹ hervorgegangen war und die vor allem die Position der Rittergutsbesitzer in die Verfassungsdiskussion einbringen wollte.[63] Das Vereinsprogramm spiegelte dementsprechend die Perspektive des ländlichen Großgrundbesitzes wider, enthielt jedoch gleichzeitig durchaus zukunftsweisende Elemente, wie die Forderungen nach einer progressiven Einkommenssteuer, nach Reform des Bankenwesens, nach Vereinigungsfreiheit, nach »Herstellung einer zeitgemäßen Innungs- und Genossenschaftsverfassung« sowie für die »Begründung des Wohles der ärmeren Volksklassen« die Forderung nach Armenärzten, gesundem Wohnungsbau und hygienischer Wasserversorgung, schließlich

61 Lavergne-Peguilhen, Sozialpolitische Studien, S. 173.

62 Lavergne-Peguilhen, Moritz von: Grundzüge der Gesellschaftswissenschaft, Bd. 1: Die Bewegungs- und Productionsgesetze, Königsberg 1838; Bd. 2: Die Kulturgesetze, Abth. 1, Königsberg 1841.

63 Programm des Vereins für sozial-politische Reform. Am 20. September 1848, Berlin 1848, S. 3.

die Forderung nach einer »kräftigen Pflege der Staats- und sozialen Wissenschaften«.[64]

Lavergne-Peguilhen hat im Sinne der letztgenannten Forderung 1849 in der ersten preußischen Kammer den Antrag gestellt

»zur Errichtung eines sozialpolitischen Zentralinstitutes, dessen Aufgabe es sein wird, in ununterbrochener Beobachtung die gesellschaftlichen Verhältnisse zu erforschen; die darauf bezüglichen Gesetzentwürfe oder praktischen Unternehmungen vorzubereiten oder zu begutachten; für die Ausbildung der Gesellschaftswissenschaft zu einer Erfahrungswissenschaft als Unterlage zu dienen; allen auf Erkenntnis und Reform der Gesellschaft gerichteten Bestrebungen einen Mittelpunkt darzubieten und die Staatsregierung mit der Entwicklung der Gesellschaft in stetem gegenseitigem Rapport zu erhalten.«[65]

Selten ist die Komplexität von Sozialpolitik als wissenschaftlicher Aufgabe prägnanter formuliert worden!

In den Auseinandersetzungen von 1848/49 trafen bereits alle politischen Positionen aufeinander, die bis in jüngste Zeit die sozialpolitischen Debatten bestimmen: die liberale, welche die Überwindung sozialer Not von den Selbstheilungskräften des Marktes und von der Stärkung der Selbsthilfepotentiale erwartete;[66] die revolutionäre, die eine Überwindung des kapitalistischen Systems aufgrund seiner immanenten Widersprüche prognostizierte; die konservative, die zur Wiederherstellung solidarischer Verhältnisse die Besinnung auf das traditionelle Ethos der ständischen Gesellschaft forderte; und die reformistische Position, die durch institutionelle Reformen das politische und

64 Programm des Vereins, Zitate S. 35, 38f. – Der Verein scheint jedoch im Unterschied zum ›Centralverein für das Wohl der arbeitenden Klassen‹ keine geschichtlichen Spuren hinterlassen zu haben. Letzterer scheint im übrigen die Wortverbindung ›sozial-politisch‹ nicht verwendet zu haben, obwohl Lavergne-Peguilhen zu seinem Vorstand gehörte; vgl. Reulecke, Sozialer Frieden, S. 172.

65 Zitiert nach Geck, Sozialpolitische Aufgaben, S. 14.

66 Repräsentativ Mohl, Robert von: Über die Nachtheile, die sowohl den Arbeitern selbst, als dem Wohlstande und der Sicherheit der gesamten bürgerlichen Gesellschaft von dem fabrikmäßigen Betrieb der Industrie zugehen und über die Notwendigkeit gründlicher Vorbeugungsmittel, in: Archiv der politischen Ökonomie und Polizeiwissenschaft, 2 (1835), S. 141-185; ferner Karl Biedermann; hierzu Schulze, Winfried: »Sozialistische Bestrebungen in Deutschland«. Bemerkungen zu einer Aufsatzfolge von Karl Biedermann (1846), in: Vierteljahresschrift für Sozial- und Wirtschaftsgeschiche 57 (1970), S. 93-104.

gesellschaftliche System auf Dauer zu stabilisieren hoffte. Die Wortverbindungen ›Sozialpolitik‹ und ›Sozialreform‹ finden sich vorwiegend bei Vertretern der Konservativen und der institutionellen Reformer, sporadisch auch bei Liberalen,[67] während die Revolutionäre das zunächst verwendete Wort ›Sozialreform‹ bald aus ihrem Sprachschatz strichen. Für die Arbeiterbewegung wurde in der Folge die Alternative »Revolution oder Reform« zu einer Frontlinie interner Auseinandersetzungen.[68]

1.2.3 Begriffliche Fixierungen

Das Scheitern der politischen Bewegung von 1848 ließ in der Folge die Fragen der politischen Reform in den Hintergrund treten, und der Terminus ›Soziale Reform‹ wurde zunehmend zur im politischen Sinne *konservativen Programmformel* einer die politischen Rechte der Untertanen aussparenden Reform. In dasselbe Fahrwasser gelangte teilweise der Begriff ›Sozialpolitik‹.

67 So bei Robert von Mohl, der erstmals 1851 den Terminus ›sociale Politik‹ verwendete als »Gesellschaftszweckmäßigkeitslehre«, das ist die »Lehre von den Mitteln zur Erreichung der Zwecke des einzelnen Gesellschaftskreises im Innern, gegenüber von fremden einzelnen im Verhältnis zum Staate«, also der praktische Zweig seiner ›Gesellschaftslehre‹. Vgl. Mohl, Gesellschaftswissenschaften, S. 56. Der Terminus taucht erneut auf bei Mohl, Robert von: Staatsrecht, Völkerrecht und Politik. Dritter Band: Politik. Zweiter Theil, Tübingen 1869, S. 473, und zwar als Haupttitel E, dessen Inhalt S. 479 wie folgt umschrieben wird: »Es läßt sich namentlich eine Sozialpolitik in dem Sinne denken, daß in einem Systeme geordnet alle Grundsätze und Maßregeln entwickelt wären, welche zusammen das zweckgemäße Verhalten des Staates zur Gesellschaft bildeten. [...] Daß noch kein Werk dieser Art besteht, beweist nichts gegen die Richtigkeit des Gedankens, sondern nur den noch unfertigen Zustand der wissenschaftlichen Bearbeitung der Gesellschaft.« Der entsprechende Abschnitt behandelt: »1. Die Volksfeste, 2. Die Arbeiterfrage, 3. Die verbesserten Verkehrseinrichtungen«, also aus heutiger Sicht einen höchst heterogenen Komplex. – Zur Verbreitung des ›sozialen Liberalismus‹ vgl. Scheer, Sozialstaat, S. 80-107.

68 Dipper, Sozialreform, S. 228ff. – Der Gegensatz findet sich allerdings bereits im Schlußsatz von Schuster, Theodor: Gedanken eines Republikaners, in: Der Geächtete 2 (1835), S. 124: »Ihr wollt nichts wissen von der *sozialen Reform*? So beugt Euch denn unter die *soziale Revolution*!«, zitiert nach: Kowalski, Werner (Bearb.): Vom kleinbürgerlichen Demokratismus zum Kommunismus. Zeitschriften aus der Frühzeit der deutschen Arbeiterbewegung (1834-1847), Berlin 1967, S. 78.

Die erste Fixierung des Begriffs erfolgte bei W. H. Riehl, der seine »Beiträge zur ›Wissenschaft vom Volk‹« als »Dokument« verstand, »welches bezeugt, daß eine mit liebevoller Hingabe an die Eigentümlichkeiten des Volkslebens unternommene Durchforstung der modernen Gesellschaftszustände in letzter Instanz zur Rechtfertigung einer konservativen Social-Politik führen müsse.«[69] Dieses Programm präzisierte er drei Jahre später wie folgt:

»Es gilt die gesammelten Einzelerkenntnisse aus der Naturgeschichte des Volkes nutzbar zu machen in der Lehre für die Idee des Staates, nutzbar in der Praxis für die Weiterbildung unseres Verfassungs- und Verwaltungsstaates, für den Wiederaufbau der zerrütteten bürgerlichen Gesellschaft; es gilt diese naturgeschichtlichen Tatsachen zu benutzen als Schild und Schwert wider einseitig politische [!] Parteilehren, die unser politisches Leben nach einmal vorgezeichneter Schablone zurechtschneiden wollen. Dies nenne ich soziale Politik. Es gilt auf dem Grund dieser naturgeschichtlichen Tatsachen die Staatswissenschaft zu erweitern und einen selbständigen Teil derselben als Gesellschaftswissenschaft neben das Staatsrecht und die Verwaltungskunde zu stellen.«[70]

Im Sinne dieses »naturgeschichtlichen«, also nicht am Voluntarismus der Aufklärung orientierten Programms stellte er seine volkskundlichen und gesellschaftskritischen Studien anschließend unter den Reihentitel »Naturgeschichte des Volkes als Grundlage einer deutschen Social-Politik« (1854-1869). Die Lösung der sozialen Frage als Arbeiterfrage stellte er sich als ständische Inkorporierung des Proletariats vor. Riehl versuchte somit, die von ihm durchaus gesehenen neuen Probleme im Rahmen traditioneller Ordnungsvorstellungen einer ständischen Gesellschaft zu lösen.

Vorwärtsweisend ist dagegen die im Juni 1848 abgeschlossene Schrift des ›staatssozialistisch‹ denkenden Ökonomen Karl

69 Riehl, Wilhelm Heinrich: Die bürgerliche Gesellschaft, Stuttgart und Tübingen 1851, S. 30. Wie aus dem vorangehenden ersichtlich, hat Riehl allerdings das Wort nicht als erster gebraucht, wie Lindenlaub, Dieter: Richtungskämpfe im Verein für Socialpolitik, 2 Bde., Wiesbaden 1967, Bd. 1, S. 41, meint.

70 Riehl, Wilhelm Heinrich: Die Naturgeschichte des Volkes als Grundlage einer deutschen Social-Politik, Bd. 1: Land und Leute, Stuttgart und Tübingen 1854, S. 21.

Marlo, die bereits die konsequente Unterscheidung der ›sozialen‹ und der ›politischen‹ »Seite des Lebens« erkennen läßt:

»Das Wort *social* umfaßt im weitesten Sinne alle Verhältnisse, die aus dem Zusammenleben der Menschen hervorgehen, im engeren Sinne hingegen nur diejenigen, welche sich nicht auf die Ausübung der Staatsgewalt beziehen. Wir werden es stets nur im letztern Sinn gebrauchen. Unter *Gesellschaft* hingegen wollen wir die Gesamtheit aller zu einem Staat verbundenen Menschen verstehen. Es hat also in diesem Sinne das Leben der Gesellschaft eine politische und eine sociale Seite. [...] Man muß jedoch bei dieser Unterscheidung stets im Auge behalten, daß der Staat [...] das sociale Leben ordnet, und daß also auch die sociale Lage eines jeden Volkes von seinen politischen Zuständen abhängt.«[71]

Hier wird also der Gesellschaftsbegriff als Oberbegriff wie in der heute geläufigen Vorstellung einer Nationalgesellschaft beibehalten, während die Hegelsche und, ihm folgend, die Steinsche Unterscheidung an die Stelle der herkömmlichen Einheit die *Differenz* zwischen ›Staat‹ und ›(bürgerlicher) Gesellschaft‹ setzte. Aber die Unterscheidung zwischen dem Politischen und Sozialen wird zugleich beibehalten und bereits eine Wechselwirkung zwischen beiden angedeutet.

Eine prägnante Zusammenfassung der Überlegungen der ersten begriffsgeschichtlichen Phase im Spannungsfeld der Hegelschen Unterscheidung von Staat und bürgerlicher Gesellschaft gibt der früheste dem *Begriff* der Sozialpolitik gewidmete Aufsatz von Alexander Meyer:

»Der Inbegriff der Verhältnisse, nach welchen in einem Volke die Vorzüge der Geburt, des Besitzes und der Einsicht, so wie das auf diesen Vorzügen beruhende Ansehen verteilt ist, heißt die Gesellschaft. Bis zum Beginn des laufenden Jahrhunderts hatte man diese Verhältnisse nie zum Gegenstande der wissenschaftlichen Betrachtung gemacht. Seitdem die Wissenschaft sich dieses Gegenstandes einmal bemächtigt, kann sie ihn nie wieder aufge-

71 Marlo, Karl (= Winkelblech, Karl-Georg): Untersuchungen über die Organisation der Arbeit oder System der Weltökonomie, Bd. I, 1. Abt.: Historischer Teil. Kassel 1850, S. 5f. »Sein dreibändiges Werk sollte zeigen, daß die Funktionsweise der kapitalistischen Wirtschaft zwangsläufig zu einer Verschlechterung der Lage der arbeitenden Klassen sowie der Kleinunternehmer führe. Wie die meisten deutschen Sozialisten sah er in der Organisation der sozialistischen Wirtschaft eine Aufgabe der Regierung.« Pribram, Karl: Geschichte des ökonomischen Denkens, 2 Bde., Frankfurt/M. 1992, Bd. 1, S. 394. Zu Marlo vgl. auch Scheer, Sozialstaat, S. 111-113.

ben. Wir leben als Bürger zweier Welten, des Staates und der Gesellschaft. Das Verhältnis dieser beiden Welten zu einander zu bestimmen, wird in alle Zukunft eine Hauptaufgabe der politischen Forschung sein. Es kann in Zukunft keine andere Politik geben als Sozialpolitik.«[72]

Meyer unterschied drei Stadien der *Sozialpolitik als Stellungnahme zum Verhältnis von Staat und Gesellschaft*: Im ersten Stadium wurde der Unterschied negiert und entweder nach der Seite der ›Gesellschaft‹ im Sinne der *societas civilis cum imperio* (Restauration) oder des Staates (Sozialismus) hin aufgelöst. Im zweiten Stadium wurde das Verhältnis als ein widerspruchsfreies, komplementäres gesetzt, so bei Hegel, Savigny und in der liberalen Nationalökonomie (Bastiat). Erst in der dritten Phase, »kehrt [...] die Sozialpolitik zu der konkreten Aufgabe zurück, den Zustand der Gesellschaft, wie er in den einzelnen Völkern sich entwickelt hat, genau zu ermitteln, um auf den Verschiedenheiten derselben die Verschiedenheiten der Staatsformen aufzuerbauen«. Hier muß sich »die Staatsform [...] dem Zustande der Gesellschaft anbequemen, aber nicht um ihm zu dienen, sondern um ihn sich dienstbar zu machen«. Diesen »Grundgedanken« wird »die Socialpolitik in Zukunft auszuarbeiten haben«.[73] *Sozialpolitik wird hier als eine gesellschaftsgestaltende, Politik begründende Sozialwissenschaft verstanden, die ihren Ausgangspunkt von einem Studium der sozialen Verhältnisse unter dem Gesichtspunkt ihrer verfestigten Verteilungsmuster nimmt.*

Im Unterschied hierzu sah Riehl die Hauptaufgabe der ›Gesellschaftswissenschaft‹ in der genauen Beschreibung menschlichen Zusammenlebens mittels ›Volkskunde‹. Nur eine Regierung, welche die Verhältnisse ihrer ›Gesellschaft‹ kennt, kann zweckdienliche Politik betreiben.

Zusammenfassend ist festzuhalten, daß die im Horizont der politischen Auseinandersetzungen zwischen 1789 und 1848 entstehende Sozial- oder Gesellschaftswissenschaft bereits ein soziologisch fundiertes Konzept von Sozialpolitik erarbeitet hat, das jedoch je nach Autor von recht unterschiedlichen gesellschaftlichen Vorstellungen ausgeht. Insbesondere Lorenz von Stein hat Sozialpolitik auch bereits im Sinne verwaltungsmäßiger Staatseingriffe konkretisiert. Dabei wird ein recht dialektisches Ver-

72 Meyer, A[lexander]: Zum Begriffe der Socialpolitik, in: Preußische Jahrbücher 14 (1864), S. 315-330, Zitat S. 319.

73 Meyer, Zum Begriffe, S. 327f.

hältnis von ›Staat‹ und ›Gesellschaft‹ sichtbar, das sich im Anschluß an Hegel als »Vermittlung« beschreiben läßt. Dennoch wurde diese gesellschaftstheoretische Perspektive für die nachfolgenden Phasen der Begriffsgeschichte nicht prägend. *Unter dem Impetus der nationalen Einigung Deutschlands trat das für eine vertiefte theoretische Konzeption von Sozialpolitik entscheidende Differenzierungsdenken wieder in den Hintergrund.* Nachhaltig hierzu beigetragen hat insbesondere der preußische Historiker Heinrich von Treitschke, der die Vorstellung einer eigenständigen ›Gesellschaftswisenschaft‹ kritisierte, aber die Bezeichnung ›sozialpolitisch‹ nunmehr für die von ihm vertretene ›Staatswissenschaft‹ in Anspruch nahm:

»Die ganze Staatswissenschaft ist sozialpolitisch; sie hat zu zeigen, wie der Gedanke der Volkseinheit sich in der Mannigfaltigkeit der Sonderbestrebungen des Volkes verwirklicht.«[74]

Und so konnte 1867 Gustav Schmoller in einer Rezension von Steins ›Verwaltungslehre‹ bemerken: »Er schafft damit zum erstenmal ein wahres System, aber erlebt, daß die weitaus große Mehrzahl der Nationalökonomen seine Bücher so wenig versteht, als wenn sie chinesisch geschrieben wären.«[75] Der Begriff Sozialpolitik entwickelte sich bis zum Ende des Ersten Weltkriegs so sehr unter den Prämissen der nationalen Einigung unter *politischer* Führung, daß die Eigenständigkeit des Gesellschaftlichen in Vergessenheit geriet.

74 Treitschke, Heinrich von: Die Gesellschaftswissenschaft. Ein kritischer Versuch, Leipzig 1859, S. 82f.

75 Schmoller, Gustav: Lorenz Stein, in: Preußische Jahrbücher, 19 (1867), S. 245-270, Zitat S. 269.

2. Arbeiterfrage und Sozialpolitik (1863-1918)

2.1 Latenz des Begriffs ›Sozialpolitik‹

Im Vergleich zur lebhaften Diskussionsphase des Vormärz brachten die 1850er und 1860er Jahre nur wenige Bezugnahmen auf ›Sozialpolitik‹.[76] Die Behauptung des langjährigen Bearbeiters einer Quellensammlung zur Geschichte der Sozialpolitik: »Und für alle Ideen und Maßnahmen, welche die Lösung eben dieser Arbeiterfrage zum Ziel hatten, wurde in dem Jahrzehnt vor der Reichsgründung der Oberbegriff ›Sozialpolitik‹ herausgebildet«,[77] ist in einem zweifachen Sinne unrichtig: Sie übersieht zum einen die im vorangehenden Kapitel dargestellte Entstehung des gesellschaftstheoretisch fundierten Begriffs um 1848. Und sie datiert, wie im folgenden zu zeigen sein wird, die institutionelle Verfestigung des Begriffs fast zwei Jahrzehnte zu früh. Soweit eine einschlägige Begrifflichkeit »im Jahrzehnt vor der Reichsgründung« überhaupt auftauchte, dominierte ›sociale Reform‹.[78] Es waren Jahre eines kontinuierlichen Wirtschaftswachstums, während deren der rasche Fortschritt der Industrialisierung eine Lösung der sozialen Frage durch das Fortschreiten der Industrialisierung erhoffen ließ. Und dies um so mehr, als die Einführung des allgemeinen Wahlrechts für Männer im Norddeutschen Bund (1867) und die von nahezu allen bürgerlichen Parteien befürwortete Aufhebung

76 Außer den bereits erwähnten ist noch zu nennen: Joerg, Joseph Edmund: Geschichte der social-politischen Parteien in Deutschland, Freiburg i. Br. 1867; Joerg bezeichnet als ›Sozialpolitiker‹ alle, die sich mit der ›sozialen Frage‹ i. S. der Arbeiterfrage auseinandersetzen. Zu Joerg vgl. Stegmann, Franz Joseph: Von der ständischen Sozialreform zur staatlichen Sozialpolitik, München 1965. – Die umfassendste Dokumentation der Literatur zur Sozialpolitik bis zum Ersten Weltkrieg, Stammhammer, Josef (Hg.): Bibliographie der Social-Politik, Bd. 1, Jena 1897, erwähnt noch einige Traktatliteratur, die sich der Wortverbindung ›sozial-politisch‹ bedient; soweit eine spezifische Tendenz ersichtlich ist, scheint sie sich an Riehl zu orientieren.

77 Born, Karl Erich: Zur Verwendung des Begriffes ›Sozialpolitik‹, in: Quellensammlung zur Geschichte der deutschen Sozialpolitik 1867 bis 1914. Einführungsband, Wiesbaden 1966, S. 11-14.

78 Die vom Verlag Brockhaus herausgegebene Realencyclopädie brachte bereits in ihrer 10. Auflage (1851-1855) einen Beitrag ›Socialreformer‹, der jedoch in der folgenden 11. Auflage (1864-1868) entfiel.

der Koalitionsverbote die Beseitigung auch der politischen Benachteiligungen der Arbeiter erwarten ließ.[79] Die beiden Jahrzehnte vor der Reichsgründung sind auch als Blütezeit des Wirtschaftsliberalismus in Deutschland zu bezeichnen, und zwar sowohl in der politischen und unternehmerischen Praxis wie auch in der Wissenschaft. Die ›Manchesterschule‹ um John Prince-Smith und Max Wirth, die sich seit 1857 zum ›Kongress deutscher Volkswirthe‹ zusammengeschlossen hatte, beherrschte das Feld.[80]

Immer deutlicher trat in dieser Phase der Unterschied zwischen der Arbeiterfrage und der Armutsfrage hervor, die zu einer »institutionellen Arbeitsteilung zwischen einer weithin privatisierten Fürsorge für Arme und einer wohlfahrtsstaatlich regulierten Daseinsvorsorge für Arbeiter« führen sollte.[81] Und während die Diskussionen um 1848 weit stärker die ausländischen Entwicklungen reflektiert hatten, rückten nunmehr die heimischen Verhältnisse ins Zentrum der Debatten. Im Jahre 1863 hatte Ferdinand Lassalle den Allgemeinen Deutschen Arbeiterverein gegründet und damit der ab 1850 unterdrückten Arbeiterbewegung eine deutlich sichtbare politische Kontur gegeben.[82] Von nun an dominierte die ›Arbeiterfrage‹ das Nachdenken über die ›Soziale Frage‹.[83] Die liberale Gewerbeordnung stärkte entgegen dem er-

79 Vgl. hierzu Born, Karl Erich: Sozialpolitische Probleme und Bestrebungen in Deutschland von 1848 bis zur Bismarckschen Sozialgesetzgebung, in: Vierteljahresschrift für Sozial- und Wirtschaftsgeschichte 46 (1959), S. 29-44; Offermann, Toni: Arbeiterbewegung und liberales Bürgertum in Deutschland 1850-1863, Bonn 1979.

80 Zu deren sozialpolitischen Vorstellungen vgl. Gehrig, Hans: Die sozialpolitischen Anschauungen der deutschen Freihandelsschule, Jena 1909. Zur Wirkungsgeschichte des Liberalismus im Deutschen Reich vgl. Herkner, Heinrich: Sozialpolitischer Liberalismus, in: Die Wirtschaftswissenschaft nach dem Kriege, Bd. 1, S. 31-52.

81 Pankoke, Sozialpolitik, Sp. 1227; vgl. auch Tennstedt, Florian: Sozialgeschichte der Sozialpolitik in Deutschland. Vom 18. Jahrhundert bis zum Ersten Weltkrieg, Göttingen 1981.

82 Zur Geschichte der Arbeiterbewegung zusammenfassend Tennstedt, Florian: Vom Proleten zum Industriearbeiter. Arbeiterbewegung und Sozialpolitik 1800 bis 1914, Köln 1983.

83 Zur Codierung des Begriffs dürften beigetragen haben die vielzitierte programmatische Schrift von Fr[iedrich] A[lbert] Lange: Die Arbeiterfrage in ihrer Bedeutung für Gegenwart und Zukunft, Duisburg 1865, Nachdruck Hildesheim und New York 1979; sowie die grundlegende Schrift der katholisch-sozialen Bewegung: Ketteler, Wilhelm Emmanuel von: Arbeiterfrage und Christentum, Mainz 1864.

sten Anschein *beide* Seiten, die Unternehmer und die Arbeiterbewegung, so daß der Klassenkonflikt immer mehr historische Realität wurde.[84] Und der wachsende Erfolg der vom Bürgertum als politische Gefahr eingeschätzten Sozialdemokratie bei den Reichstagswahlen tat ein übriges, um die Arbeiterfrage zum wichtigsten innenpolitischen Problem des neuen Kaiserreichs werden zu lassen.[85]

2.1.1 *Die liberale Phase*

Als repräsentatives Dokument der sechziger Jahre sei die große Abhandlung zur Arbeiterfrage des jungen Gustav Schmoller erwähnt, in der sich weder eine Bezugnahme auf ›Sozialreform‹ noch auf ›Sozialpolitik‹ findet.[86] Die Argumentation wird hier durch die Debatte um ›Selbsthilfe‹ (Hermann Schultze-Delitsch) oder ›Staatshilfe‹ (Ferdinand Lassalle) strukturiert.[87] Schmoller ging zu diesem Zeitpunkt von einem »Fortschritt in Überwindung der fatalen Konjunkturen«[88] aus und sah daher die Lösung der Arbeiterfrage vor allem in privaten und öffentlichen Maßnahmen zur *Stärkung der Selbsthilfefähigkeit der Arbeiter*, also in Volksbildung, Förderung des Spargedankens und der Erleichterung und Unterstützung unterschiedlicher Formen genossenschaftlicher Selbsthilfe. Schmoller nahm somit eine zwischen Schultze-Delitzsch und Lassalle vermittelnde Position ein:

84 Allerdings umfaßte die soziale Frage im Bewußtsein der nachdenklichen Autoren der Zeit nicht bloß die Arbeiterfrage, denn die Industrialisierung oder ›der Kapitalismus‹ veränderte die Lebens- und Erwerbschancen *aller* damals zumeist als ›Klassen‹ bezeichneten Bevölkerungsgruppen. Negativ betroffen wurden insbesondere die Landwirtschaft und das Kleingewerbe, während die Großindustrie und mit ihr die Fabrikarbeiter grundsätzlich von der Entwicklung profitierten. Die *Frauenfrage* wurde in Deutschland kaum thematisiert, und zwar weder unter politischen noch unter sozialen Aspekten. Vgl. dagegen Mill, John S.: Die Hörigkeit der Frau, Berlin 1869; sowie die bemerkenswert luzide Schrift des Berner Staatswissenschaftlers Scheel, Hans von: Die Theorie der sozialen Frage, Jena 1871, S. 110ff.

85 Einen guten Überblick über »Sozialreformer und Sozialrevolutionäre«, insbesondere über die wichtigsten Protagonisten praktischer Sozialpolitik, gibt Lampert, Lehrbuch der Sozialpolitik, S. 43-61.

86 Schmoller, Gustav: Die Arbeiterfrage, in: Preußische Jahrbücher, 14 (1864), S. 393-424 (I); S. 523-547 (II); 15 (1865), S. 32-63 (III).

87 Zu dieser Debatte vgl. Pankoke, Sociale Bewegung, S. 174ff.

88 Schmoller, Die Arbeiterfrage, S. 411.

»Wir sind mit der allgemeinen Tendenz unserer Zeit, die ungerechtfertigten Eingriffe des Polizeistaats zurückzuweisen, die eigenmächtige Ausnutzung der Staatsgewalt durch eine privilegierte Aristokratie, wie im Feudalstaat, nicht mehr zu dulden, vollständig einverstanden, unsere ganze moderne Zeit und besonders unsere moderne Industrie beruht auf der kraftvollen und nicht allzu beengten Entwicklung der Individualität; aber die richtige Entwicklung der Individualität sieht Recht und Staat, besonders den konstitutionellen Staat, der nicht als eine fremde Macht mit fremden Interessen der Gesellschaft gegenübersteht, sondern aus dem sittlichen Zusammenhang mit dem ganzen Volke herauswächst, gar nicht als Schranke und Hemmung an, sondern als äußere Leitfäden für das an sich Gute und Richtige«.[89]

Hier wird eine bemerkenswerte Amalgamierung von liberaler und konservativer Gesinnung sichtbar. Man wird die Bildung und die Erleichterung der Vermögensbildung sowie der Selbstorganisation der Arbeiter als konsequent liberales Konzept einer Lösung der Arbeiterfrage bezeichnen dürfen, wobei dem liberalen Verständnis entsprechend die Initiative zur Förderung der Volksbildung und des Sparens primär als Aufgabe des Bürgertums verstanden wurde.[90] Für Schmoller blieb jedoch der Staatseingriff eine zwar subsidiäre, aber ethisch gebotene Lösung, wobei dem Staat als »christlichem Staat«[91] eine höhere Einsicht in das Gemeinwohl zugestanden wurde. Schmollers harmonistisches Gesellschaftsbild beruhte auf dem Glauben an »die ethische Tendenz [...], daß der gesunde sittliche Volksgeist Tendenzen und Gegenstrebungen gegen solche Auswüchse und Mißbildungen, die durch das Wirtschaftsleben entstehen oder zu entstehen drohen, hervorruft«.[92] Dieses die konflikthaften Konsequenzen der Stein-

89 Schmoller, Die Arbeiterfrage, S. 535.

90 Die Entwicklung in Frankreich von Napoleon III. bis zum Ersten Weltkrieg entsprach in etwa diesem Muster.

91 Die Formel »christlicher Staat« stammt von dem damals sehr einflußreichen Juristen Friedrich Julius Stahl. Über den Einfluß christlicher Motive und Persönlichkeiten auf die deutsche Sozialpolitik vgl. Kaufmann, Christentum und Wohlfahrtsstaat; ferner: Kaiser/Loth, Soziale Reform im Kaiserreich.

92 Schmoller, Die Arbeiterfrage, S. 523. Ähnlich ders.: Über einige Grundfragen des Rechts und der Volkswirtschaft. Ein offenes Sendschreiben an Herrn Professor Dr. Heinrich von Treitschke, Jena 1875. Vgl. auch Harnisch, Hartmut: Gustav von Schmoller und der gesellschaftliche Wandel seiner Zeit, in: Von der Arbeiterbewegung, S. 560-581.

schen und der Marxschen Gesellschaftsdiagnose verdrängende ethische Bewußtsein wurde maßgebend nicht nur für die Gründung des »Vereins für Socialpolitik« (1872/73), sondern auch für die Bismarckschen Sozialreformen: »Darum soll er *niemand* helfen? Der Staat kann.«[93]
Die nunmehr zu besprechende Begründungsphase institutioneller Sozialpolitik stand allerdings in einem neuen Horizont: Die Zunahme von Arbeitskonflikten sowie die zeitliche Koinzidenz von Reichsgründung (1871) und erneuter ökonomischer Krise (1873 ff.) ließen die liberalen Hoffnungen zugunsten der Gestaltungsmacht des Staates schwinden.

2.1.2 Der politische Sprachgebrauch in der der Bismarckschen Sozialgesetzgebung vorangehenden Phase

Die von Florian Tennstedt und Heidi Winter bearbeitete Quellensammlung zu Grundfragen staatlicher Sozialpolitik zwischen 1863 und 1881 gestattet es, ohne allzu aufwendige Recherchen auch den politischen Sprachgebrauch der Zeit zu referieren. Obwohl im Sachregister unter dem Stichwort ›Sozialpolitik‹ 39 Eintragungen stehen, zeigt deren Durchsicht, daß das Substantiv ›Sozialpolitik‹ in den Quellentexten selbst kein einziges Mal vorkommt, sondern nur in den Kommentaren. Soweit sich die Verweise auf die Quellentexte selbst beziehen, erscheint dort in der Regel das Adjektiv ›sozialpolitisch‹, und zwar vor allem in den Wortverbindungen ›sozialpolitisches Gebiet‹ und ›sozialpolitische Reform‹. Die Wortverbindung ›sozialpolitische Fragen‹ taucht lediglich 1872 im Zusammenhang mit einer internationa-

93 Randnotiz Bismarcks zum Entwurf eines Immediatberichtes des Staatsministeriums an den preußischen König Wilhelm I. vom 21. Februar 1865, zitiert nach Tennstedt, Florian und Winter, Heidi (Bearb.): Grundfragen staatlicher Sozialpolitik: die Diskussion der Arbeiterfrage auf Regierungsseite vom preußischen Verfassungskonflikt bis zur Reichstagswahl von 1881. Quellensammlung zur Geschichte der deutschen Sozialpolitik: 1867 bis 1914, I. Abteilung, 1. Bd., Stuttgart u. a. 1994, Nr. 41, S. 124. (Die Zitierung dieses Werkes erfolgt im folgenden grundsätzlich unter alleinigem Hinweis auf die Quellennummer, bei längeren Dokumenten auch der Seitenzahl. Weitere Hinweise auf die Art der Quelle werden nur gegeben, sofern dies für den vorliegenden begriffsgeschichtlichen Kontext von Belang ist.)

len Konferenz auf.[94] Der Ausdruck ›sozialpolitisches Gebiet‹ sowie gelegentliche andere Wortverbindungen wurden um 1878 von einem einzigen Beamten im Staatsministerium (Robert Bosse) verwendet.[95] Der Ausdruck ›sozialpolitische Reform‹ kam erst im unmittelbaren Vorfeld der kaiserlichen Botschaft von 1881 zum Tragen,[96] vorher ist meist von ›Reform‹ und einem Bezugsobjekt, gelegentlich auch von ›sozialer Reform‹ die Rede. Auch das Adjektiv ›sozialpolitisch‹ war also bis 1879 nur sporadisch im Gebrauch und hatte sich noch nicht zum Begriff verfestigt. Dagegen wurde es im Umfeld der Unfallversicherungsvorlage 1879/81 im Sinne einer die Integration der Arbeiter in das Reich förderlichen Politik geläufig.[97]

Zum selben Ergebnis führt die Untersuchung des Sprachgebrauchs im Rahmen der katholisch-sozialen Bewegung: Das Wort tauchte erstmals anläßlich der Generalversammlung des Katholikentags von 1882 auf, die den Auftrag erteilte, »hervorragende katholische Sozialpolitiker zu einer Beratung über Wucher, Arbeitslohn und Grundentlastung einzuladen«; hieraus entstand 1884 die »Freie Vereinigung katholischer Sozialpolitiker«,[98] die

94 Vgl. Tennstedt/Winter, Grundfragen, Nr. 88, S. 257, Nr. 93, Nr. 110, Nr. 113; ferner in der Wortverbindung »sozialpolitische und internationale Arbeiterfrage« in Nr. 112 und Nr. 114, in Nr. 113 heißt es dagegen »soziale und internationale Arbeiterfrage«. All diese Quellen beziehen sich auf die »Preußisch-österreichische Konferenz über die soziale Frage«, die zwischen dem 7. und dem 21. November 1872 in Berlin stattfand. Mit dem Wort ›sozialpolitisch‹ wurden hier die innenpolitischen von den internationalen Aspekten der Arbeiterfrage (Kampf gegen die Londoner Internationale) abgegrenzt.

95 Vgl. Tennstedt/Winter, Grundfragen, Nr. 154, Nr. 170, Nr. 204, S. 659. Ferner sind zwischen 1874 und 1876 »Social-politische Flugblätter« (Verlag Schindler, Berlin) nachgewiesen.

96 Vgl. Tennstedt/Winter, Grundfragen, Nr. 153, S. 513, Nr. 189, S. 628, Nr. 191, Nr. 192, S. 633.

97 Vgl. Tennstedt, Florian und Winter, Heidi (Bearb.): Von der Haftpflichtgesetzgebung zur ersten Unfallversicherungsvorlage. Quellensammlung zur Geschichte der deutschen Sozialpolitik 1867 bis 1914, I. Abteilung, Bd. 2, Stuttgart u. a. 1993, z. B. Nr. 133, Nr. 161, Nr. 226, Nr. 228.

98 Hermans, Baldur H. A.: Das Problem der Sozialpolitik und Sozialreform auf den deutschen Katholikentagen von 1848 bis 1891. Ein Beitrag zur Geschichte der katholisch-sozialen Bewegung, Bonn 1972, S. 479f.; ein früherer Gebrauch des Ausdrucks ließ sich in diesem Werk nicht feststellen. Denselben Befund zeigt Ritter, Emil: Die katholisch-soziale Bewegung Deutschlands im neunzehnten Jahrhundert und der Volksverein, Köln 1954. Allerdings wird S. 111 ein Brief von Ludwig Windthorst aus dem

von 1887 bis 1889 auch ein Jahrbuch unter ihrem Namen herausgab. Der lexikographische Befund legt nahe, daß der Begriff ›Sozialpolitik‹ von katholischer Seite besonders forciert wurde,[99] insbesondere im Anschluß an die 1891 veröffentlichte Enzyklika »Rerum novarum« Papst Leos XIII. zur Arbeiterfrage.[100] Auf evangelischer Seite läßt sich trotz bemerkenswertem karitativen Engagement der ›Inneren Mission‹ ein der katholischen Sozialbewegung vergleichbares sozialpolitisches Engagement weder begrifflich noch praktisch feststellen.[101]

Jahre 1873 erwähnt, in dem er sich von einem »sozialpolitischen Vorgehen« zugunsten des »Schutzes von Religion und Kirche« absetzte; dies bestätigt erneut die noch nicht erfolgte Codierung des Begriffs.

99 Der 1879 erschienene erste Lexikonartikel ›Socialpolitik‹ findet sich in einem katholischen Konversationslexikon und lautet: »S., die theoretische Entwicklung und praktische Anwendung der Grundsätze des Sozialismus. Socialpolitiker und Socialrefomer, diejenigen welche sich mit der Lösung der socialen Frage beschäftigen, letztere mit dem Zwecke einer völligen Umgestaltung der Eigentums- und Besitzverhältnisse. Zu ersteren gehören die Kathedersozialisten, welche auf dem Wege der Gesetzgebung reformieren wollen.« (Herders Conversations-Lexikon, 2. Aufl., Bd. 4, Freiburg i. Br. 1879, S. 474). Man beachte die positive Konnotation von ›Sozialpolitik‹ im Unterschied zu (sozialistischer) ›Sozialreform‹! In der folgenden 3. Auflage wurde ›Socialpolitik‹ durch einen vierspaltigen Sonderartikel hervorgehoben (Bd. 7, Freiburg i. Br., 1907, nach Sp. 1772). – Die Konversationslexika von Brockhaus (12. Aufl. 1875-1879) und Meyer (3. Aufl. 1874-1878) verwendeten das Wort in ihren einschlägigen Beiträgen überhaupt nicht; die folgende Auflage aus den achtziger Jahren (13. Aufl. 1882-1887, bzw. 4. Aufl. 1885-1890) enthält dagegen Artikel zum Stichwort ›Sozialpolitik‹. – Der früheste handbuchartige Artikel erschien in dem von der Görres-Gesellschaft zur Pflege der Wissenschaft im katholischen Deutschland erstmals 1889-1897 herausgegebenen Staatslexikon: Brüll, [Andreas]: Socialpolitik, in: StL., 1. Aufl., Bd. 5, 1897, Sp. 140-151. Das Handwörterbuch der Staatswissenschaften dagegen ignoriert den Begriff in der 2. Auflage (1898-1907), führt ihn in der 3. Auflage (1909-1911) nur als Verweisstichwort auf und bringt erst in der folgenden Auflage (1926) einen eigenständigen Artikel des Soziologen Leopold von Wiese.

100 Den Anspruch einer »katholischen Sozialpolitik« erhob im Anschluß an »Rerum novarum« Cathrein, Victor: Sociale Frage, in: Wetzer und Welte's Kirchenlexikon, 2. Aufl. Freiburg i. Br. 1899, Sp. 431-465. Neben dem schon erwähnten Bischof Ketteler wurde vor allem Franz Hitze einflußreich, vgl. Hitze, Franz: Die sociale Frage, Paderborn 1877; ders., Kapital und Arbeit, Paderborn 1880.

101 Vgl. Shanahan, William O.: Der deutsche Protestantismus vor der sozialen Frage 1815-1871, München 1962. In organisierter Form sind lediglich die kurzlebige ›Christlich-soziale Partei‹ des preußischen Hofpredigers und Antisemiten Adolph Stoecker (1878) und der 1890 gegründete

Das *Fehlen des Wortes ›Sozialpolitik‹ im politischen Wortschatz der 1870er Jahre* wird noch deutlicher, wenn wir die Bezeichnungen untersuchen, wo wir im Sprachgebrauch ab 1890 das Wort ›Sozialpolitik‹ erwarten dürften. So sprach beispielsweise der langjährige sozialpolitische Berater Bismarcks, Hermann Wagener, anläßlich der preußisch-österreichischen Konferenz zur sozialen Frage davon,

»daß, um die Frage in fruchtbringender Weise zu behandeln, man sich nicht auf die *Arbeiter*frage werde beschränken können, sondern die soziale Frage im weiteren Sinne ins Auge zu fassen haben werde als den Gesamtzusammenhang der gegenwärtigen Gesellschaft, [...] daß man diese Aufgabe nicht der Gesellschaft allein zuweisen und überlassen kann, sondern daß auch Staat und Regierungen dazu schreiten müssen, diesen Dingen politische Form zu geben.«[102]

Ebenso fällt das Fehlen des Begriffs ›Sozialpolitik‹ im Rahmen der Erörterungen um 1878 auf, bei denen es um die Frage ging, wie das Sozialistengesetz mit der Arbeiterschaft förderlichen Maßnahmen ergänzt werden könne. Hier trat vorzugsweise das Adjektiv ›positiv‹ (z. B. ›positive Politik‹) auf, wo wir heute ›sozial‹ erwarten würden.[103] Bismarck selbst sprach gelegentlich von ›sozialer Reform‹, ließ aber auch die zunächst kritisch gemeinte Bezeichnung ›Staatssozialist‹ gegen sich gelten.[104] Der einzige

›Evangelisch-Soziale Kongreß‹ zu erwähnen. Vgl. Kretschmar, Gottfried: Der Evangelisch-Soziale Kongreß. Der deutsche Protestantismus und die soziale Frage, Stuttgart 1972. – Immerhin verstanden manche der mit sozialpolitischen Fragen befaßten preußischen Beamten ihr Engagement als christliche Aufgabe, vgl. Tennstedt, Florian: Sozialreform als Mission. Anmerkungen zum politischen Handeln Theodor Lohmanns, in: Von der Arbeiterbewegung zum modernen Sozialstaat, Festschrift Gerhard A. Ritter, hg. v. Jürgen Kocka u. a., München u. a. 1994, S. 538-559.

102 Tennstedt/Winter, Grundfragen, Nr. 118: Protokoll[entwurf] der preußisch-österreichischen Konferenz über die soziale Frage, S. 339. – Wagener hat seine sozialpolitischen Auffassungen auch in Buchform veröffentlicht, ohne den Terminus zu verwenden. Statt dessen ist z. B. von »einer zeitgemäßen sozialen Reformpolitik« die Rede. Anonymus (Wagener, Hermann): Die Lösung der sozialen Frage vom Standpunkte der Wirklichkeit und Praxis. Von einem praktischen Staatsmanne, Bielefeld und Leipzig 1878, S. 11.

103 Vgl. z. B. Tennstedt/Winter, Grundfragen, Nr. 151, Nr. 152, Nr. 187, S. 615, Nr. 219, S. 692.

104 »Der Fürst äußerte sich ungefähr folgendermaßen: Die bloße Verfolgung der Sozialisten sei nicht genügend. [...] Er sei zur Überzeugung gelangt,

Autor eines Quellentextes, der zum mindesten die Wortverbindung ›soziale Politik‹ in einer Wahlrede des Jahres 1881 in den Mund nahm, war der Nationalökonom, Finanzwissenschaftler und ›Staatssozialist‹ Adolph Wagner.[105]

Zusammenfassend ist festzuhalten, daß die Latenzphase des Begriffs ›Sozialpolitik‹ bis zur mit dem Namen Bismarcks verbundenen Sozialgesetzgebung dauerte.[106] Auch in diesem Zusammenhang dominierten zunächst Begriffe wie ›soziale Reform‹ oder ›Arbeiterpolitik‹, soweit nicht unmittelbar auf konkrete politische Postulate oder Maßnahmen Bezug genommen wurde.[107] Eine unmittelbare Wirkung der nunmehr zu behandelnden Gründung des ›Vereins für Socialpolitik‹ ist in der politischen Rhetorik nicht festzustellen.

daß ein mäßiger, vernünftiger Staatssozialismus die Gefahr beschwören könne. [...] Diesen Leuten müsse man den Einfluß auf die Arbeiter nehmen, indem man diesen zeigt, daß der Staat sich für sie interessiere und für ihr Wohl durch praktische Maßregeln sorge, anstatt sie mit falschen, unmöglichen Versprechungen zu betrügen, wie dies seitens der sozialistischen Führer geschah.« Tennstedt/Winter, Grundfragen, Nr. 179: Berichtsentwurf des bayerischen Gesandten in Berlin Hugo Graf von und zu Lerchenfeld-Koefering an den bayerischen Außenminister Krafft Freiherr von Crailsheim vom 18. Dezember 1880, S. 598. – Zur Begriffsgeschichte von ›Staatssocialismus‹ vgl. Thier, Erich: Rodbertus, Lassalle, Adolph Wagner. Ein Beitrag zur Theorie und Geschichte des deutschen Staatssozialismus, Jena 1930. Zwischen 1877 und 1882 erschien in Berlin auch eine Zeitschrift mit dem Titel ›Der Staatssocialist. Wochenschrift für Socialreform‹, hinter der Teile der evangelisch-sozialen Bewegung standen.

105 Tennstedt/Winter, Grundfragen, Nr. 189, passim.

106 Dieser Eindruck wird auch durch Stammhammers Bibliographie der Social-Politik bestätigt.

107 Auch die Sozialdemokraten reklamierten in dieser Epoche den Begriff ›Sozialreform‹ für sich: »Die offizielle Sozialreform hat mit unserer Sozialreform nichts gemein als den Namen. *Die wahre Sozialreform ist die von der Sozialdemokratie geforderte.*« Aufruf der sozialdemokratischen Fraktion zur ersten Reichstagswahl unter dem Sozialistengesetz (27. Oktober 1881), in: Die Sozialdemokratie im Deutschen Reichstag. Tätigkeitsberichte und Wahlaufrufe aus den Jahren 1871 bis 1893, Berlin 1909, S. 207 und passim. Der Begriff ›Sozialpolitik‹ wurde dagegen – wie auch die »unzureichende« Politik, die sich mit dem Begriff verband – noch nach der Jahrhundertwende abgelehnt.

2.2 Der Einfluß des ›Vereins für Socialpolitik‹

Der Umschwung in der öffentlichen Meinung von der liberalen Hoffnung auf die Lösung der sozialen Frage durch wirtschaftlichen Fortschritt und Arbeiterselbsthilfe zur Notwendigkeit politisch-sozialer Reformen wurde durch eine Rede des genannten Adolph Wagner über die soziale Frage (Oktober 1871) eingeleitet, die ein starkes publizistisches Echo fand.[108] Sie trug den sich in ihrer Folge vereinsmäßig zusammenschließenden sozialpolitisch engagierten Ökonomen von der manchesterlichen Seite den Spitznamen »Kathedersozialisten« ein.[109] Diese Bezeichnung wurde jedoch in der Folge von manchen auch als Selbstbezeichnung übernommen.

2.2.1 Zur Namensgebung des Vereins

Die Gründungsgeschichte des ›Vereins für Socialpolitik‹ ist ausführlich dokumentiert,[110] doch gibt sie hinsichtlich der Entstehung des Namens keine letzte Klarheit. Wagner sprach in der genannten Rede von der »Aufgabe des Staates in der sozialen

108 Wagner, Adolph: Rede über die sociale Frage. Gehalten auf der freien kirchlichen Versammlung evangelischer Männer in der K. Garnisonskirche zu Berlin am 12. October 1871, Separatdruck Berlin 1872. Zu Kontext und Wirkung der Rede vgl. den anschaulichen Rückblick Lujo Brentanos anläßlich des 25jährigen Bestehens des Vereins (1897), wiederabgedruckt als: Brentano, Lujo: Zum Jubiläum des Vereins für Sozialpolitik, in: Schriften des Vereins für Sozialpolitik, Bd. 163, München und Leipzig 1923, S. 1-22.

109 Oppenheim, Heinrich Bernhard: Manchesterschule und Katheder-Sozialismus (1871), in: ders., Der Katheder-Sozialismus, Berlin 1872, S. 33-41. Dazu Wagner, Adolph: Offener Brief an Herrn H.B. Oppenheim. Eine Abwehr manchesterlicher Angriffe gegen meine Rede über die sociale Frage auf der Octoberversammlung, Berlin 1872. Zu den damaligen Kontroversen nunmehr anschaulich: Machtan, Lothar: Adolph Wagner und die Gründung des Vereins für Socialpolitik – Zwei unveröffentlichte Briefe aus dem Jahre 1872, in: Zeitschrift für Sozialreform 34 (1988), S. 510-523.

110 Vgl. Conrad, Else: Der Verein für Socialpolitik und seine Wirksamkeit auf dem Gebiet der gewerblichen Arbeiterfrage, Jena 1906, S. 56ff.; Boese, Franz: Geschichte des Vereins für Sozialpolitik 1872-1932, Berlin 1939, S. 1ff. Unter Betonung der Vorgeschichte Wittrock, Gerhard: Die Kathedersozialisten bis zur Eisenacher Versammlung 1872, Berlin 1939.

Frage«, bzw. von »Staatspolitik in der sozialen Frage«, wenngleich er das Adjektiv ›sozialpolitisch‹ verwandte.[111] Auf der Eisenacher Tagung von 1872, die einen Gründungsausschuß für den Verein konstituierte, betitelte der zum Tagungsvorsitzenden gewählte Rudolf von Gneist »vorläufig diesen Verein als ›Sozial-Reform-Verein‹, wogegen übrigens sogleich ein ›Ungenannter‹ Einspruch erhob«.[112] Nach Conrad war bereits bei der Vorbesprechung am 13. Juli 1872 in Halle von einem »Kongreß für soziale Reform« die Rede.[113] Die Publikation der Verhandlungen spricht von »Eisenacher Versammlung zur Besprechung der socialen Frage«.[114] Wann und wie es zur Festlegung des Namens kam, ist nicht genau zu ermitteln, nicht alle Treffen des Gründungsausschusses wurden anscheinend protokolliert.[115] Offenbar hat jedoch Georg Friedrich Knapp in einem Brief an Gustav von Schmoller im Vorfeld eines Treffens im November 1872 die Bezeichnung ›Verein für Socialpolitik‹ verwendet.[116] Der Name fand sich auch im Entwurf der Vereinsstatuten, der den Teilnehmern der Eisenacher Versammlung vom 13. Oktober 1873 vorgelegt wurde. Anscheinend wurde die Bezeichnung dort diskussionslos akzeptiert.[117]

Der sorgfältig redigierte »Aufruf zur Gründung eines Vereins für Sozialpolitik« läßt implizit erkennen, wie die Verfasser das Gebiet und die Aufgaben von Sozialpolitik im Schnittfeld von ›Selbsthilfe‹ und ›Staatshilfe‹ verstanden haben:

»Aus der Gesamtheit der mehr oder weniger berechtigten Versuche zur Weiterbildung der heutigen Erwerbsgesellschaft tritt zur Zeit der Streit zwischen Kapital und Arbeit gefahrdrohend hervor. Wir sind der Ansicht, daß hier für Staat und Gesellschaft dringende Aufgaben der friedlichen Reform vorliegen.

Zunächst wird es darauf ankommen, die Verhältnisse der Arbeiter und deren Beziehungen zu den Arbeitgebern aufzuklären, die Erfordernisse

111 Wagner, Rede, S. 11f.
112 Boese, Geschichte, S. 12.
113 Conrad, Der Verein, S. 57.
114 Vgl. Boese, Geschichte, S. 305.
115 Boese, Geschichte, S. 13.
116 Boese, Geschichte, S. 13.
117 So Bruch, Rüdiger vom: Bürgerliche Sozialreform im deutschen Kaiserreich, in: ders. (Hg.): »Weder Kommunismus noch Kapitalismus«. Bürgerliche Sozialreformen in Deutschland vom Vormärz bis zur Ära Adenauer, München 1985, S. 65.

genossenschaftlicher Bildungen festzustellen, ihre gedeihliche Entwicklung zu unterstützen und jede Verständigung der streitenden Parteien zu fördern.

In gleicher Weise sollen die übrigen sozialen und ökonomischen Probleme der Zeit, wie Gesundheits- und Unterrichtswesen, Verkehrs-, Aktien- und Steuerwesen, in Betracht gezogen werden.

Wir sind der Überzeugung, daß das unbeschränkte Walten teilweise entgegengesetzter und ungleich starker Einzelinteressen das Wohl der Gesamtheit nicht verbürgt, daß vielmehr die Forderungen des Gemeinsinns und der Humanität auch im wirtschaftlichen Leben ihre Geltung behaupten müssen, und daß das wohlerwogene Eingreifen des Staates zum Schutze der berechtigten Interessen aller Beteiligten zeitig wachzurufen ist.

Diese staatliche Fürsorge sehen wir nicht als Notbehelf oder als unvermeidliches Übel an, sondern als Erfüllung einer der höchsten Aufgaben unserer Zeit und unserer Nation. In ernster Durchführung dieser Aufgaben wird sich der Egoismus des Einzelnen und das nächste Interesse der Klassen der dauernden und höheren Bestimmung des Ganzen unterordnen.«[118]

Schmollers Eröffnungsrede zur ersten Eisenacher Versammlung vom 8. Oktober 1872 enthielt weder den Terminus ›Sozialreform‹ noch denjenigen der ›Sozialpolitik‹ Es war, wie auch in der erwähnten Rede Adolph Wagners, von der ›sozialen Frage‹, sowie von ›Reformen‹ die Rede, doch die alte Terminologie (vgl. Kapitel 1) spielte offensichtlich keine Rolle.

Zwar war der Terminus ›soziale Reform‹ zu dieser Zeit im wissenschaftlichen Schrifttum geläufig, nicht jedoch der Terminus ›Sozialpolitik‹.[119] Und daran scheint sich auch während der 1870er Jahre wenig geändert zu haben. Eine Durchsicht einschlägiger Werke dieser Zeit, erbrachte zahlreiche Funde des Terminus ›Sozialreform‹, jedoch nur wenige von ›Sozialpolitik‹.[120] Auch in

118 Aufruf zur Gründung eines Vereins für Sozialpolitik, abgedruckt bei Boese, Geschichte, S. 248.

119 Dipper, Sozialreform, S. 333, vermutet, daß die ausführliche Besprechung von Frédéric Le Plays »La Réforme sociale en France« (Paris 1865) durch Albert Schäffle zur Reaktivierung des Begriffs ›Sozialreform‹ beigetragen habe.

120 Ausnahmen bilden: Scheel, Hans von: Unsere socialpolitischen Parteien, Leipzig 1878, mit einer ausdrücklichen, jedoch auf die erste Begriffsphase zurückverweisenden Definition: »Socialpolitik bedeutet die Kunde und Kunst der Einrichtung der Gesellschaft, und da diese Einrichtung nur durch eine oberste zusammenfassende Regierung geschehen kann, die Gesellschaft ohne Staat nicht denkbar ist, so ist der Begriff des Staats von selbst mit eingeschlossen. Die Socialpolitik ist also eine Summe von Bestrebungen, welche gerichtet ist auf die Gesellschaft, d. h. die geschicht-

dem für die sozialpolitische Diskussion der damaligen Zeit sehr aufschlußreichen, nahezu umfassenden Literaturüberblick des Redakteurs der konservativen ›Berliner Revue‹[121] findet sich nur ein einziger Hinweis mit dem Titel: »Nationalökonomie und Socialpolitik in ihrer Beziehung und Wirkung auf die socialen Fragen der Gegenwart«.[122] Diese kaum zitierte Schrift ist Reichskanzler Bismarck gewidmet und bemerkenswert originell: Sie verfolgt im Anschluß an Friedrich List einen implizit humankapitaltheoretischen Ansatz und steht sozialpolitisch einem So-

lich entstandene Verbindung von Familien und Einzelnen [...], welche durch gemeinsame wirtschaftliche und persönliche Beziehungen zusammengehalten wird, diese nach denselben Grundanschauungen über Sitte und Recht regelt; als geschichtlich entstandene Verbindung natürlich auch in steter Entwicklung begriffen ist.« (S. 3) Ferner Contzen, Heinrich: Geschichte der socialen Frage von den ältesten Zeiten bis zur Gegenwart, Berlin 1877, wo der Abschnitt über die nichtsozialistischen Sozialreformer mit »Socialpolitische Bewegungen seit dem Jahre 1848 in Deutschland« überschrieben ist, ohne allerdings den Begriff zu klären oder den ›Verein für Socialpolitik‹ zu erwähnen; schließlich Held, Adolf: Sozialismus, Sozialdemokratie und Sozialpolitik, Leipzig 1878; hier wird (S. 123-140) ›Sozialpolitik‹ lediglich im Sinne der Intentionen des Vereins für Sozialpolitik und in Abgrenzung von denjenigen des Volkswirtschaftlichen Congresses verwendet. – Schließlich finden sich auch in der Kontroverse zwischen Gustav Schmoller und Heinrich von Treitschke (1874/75) sporadisch die Bezeichnungen ›Sozialpolitik‹ und ›sozialpolitisch‹, ohne aber eine begriffliche Verfestigung zu finden. Beispielsweise: »Die soziale Bewegung, welche in Frankreich die Revolution von 89 herbeiführte, ist in Deutschland nicht eingetreten. Und daß sie nicht eingetreten ist, verdankt man in erster Linie dem preußischen Staate und der *sozialen Politik* seiner großen Könige [...]. Diese *soziale Politik* hat den deutschen Bauernstand erst vor Mißhandlung, vor Vertreibung von seiner Scholle geschützt [...]. Diese ältere deutsche *Sozialpolitik* schloß mit der Stein-Hardenbergschen Bauernemanzipation, mit den ersten Anfängen der preußischen Fabrikgesetzgebung in der Hauptsache ab.« Schmoller, Gustav: Die sociale Frage und der preußische Staat, in: Preußische Jahrbücher 33 (1874), S. 323-342, Zitate S. 330f. »In Sparta plünderte Nabis mit einer verworfenen Rotte die Besitzenden aus – eine naturwüchsige *Sozialpolitik*, deren Leistungen Sie doch gewiß nicht als ›durch und durch kathedersozialistische Maßregeln‹ preisen werden.« Treitschke, Heinrich von: Die gerechte Vertheilung der Güter. Offener Brief an Gustav Schmoller, in: Preußische Jahrbücher 35 (1875), S. 409-447, Zitat S. 425 (Herv. F.-X. K.).

121 Meyer, Rudolph: Die neueste Literatur zur socialen Frage, Berlin 1873.

122 Sommer, Ernst: Nationalökonomie und Socialpolitik in ihrer Beziehung und Wirkung auf die socialen Fragen der Gegenwart. Dresden 1872 (meines Wissens einziger Standort: Landesbibliothek Coburg).

zialismus Lassallescher Prägung nahe. Der verwendete Begriff von »Volkswirtschaft und Socialpolitik« ist weit und könnte zu Recht als ›Gesellschaftspolitik‹ bezeichnet werden:

»Fassen wir die nationalökonomischen Systeme und sozialpolitischen Theorien in ihrer Gesamtheit [...] so ergibt sich die gebieterische Notwendigkeit einer *Volkswirtschaft und Sozialpolitik*, die mit ruhiger Besonnenheit, auf positiven Grundlagen, auf humanen, gerechten, gesetzlichen Wegen eine allmähliche Änderung der bisherigen sozialen Verhältnisse und Gegensätze anzubahnen, die kürzesten Wege zur Ausgleichung und zugleich zu einer höheren, gedeihlicheren Kultur einzuleiten, aber auch eine Organisation der Arbeit und der ganzen Gesellschaft zu ermöglichen und vorzubereiten hat, die der Gesamtbevölkerung ein sicheres Lebensglück, allen ohne Ausnahme in allen Schichten des Volkes, also auch besonders den arbeitenden Klassen ein menschenwürdiges Dasein bereiten.«[123]

Erst in den achtziger Jahren, und zwar in unmittelbarem Zusammenhang mit der Bismarckschen Sozialgesetzgebung verfestigte sich die Bezeichnung ›Sozialpolitik‹ und tauchte ab da massenhaft in Buchtiteln, aber auch in jenen von Zeitschriften u. ä. auf.[124] Trotz des bereits seit 1873 geführten Vereinsnamens ›Verein für Socialpolitik‹ konnte sich der Terminus in der Wissenschaftssprache erst durchsetzen, nachdem das Wort sich auch im politischen Sprachgebrauch eingebürgert hatte.

Wenn der neu gegründete Verein im Jahre 1873 das Wort Sozialpolitik zu seiner Selbstbezeichnung wählte, so ist dies eventuell als Ausdruck seines kämpferischen Charakters zu verstehen. Denn seiner ursprünglichen Zielsetzung nach wollte sich der Verein durchaus in die Tagespolitik mit Hilfe von mehrheitlich verabschiedeten, wissenschaftlich fundierten Resolutionen einmi-

123 Sommer, Nationalökonomie, S. 79.

124 Zum Beispiel *Zeitschrift für Volkswirtschaft, Sozialpolitik und Verwaltung*. Organ der Gesellschaft Österreichischer Volkswirte, Prag, Wien, Leipzig 1892ff.; *Sozialpolitisches Centralblatt*, Berlin 1892-1894, ab 1894/95 unter dem Titel: *Soziale Praxis – Centralblatt für Sozialpolitik* (der Titel dieser für die sozialpolitischen Diskussionen bis zum Ende der Weimarer Republik zentralen Zeitschrift wurde im Laufe der Zeit noch wiederholt modifiziert). Das ab 1888 erscheinende *Archiv für soziale Gesetzgebung und Statistik* firmierte ab dem 19. Jahrgang (1904) – d. h. nach der Übernahme der Herausgeberschaft durch Werner Sombart, Max Weber und Edgar Jaffé – als *Archiv für Sozialwissenschaft und Sozialpolitik*. Von 1911 bis 1919 erschienen die *Annalen für soziale Politik und Gesetzgebung*. Von 1923 bis 1932 erschien die *Kölner sozialpolitische Vierteljahresschrift*).

schen, um die Reichsregierung zugunsten der benachteiligten Klassen zu aktivieren.[125] Es war die vorherrschende Überzeugung, daß die ethisch ausgerichtete Nationalökonomie der historischen Schule, der die meisten ›Kathedersozialisten‹ nahestanden, geeignet sei, auch abgesicherte sozialpolitische Empfehlungen zu formulieren.[126] Erst die dabei unvermeidlich auftretenden Konflikte und insbesondere die Auseinandersetzung mit den heiß umstrittenen Sozialistengesetzen (1878) und der Schutzzollvorlage (1879) brachten die Wende »vom Stoßtrupp der Sozialreform zum Diskussionsforum«.[127]

Die praktische, unmittelbar politikbezogene reformerische Intention – *»Die Hebung der materiellen und ideellen Lage der Lohnarbeiter«*[128] – wurde in der Folge durch die ›Gesellschaft für sociale Reform‹ (gegr. 1901) wieder aufgenommen, deren personelle Zusammensetzung sich mit derjenigen des ›Vereins für Socialpolitik‹ deutlich überschnitt.[129] Während somit in der Gründungsphase des ›Vereins für Socialpolitik‹ der Terminus ›soziale Reform‹ eher das programmatische Moment, und der Terminus ›Sozialpolitik‹ eher das kaum reflektierte pragmatische Mo-

125 Zum politischen Einfluß des Vereins für Sozialpolitik vgl. Töpfer, I.: Die Verhandlungen des Vereins für Sozialpolitik und die Rechtspolitik der späten Bismarck- und wilhelminischen Zeit, Diss. Frankfurt/M. 1970; Plessen, M.-L.: Die Wirksamkeit des Vereins für Sozialpolitik von 1872-1890. Studien zum Katheder- und Staatssozialismus, Berlin 1975; Schmidt, Karl-Heinz: Gustav Schmoller und die Entwicklung einer sozialpolitischen Schule in Deutschland, in: Studien zur Entwicklung der ökonomischen Theorie XVI: Die Umsetzung wirtschaftspolitischer Grundkonzeptionen in die kontinentaleuropäische Praxis des 19. und 20. Jahrhunderts, I. Teil, hg. v. Erich W. Streissler, Berlin 1997, S. 43-80.

126 Um die methodische Begründung dieser Position hat sich vor allem Gustav Schmoller verdient gemacht. Vgl. hierzu Nau, Heino Heinrich: Politisches Ethos und sozialökonomisches Telos, in: Schmoller, Gustav: Historisch-ethische Nationalökonomie als Kulturwissenschaft. Ausgewählte methodologische Schriften, herausgegeben und eingeleitet von Heino Heinrich Nau, Marburg 1998, S. 13-65.

127 Bruch, Bürgerliche Sozialreform, S. 77. Vgl. hierzu auch Schmollers Eröffnungsrede nach seiner Wahl zum Vereinsvorsitzenden auf der Frankfurter Tagung von 1890, in: Boese, Geschichte, S. 250ff.

128 So im Namen der Gesellschaft für soziale Reform Berlepsch, [Hans Hermann] Frh. v.: Warum betreiben wir die soziale Reform?, Jena 1903, S. 3.

129 Vgl. hierzu zusammenfassend Bruch, Bürgerliche Sozialreform, S. 130-152; Ratz, Ursula: Sozialreform und Arbeiterschaft. Die ›Gesellschaft für soziale Reform‹ und die sozialistische Arbeiterbewegung von der Jahrhundertwende bis zum Ausbruch des Ersten Weltkrieges, Berlin 1980.

ment der Vereinstätigkeit bezeichnete, *behielt in der Folge ›soziale Reform‹ seine politikbezogene Konnotation, während ›Sozialpolitik‹ mehr zum akademischen Fachbegriff wurde*. Bezeichnenderweise kam es mit Bezug auf ›Sozialpolitik‹ zu ausgedehnten begrifflichen Diskussionen, die bis zum Ende der Weimarer Republik anhielten. Entsprechende Begriffsdiskussionen hat es über ›soziale Reform‹ nicht gegeben. ›Sozialreform‹ wurde vielmehr zu einem vielfältig ausdeutbaren Begriff der politischen Rhetorik.[130]

2.2.2 Wirrnisse und Klärungen: Die wissenschaftsgeschichtliche Bedeutung des ›Vereins für Socialpolitik‹

Als Konkurrenzunternehmen zum Kongress deutscher Volkswirthe gegründet, wurde der ›Verein für Socialpolitik‹ doch bald die dominierende wissenschaftliche Gesellschaft im Bereich der Staats-, Wirtschafts- und Sozialwissenschaften. Diese Wissenschaftsgebiete hatten sich zur Zeit seiner Gründung noch nicht klar voneinander geschieden. Dem Verein gehörten zwar vorwiegend Nationalökonomen, aber auch einige Juristen an, außerdem eine Vielzahl meist akademisch gebildeter Praktiker. Obwohl statistisch in der Minderzahl, hatten die Universitätsprofessoren doch stets einen dominierenden Einfluß.[131]

Überblickt man die im Rahmen des Vereins debattierten und vielfach durch Enquêten seiner Mitglieder sorgfältig recherchierten Themen, so fällt von Anfang an die thematische Breite der behandelten Gegenstände auf.[132] Es ging keineswegs nur um die Lage der Industriearbeiter und um Maßnahmen zu deren Verbes-

130 Vgl. Dipper, Sozialreform, S. 336-343.

131 Zur beruflichen Zusammensetzung des Vereins für Sozialpolitik siehe Gorges, Irmela: Sozialforschung in Deutschland 1872 bis 1914, Königstein/Ts. 1980, S. 70, 156, 216-218, 276f., 336f., 414-416.

132 Vgl. das Verzeichnis der Schriften des Vereins für Sozialpolitik bei Boese, Geschichte, S. 305ff., sowie die Übersicht über die Verhandlungen ebd., passim. Ferner Gorges, Sozialforschung, passim. Die Kontinuität zu älteren administrativen Enquêten betont Siemann, Wolfgang: Zwischen Ordnungs- und Sozialpolitik: Die Anfänge parlamentarischer und administrativer Enquêten in Deutschland, in: Jahrbuch für Europäische Verwaltungsgeschichte 1 (1989), S. 293-311.

serung. Mindestens ebensosehr hatte man Agrarfragen und mit ihnen die Landarbeiter, aber auch das durch die Expansion der Industrie gefährdete Kleingewerbe im Blick, also die Gesamtheit der von einer Proletarisierung gefährdeten Schichten. Stark vertreten waren auch wirtschaftspolitische, wirtschaftsrechtliche und finanzwissenschaftliche Themen. Große Beachtung wurde den Entwicklungen im Ausland geschenkt. Auch nach 1879 blieben die Generalversammlungen des Vereins im übrigen ein Forum, auf dem auch Unternehmer und Gewerkschaftsvertreter zu Wort kamen. Betrachtet man als Gegenstand von Sozialpolitik das, womit der Verein sich befaßte, so wäre eine Abgrenzung fast nur durch die Fachgrenzen der Wirtschafts- und Sozialwissenschaften zu bestimmen.[133] Aber Abgrenzungsfragen spielten zumindest in den ersten Jahrzehnten seiner Tätigkeit kaum eine Rolle. Nach Pribram empfand die erste Generation der Vereinsmitglieder »sogar eine bewußte Abneigung gegen eine Klarstellung des Begriffs und der theoretischen Grundlagen der Sozialpolitik; wie denn Erörterungen grundsätzlicher Natur aus den Verhandlungen des Vereins für Sozialpolitik zunächst mit Absicht ausgeschaltet wurden«.[134] Dies mag das Abbrechen des älteren Diskussionsstrangs neben den disziplinären Unterschieden mit erklären, denn anstelle von Juristen und Verwaltungswissenschaftlern waren die Volkswirte ins Zentrum der Definitionsmacht gerückt.

Die theoretische Unschärfe des Vereinsprogramms kontrastiert deutlich mit den Bemühungen Lorenz von Steins oder Robert von Mohls um begriffliche Klärungen. Während diese ein klares Bewußtsein vom *Unterschied* zwischen ›Staat‹ und ›Gesellschaft‹ besaßen, hat die historisch-ethische Nationalökonomie in Reaktion auf die liberale ›Freihandelsschule‹ gerade den *Zusammenhang* von Staat, Wirtschaft und Gesellschaft betont. Dieses ethisch vermittelte Zusammenhangsdenken kann als durch-

133 Gegen diese Ausweitung des wissenschaftlichen Programms über die Probleme der Sozialpolitik hinaus hat vor allem Lujo Brentano immer wieder opponiert. Vgl. Neuloh, Otto: Mensch und Gesellschaft im Leben und Denken von Zwiedineck-Südenhorst, in: Zwiedineck-Südenhorst, Otto von: Mensch und Gesellschaft. Beiträge zur Sozialpolitik und zu sozialen Fragen. Bearbeitet von Otto Neuloh, Berlin 1961, S. 21-87, hier S. 30-35.

134 Pribram, Karl: Die Wandlungen des Begriffs Sozialpolitik, in: Die Wirtschaftswissenschaft nach dem Kriege, Bd. 2, S. 223-267, Zitat S. 239.

gehender Zug der deutschen Reaktion auf die klassische Nationalökonomie in England und Frankreich gelten.[135] Während jedoch Stein den Zusammenhang des analytisch Getrennten suchte und in dieser Trennung sowohl die Ermöglichung des Fortschritts als auch eine die soziale Frage generierende Struktur sah, fehlte es den Kathedersozialisten an entsprechenden Struktureinsichten.[136] ›Sozialreform‹ und ›Sozialpolitik‹ waren deshalb für sie auch keine wissenschaftlichen Kategorien, sondern unreflektierte Sammelnamen für eine sachbezogene, pragmatische Auseinandersetzung mit gegebenen Problemen, sozialen Zielsetzungen und politischen Maßnahmen. Die allgemein anerkannte ethische Orientierung bot zudem wenig Anlaß, um über den Unterschied von Sach- und Werturteilen im Zuge der wissenschaftlichen Problembearbeitung nachzudenken. *In einem so wenig problematisierten Zusammenhang von Theorie, angewandter Wissenschaft und politischem Urteil erschien auch Sozialpolitik ein selbstverständlicher Begriff.*[137] Der Vorwurf, die Nationalökonomie sei

135 Vgl. Brandt, Karl: Geschichte der deutschen Volkswirtschaftslehre, Bd. 2: Vom Historismus bis zur Neoklassik, Freiburg i. Br. 1993. – Zur Wiederaufnahme damaliger Fragestellungen im Horizont gegenwärtiger Auseinandersetzungen vgl. The Theory of Ethical Economy in the Historical School. Hg. Peter Koslowski, Heidelberg 1995; Priddat, Birger P.: Die andere Ökonomie. Eine neue Einschätzung von Gustav Schmollers Versuch einer ›ethisch-historischen‹ Nationalökonomie im 19. Jahrhundert, Marburg 1995.

136 »Als Lorenz von Stein die fünfte Auflage seines Werkes [›Lehrbuch der Finanzwissenschaft‹] herausbrachte, war er den meisten seiner Zeitgenossen längst fremd geworden. [...] Viel theoretischer Tiefsinn und manche historisch-politische Einsicht, welche auch einer späteren Forschung hätten nützen können [...] gingen so in Deutschland verloren.« Beckerath, Erwin v.: Stein – Wagner – Schäffle, das ›Dreigestirn‹ der deutschen Finanzwissenschaft, in: ders., Lynkeus – Gestalten und Probleme aus Wirtschaft und Politik, Tübingen 1962, S. 75-101, Zitat S. 76.

137 Ein besonders explizites Beispiel der damaligen naiven Wissenschaftsgläubigkeit: »Die Soziologie dagegen erweist sich [im Gegensatz zum Sozialismus] als das gesunde Ausgangsende aller sozialwissenschaftlichen Bestrebungen bzw. als *rationelle Wahrheit der sozialen Reform*, sofern sie die individuellen und staatlichen Grundbedingungen des Gemeinwesens *zu sozialen Prämissen* macht, welche das Wohl der Gesellschaft zur notwendigen *Schlußfolge* werden, oder mit anderen Worten: aus dem Chaos der sozialen Gegensätze die Einheit des sozialen Syllogismus ins Licht eines realen Sachverhaltes treten lassen.« Schmidt-Warneck, F.: Die Nothwendigkeit einer socialpolitischen Propädeutik, 2. Aufl. Berlin 1885, S. 224.

unter den Auspizien des Kathedersozialismus eine »Empfindungswissenschaft« geworden,[138] traf eine erkennbare Schwäche.

Die »Richtungskämpfe« und »Methodenstreite« zwischen 1883 und 1914, die der Tätigkeit des Vereins und seinen prominenten Mitgliedern über die aktuelle Wirksamkeit hinaus einen Platz in der Wissenschaftsgeschichte sichern, sind als Reaktionen auf die kognitiven und normativen Probleme zu verstehen, die mit dieser am prominentesten von Schmoller vertretenen Position verbunden waren.[139] Hauptstreitpunkte waren die methodischen Probleme wirtschafts- und sozialwissenschaftlicher Theoriebildung und die Frage nach der Rolle von Werturteilen in wissenschaftlichen Diskursen.

Ohne hier inhaltlich zu werden, ist für unseren Zusammenhang festzuhalten, *daß in der Folge dieser Auseinandersetzungen der wissenschaftliche Status von ›Sozialpolitik‹ prekär wurde.* Zum einen sind – und hierüber herrscht weitgehende Übereinstimmung – sozialpolitische Diagnosen und Empfehlungen stets an konkrete gesellschaftliche Bedingungen gebunden; wenn jedoch sozialwissenschaftliche Theorie es grundsätzlich mit allgemeingültigen Begriffen und ihren Beziehungen zu tun hat, so ist kein Platz mehr für eine ›Theorie der Sozialpolitik‹.[140] Zum

138 So Wolf, Julius: Der Kathedersocialismus und die sociale Frage, Berlin 1899, S. 17.

139 Vgl. hierzu Lindenlaub, Richtungskämpfe; Nau, Heino Heinrich: »Zwei Ökonomien«. Die Vorgeschichte des Werturteilsstreits in der deutschsprachigen Ökonomik, in: Der Werturteilsstreit, hg. v. Heino Heinrich Nau, Marburg 1996, S. 9-64; ders.: Eine »Wissenschaft vom Menschen«. Max Weber und die Begründung der Sozialökonomik in der deutschsprachigen Ökonomie 1871 bis 1914, Berlin 1997.

140 Dementsprechend verstanden die Herausgeber des *Archivs für Sozialwissenschaft und Sozialpolitik* unter ›Sozialpolitik‹ lediglich eine politische Praxis, keine Wissenschaft: »Wir (bezeichnen) als eigenstes Arbeitsgebiet unserer Zeitschrift die wissenschaftliche Erforschung der *allgemeinen Kulturbedeutung der sozialökonomischen Struktur des menschlichen Gemeinschaftslebens* und seiner historischen Organisationsformen. – Dies und nichts anderes meinen wir, wenn wir unsere Zeitschrift ›Archiv für Sozialwissenschaft‹ genannt haben. Das Wort soll hier die geschichtliche und theoretische Beschäftigung mit den gleichen Problemen umfassen, deren praktische Lösung Gegenstand der ›Sozial*politik*‹ im weitesten Sinne dieses Wortes ist.« Weber, Max: Die »Objektivität« sozialwissenschaftlicher und sozialpolitischer Erkenntnis (1904), in: ders., Gesammelte Aufsätze zur Wissenschaftslehre, 3. Aufl. Tübingen 1968, S. 146-214, Zitat S. 165. – Aus dieser extrem weiten Fassung des Begriffs Sozial-

anderen setzt jedes sozialpolitisch relevante Urteil normative Kriterien voraus; diese erschienen immer weniger durch die Fraglosigkeit eines kulturell vermittelten gemeinsamen Ethos der Gesellschaft gesichert, sondern als geradezu irrationale Voraussetzungen menschlichen Urteilens und Handelns. Max Webers berühmter Aufsatz zur ›Objektivität‹ sozialwissenschaftlicher und sozialpolitischer Erkenntnis hat nicht nur den Ausgang des sogenannten Werturteilsstreit im ›Verein für Socialpolitik‹ maßgeblich mitbestimmt, sondern stellt auch wissenschaftsgeschichtlich eine nachhaltige Zäsur dar:

»Die Beziehung der Wirklichkeit auf Wertideen, die ihr Bedeutung verleihen, und die Heraushebung und Ordnung der dadurch gefärbten Bestandteile des Wirklichen unter dem Gesichtspunkt ihrer Kultur*bedeutung* ist ein gänzlich heterogener und disparater Gesichtspunkt gegenüber der Analyse der Wirklichkeit auf *Gesetze* und ihrer Ordnung in generellen Begriffen. Beide Arten der denkenden Ordnung der Wirklichkeit haben keinerlei notwendige logische Beziehungen zueinander.«[141]

Wie schon Lorenz von Stein insistierte Weber auf der *Autonomie von Sinnsphären*, zwischen denen keine *systematischen*, sondern bestenfalls pragmatische Kompromisse möglich sind. Erst heute, im Horizont eines postmodernen Bewußtseins der Multiperspektivität, werden neue Wege der kontrollierten Vermittlung zwischen Sinnsphären gesucht.[142] Und auch die Vorstellung sozialwissenschaftlich feststellbarer Kausalgesetze ist komplexeren und ›weicheren‹ Suchstrategien gewichen.

Festzuhalten bleibt, daß die methodenkritischen Auseinandersetzungen im ›Verein für Socialpolitik‹ entscheidende Vorausset-

politik ergibt sich, daß – nebenbei gesagt – dieser Aufsatz für eine nähere Verständigung hinsichtlich des Gegenstandes Sozialpolitik so gut wie nichts hergibt. – Zu Webers materialen sozialpolitischen Konzeptionen vgl.: Ein Rundschreiben Max Webers zur Sozialpolitik, herausgegeben und eingeleitet von Bernhard Schäfers, in: Soziale Welt 18 (1967), S. 261-271, insb. S. 265 f. Eine umfassende theoretische Bestimmung von Sozialpolitik im Anschluß an Max Weber versucht Rieger, Elmar: Zur ›Theorie‹ der Sozialpolitik und des Wohlfahrtsstaates: Der Beitrag Max Webers, ZeS-Arbeitspapier 14/99. Zentrum für Sozialpolitik der Universität Bremen, 1999.

141 Weber, Die ›Objektivität‹, S. 176.

142 Vgl. Welsch, Wolfgang: Vernunft: die zeitgenössische Vernunftkritik und das Konzept transversaler Vernunft, Frankfurt/M. 1995.

zungen für die disziplinenspezifische Ausdifferenzierung der Staats- bzw. Gesellschaftswissenschaften geschaffen haben. Insbesondere die Verselbständigung der Nationalökonomie und der Soziologie sind in Deutschland unmittelbar auf diese Auseinandersetzungen zurückzuführen und haben auch zu deren institutioneller Trennung geführt.[143]

2.3 Erste Begriffsdebatten

Spätestens mit dem ›neuen Kurs‹ Wilhelms II. gegenüber der Arbeiterfrage[144] wurde ›Sozialpolitik‹ zu einem massenhaft verwendeten Terminus, wenn nicht zu einem öffentlichen Schlagwort.[145] Und dementsprechend vage wurde die Wortverwendung, »scheint doch der Ausdruck Sozialpolitik noch jetzt eine besondere Anziehungskraft auf die Geister auszuüben, womit es dann zusammenhängt, daß dieser Ausdruck zur Bezeichnung derjenigen Sphäre oder Richtung der Politik verwendet wird, welche dem betreffenden Gelehrten oder Staatsmann als die wichtigste, bedeutsamste erscheint«.[146] Den wesentlichen Grund hierfür nannte der Herausgeber des Sozialpolitischen Centralblattes in seiner programmatischen Einführung:

»Notgedrungen ergab sich jeder volkswirtschaftlichen Erscheinung und gesetzgeberischen Maßnahme gegenüber die Frage, welche Wirkung sie auf die Lage der verschiedenen Klassen ausüben werden: diese Klassen

143 Die Deutsche Gesellschaft für Soziologie entstand 1909 in expliziter Opposition zur ›Wertgebundenheit‹ des Vereins für Sozialpolitik. Heute ist der ›Verein für Socialpolitik – Gesellschaft für Wirtschafts- und Sozialwissenschaften‹ die führende wirtschaftswissenschaftliche Fachgesellschaft im deutschen Sprachraum.

144 Vgl. hierzu Berlepsch, Hans-Jörg von: ›Neuer Kurs‹ im Kaiserreich? Die Arbeiterpolitik des Freiherrn von Berlepsch 1890-1896, Bonn 1987.

145 Wilhelm II. selbst sprach in seiner Thronrede vom 22. November 1888 von einer Fortführung der durch seinen Großvater begonnenen »sozialpolitischen Gesetzgebung«. In Wien wurde – unter Beteiligung von Eugen v. Phillippovich – 1893 ein ›Sozialpolitischer Verein‹ gegründet, aus dem sich die zwischen 1896 und 1900 aktive, liberale und sozialdemokratische Postulate verknüpfende ›Sozialpolitische Partei‹ entwickelte. Vgl. Holleis, Eva: Die sozialpolitische Partei, München 1978.

146 Bortkiewicz, L[udwig] von: Der Begriff ›Sozialpolitik‹, in: Jahrbücher für Nationalökonomie und Statistik III. Folge 17. bzw. Bd. 72 (1899), S. 332-349, Zitat S. 348.

selbst traten lebhaft und tatkräftig mit selbständigen Forderungen an die Volkswirtschaft und Gesetzgebung auf die Bühne des öffentlichen Lebens. Bei all diesen in mannigfacher Wechselwirkung stehenden Erscheinungen handelt es sich um soziale Triebkräfte von außerordentlicher Stärke, die in rastlosem Wirken unsere Gesellschaft umgestalten. Aber alles ist hier im Fluß, instinktives Gefühl überwiegt nur zu oft zielbewußtes Wollen.«[147]

Eben hiergegen wolle die neue Zeitschrift

»vollständiger und gründlicher, als es bisher geschah, den sozialpolitischen Gesichtspunkt hervorheben. Da es sich hier um ein die gesamte Volkswirtschaft beherrschendes Prinzip handelt, wird das Sozialpolitische Centralblatt nicht nur, was im engeren Sinn unter Sozialpolitik verstanden wird, sondern *alle* aktuellen, ökonomischen Fragen vom sozialpolitischen Standpunkt behandeln.«[148]

Der »sozialpolitische Standpunkt« orientierte sich hier somit an den sozialen Auseinandersetzungen und betrachtete die volkswirtschaftlichen Erscheinungen *und* gesetzgeberischen Maßnahmen unter dem Gesichtspunkt ihrer Auswirkungen auf die Lage der verschiedenen Klassen. Eine beachtlich unparteiliche Perspektive, die maßgeblich für den ›mainstream‹ der Begriffsbestimmungen von Sozialpolitik als Wissenschaft werden sollte.

Die Verwirrung um den Begriff verwundert in der Rückschau nicht, wurden doch die gesellschaftlichen Situationen je nach politischer Orientierung anders definiert, und dementsprechend auch die sozialpolitischen Intentionen und vorgeschlagenen Maßnahmen. Auch im ›Verein für Socialpolitik‹ trafen – unter weitgehender Absenz der Sozialdemokraten – die Sozialreformer unterschiedlicher Couleur zusammen, deren Problembestimmungen und »Ideale« keineswegs übereinstimmten.[149] Deshalb suchten die nunmehr einsetzenden Versuche einer inhaltlichen Klärung des Begriffs vorwiegend nach verallgemeinernden Kategorien, die es gestatteten, ein möglichst breites Spektrum politischer Positionen einzufangen.

147 Braun, Heinrich: Unser Programm, in: Sozialpolitisches Centralblatt 1 (1892), S. 1f.

148 Braun, Unser Programm, S. 2.

149 Vgl. Sombart, Werner: Ideale der Sozialpolitik, in: Archiv für soziale Gesetzgebung und Statistik 10 (1897), S. 1-48.

2.3.1 Vorbemerkungen zur Begriffsfrage

Bevor auf die bis zum Ende der Weimarer Zeit andauernden weitschweifigen Begriffsdiskussionen eingegangen wird, empfiehlt es sich, *aus heutiger Sicht* einige Klärungen voranzuschicken, um die Schwierigkeiten damals in etwa zu verdeutlichen.

Entsprechend den beiden Wortbestandteilen liefen die Begriffsbestimmungen sowohl hinsichtlich des ›Sozialen‹ als auch hinsichtlich des Verständnisses von ›Politik‹ auseinander. Zum einen wurde ›sozial‹ im Sinne einer *normativen* Orientierung an ›Mitmenschlichkeit‹ verstanden, die retrospektiv traditionalen Lebensformen zugeschrieben wurde. Zum anderen wurde ›sozial‹ in einem *kritischen* Sinne mit Bezug auf moderne, ›kapitalistische‹ Formen des Zusammenlebens verstanden, wobei das Gemeinsame dieser ethisch oder politisch begründeten Positionen in ihrer kritischen Frontstellung gegen einen schrankenlosen Individualismus bestand.[150] Schließlich wurde ›sozial‹ im *neutralen* Sinne von ›auf die Gesellschaft bezogen‹ verstanden, wobei die Vorstellungen über ›Gesellschaft‹ sich durch unterschiedliche Reichweite (jedwede Form menschlichen Zusammenlebens, Nationalgesellschaft, Klassengesellschaft u. a. m.) und durch unterschiedliche soziologische Perspektiven unterschieden.[151] Was den Begriff ›Politik‹ angeht, so waren die Überlegungen noch weit unschärfer, was nicht zuletzt auf das damals noch völlige Fehlen einer eigenständigen politischen Wissenschaft zurückgeführt werden kann. Im Sinne unseres heutigen Problembewußtseins sind im wesentlichen vier Bedeutungen des deutschen Begriffs ›Politik‹ zu unterscheiden, die im Englischen unterschiedlich bezeichnet werden:

150 »Das einigende Moment, das stark genug ist, diese Verschiedenheiten zu überwinden, ist vielleicht in dem Gegensatze zu finden, in dem alle jene Weltanschauungen zu den atomisierenden Tendenzen des Individualismus stehen, der grundsätzlich im sozialen Leben nur Individuen als primär zweckbegabte Einheiten anerkennt, und die Individuen mit der vollen Verantwortung für ihr soziales Tun und Lassen ausstattet.« Pribram, Ludwig: Diskussionsvotum, in: Verhandlungen des Vierten Deutschen Soziologentages am 29. und 30. September 1924 in Heidelberg, Nachdruck Frankfurt/M. 1969, S. 96.

151 Eine ähnliche dreifache Unterscheidung trifft Zacher, Sozialpolitik und Verfassung, S. 676.

- Politik als *polity*: Hierunter ist das Gemeinwesen in seiner politischen Verfassung (›Staat‹) oder das ›politische System‹ als Teilsystem von Gesellschaft zu verstehen;
- Politik als *politics*: Hierunter sind die Auseinandersetzungen unter den politischen Akteuren zu verstehen, also der Kampf um die Macht und um den Inhalt bestimmter Entscheidungen, insbesondere von Gesetzen;
- Politik als *policies*: Hierunter sind implementierte politische Maßnahmen und die von ihnen ausgehenden Folgen zu verstehen;
- Politik als *political science*: Hierunter ist die wissenschaftliche Beschäftigung mit Politik in dem dreifachen zuvor unterschiedenen Sinne zu verstehen.

Natürlich bestehen in der historischen Wirklichkeit, hier also hinsichtlich der Genese von Sozialpolitik, Zusammenhänge und Wechselwirkungen zwischen dem, was die vier Politikbegriffe zu unterscheiden suchen. Insofern ist es nicht überraschend, daß die zeitgenössischen Auseinandersetzungen um den Begriff der Sozialpolitik häufig Selektionsgesichtspunkte in den Vordergrund stellen, die quer zu diesen Unterscheidungen liegen.

Die Vieldeutigkeit der beiden Wortbestandteile von ›Sozial-Politik‹ führt dazu, daß die Definitionsversuche in sehr unterschiedliche Richtungen tendieren, so daß schon bald die Klage über die unübersehbare Zahl unterschiedlicher Definitionen von Sozialpolitik anhob.[152] Es erscheint wenig sinnvoll, die zeitgenössische Begriffsdiskussion und die verschiedenen Definitionsvorschläge in ihrer Gesamtheit zu dokumentieren.[153] Vielmehr sei versucht, anhand wirkungsgeschichtlich einflußreicher Beispiele exemplarisch wichtige Dimensionen des Ringens um einen Begriff von Sozialpolitik nachzuzeichnen.

152 Günther, Adolph: Sozialpolitik. Erster Teil: Theorie der Sozialpolitik, Berlin und Leipzig 1922, S. 466ff., unterscheidet 13 verschiedene Begriffe von Sozialpolitik. Neuloh, Mensch und Gesellschaft, S. 70, spricht von »über 40 sozialpolitischen Begriffsbestimmungen um das Jahr 1910«, für 1950 von »etwa 60 verschiedenen Definitionen in der Literatur«. Neuloh, Otto: Die geistigen Wandlungen der deutschen Sozialpolitik, in: Der Arbeitgeber, 15. 12. 1950/1. 1. 1951, S. 34. Natürlich ist die Klassifikation bestimmter Definitionen als »verschieden« selbst eine Definitionsfrage!

153 Überblicke geben Pribram, Die Wandlungen; Hilberath, Leo: Neuere Definitionen des Begriffs der ›Sozialpolitik‹, in: Kölner Sozialpolitische Vierteljahresschrift 9 (1930), S. 278-291; Lütge, Friedrich: Der Begriff Sozialpolitik. Ein neuer Versuch, in: Jahrbuch für Nationalökonomie und Statistik 137 (1932), S. 481-514.

2.3.2 *Definitionsversuche im Horizont der Bismarckschen Sozialreform*

Zunächst zeigt die Begriffsbestimmung im Staatslexikon der Görres-Gesellschaft (1897), daß die breite gesellschaftspolitische Perspektive des Begriffs, die sich in den fünfziger Jahren gebildet hatte, durchaus noch erinnerlich war:

»Socialpolitik oder Gesellschaftslehre im engeren Sinne ist derjenige Zweig der Staatswissenschaften, welcher sich mit den Beziehungen der öffentlichen Gewalt zu den einzelnen produktiven Ständen und zu deren gegenseitigen Interessen namentlich auf wirtschaftlichem Gebiete befaßt.«[154]

Aber je mehr um begriffliche Präzisierung gerungen wurde, desto spezifischer und hinsichtlich der Ausgangsfrage reduktionistischer wurden die Bestimmungen.

Ein erster Anlaß zur begrifflichen Auseinandersetzung ergab sich aus der Weigerung Bismarcks, Maßnahmen des Arbeitsschutzes zum Programm seiner Sozialpolitik zu machen. Deshalb bedeutete der ›neue Kurs‹ Wilhelms II. eine erste Zäsur in der Geschichte der deutschen Sozialpolitik. In diesem Sinne vermerkte der Verwaltungspraktiker Jastrow:

»Seit dieser Botschaft Wilhelms II. hat sich der Sprachgebrauch in Deutschland verschoben. Die Bezeichnung ›sozialpolitische Gesetzgebung‹ im Sinne von ›Arbeiterversicherungs-Gesetzgebung‹ ist nicht ganz erloschen (man begegnet ihr namentlich in den Tageszeitungen noch sehr häufig). Überwiegend aber neigt der Sprachgebrauch jetzt dazu, sozialpolitische Gesetzgebung als gemeinsamen Ausdruck für Arbeiterschutz und Arbeiterversicherung zusammen zu gebrauchen.«[155]

Dies ist ein Beispiel *induktiver Erweiterung des Begriffs*, wie sie sich mit dem allmählichen Ausbau der sozialpolitischen Maßnahmen und ihrer zunehmenden Ausdehnung über den Kreis der Industriearbeiter hinaus immer wieder aufdrängte. Wir können hier von einem *institutionellen Verständnis* von Sozialpolitik im Sinne von *policies* sprechen. Diese gegenstandsnahen, mehrere Maßnahmenkomplexe unter einem gemeinsamen Begriff zusammenfas-

154 Brüll, Socialpolitik, Sp. 140.
155 Jastrow, J.: Sozialpolitik und Verwaltungswissenschaft, Bd. I, Arbeitsmarkt und Arbeitsnachweis, Gewerbegerichte und Einigungsämter, Berlin 1902, S. 8.

senden Bestimmungen entbehren in der Regel einer vertieften theoretischen Begründung und folgen nicht selten bloßen politischen Opportunitäten, z. B. später bestimmten Ressortzuweisungen. Ihnen wird im folgenden nur geringe Beachtung geschenkt. Allerdings sind die institutionellen Entwicklungen für die wissenschaftliche Begriffsbildung keineswegs folgenlos geblieben, ja sie waren nicht selten Anlaß für neue Systematisierungsversuche.[156]

Einen nachhaltig wirksamen Ausgangspunkt einer *analytischen Betrachtung der Sozialpolitik* bildete eine Abhandlung des prominenten ›Staatssozialisten‹ *Adolph Wagner.*[157] Sein Anliegen war es, in expliziter Kritik an der historischen Schule der Natio-

156 Die Behandlung von sozialpolitischen Fragen in den Lehrbüchern der Zeit folgte in der Regel diesem institutionellen Ansatz; häufig wurde dabei jedoch der Terminus Sozialpolitik noch gar nicht gebraucht. So steht der entsprechende Abschnitt in Schönberg, Gustav von (Hg.): Volkswirtschaftslehre in zwei Bänden, 4. Aufl. Tübingen 1898, unter dem Titel »Die gewerbliche Arbeiterfrage«. – Philippovich, Eugen von: Grundriß der politischen Ökonomie, 6. Aufl. Tübingen 1912, behandelte die Arbeitersozialpolitik unter dem Titel »Die Politik des Arbeitseinkommens«. – Wolf, Julius: Sozialismus und kapitalistische Gesellschaftsordnung. Kritische Würdigung beider als Grundlegung einer Sozialpolitik, Stuttgart 1892, S. 2f., bezeichnet die Sozialpolitik als »Abschnitt« der »praktischen Nationalökonomie«. – Bemerkenswert früh hat Georg von Mayr der Sozialpolitik einen selbständigen Platz in seinem System der Staatswissenschaften eingeräumt. Vgl. Mayr, Georg von: Begriff und Gliederung der Staatswissenschaften, 2. Aufl. Tübingen 1906, S. 12, 87ff. In der 4. Auflage (Tübingen 1921) präzisiert Mayr wie folgt: »Während die *Soziologie* im engeren Sinn sich mit den *sozialen Gebilden* als solchen, die *Statistik* mit der Gesamtheit der in zähl- und meßbare Elemente zerlegbaren *sozialen Massen* beschäftigt, zielt bei der neuzeitlichen *Soziallehre im engeren Sinn*, die bis jetzt ihre wissenschaftliche Hauptentwicklung in der Richtung der *Sozialpolitik* gefunden hat, die Forschung auf die Erkenntnis der *sozialen Schichten der Bevölkerung*. [...] Die Soziallehre dieses Inhalts geht [...] keineswegs in der Sozialpolitik auf; sie erheischt vielmehr vor allem grundlegende Erforschung der *sozialgeschichtlichen Zustände und Erscheinungen* aller Art [...], woran sich dann erst in zweiter Linie die allgemeinen und besonderen Probleme *öffentlich-rechtlicher Intervention* gegenüber den sozialen Schichten, insbesondere im Interesse der *schutzbedürftigen* Schichten, reihen. Der Inbegriff dieser gesamten Intervention der öffentlichen Gewalt ist *Sozialpolitik* und die Lehre davon die staatswissenschaftliche Disziplin ›*Sozialpolitik*‹, die selbst einen Bestandteil der weitergreifenden Gesamtdisziplin ›*Soziallehre*‹ bildet.« (S. 172f.)

157 Wagner, Adolph: Über soziale Finanz- und Steuerpolitik, in: Archiv für soziale Gesetzgebung und Statistik 4 (1891), S. 1-81. Wagners Konzept des ›Staatssozialismus‹ liest sich wie folgt: »Es gilt anzuerkennen, daß die

nalökonomie »wirtschafts- und sozialpolitische Fragen *›prinzipiell‹* zu behandeln«. Aus diesen Anliegen resultierte die Definition: »Unter *Sozial*politik im allgemeinen verstehen wir diejenige Politik des Staats, welche *Mißstände* im Gebiet des *Verteilungsprozesses* mit Mitteln der Gesetzgebung und Verwaltung zu bekämpfen sucht.«[158] Wagner unterschied in der Folge zwischen »finanzieller Sozialpolitik«, als dem Einsatz »finanzieller Mittel, welche sich teils auf die *Art der Beschaffung der Einnahmen*, teils auf die *Verwendungszwecke der Ausgaben* beziehen«[159] einerseits, und »eigentlicher Sozialpolitik [...] als eine *Korrektur* der Entwicklungen der privatwirtschaftlich organisierten, auf der Privateigentumsinstitution aufbauenden, bloß vertragsmäßige Regelungen kennenden Volkswirtschaft«[160] andererseits. Er unterschied ferner die Ebene einer »Erweiterung der geschichtlich überkommenen Staatsaufgaben auf solche, welche allein oder vornehmlich [...] im Interesse der konkurrenzschwächeren, der nichtbesitzenden, der unteren und Arbeiterklassen liegen«, von der Ebene ihrer administrativen Ausgestaltung,[161] also, modern

großen Kapitalmassen, namentlich auch des stehenden Kapitals, in Händen der Privateigentümer, die hier besonders auch durch Organisationen wie Aktiengesellschaften usw. vertreten werden, sich hier in so hohem Maße anhäufen, daß daraus Gefahren für die Selbständigkeit des wirtschaftlichen, sozialen und politischen Lebens hervorgehen. [...] Mit Rücksicht darauf verlangt der Staatssozialismus, [...] daß es unter Umständen, wenn es technisch und ökonomisch sich ermöglichen läßt, wünschenswert ist, daß einzelne Privatunternehmungen an den Staat und die Gemeinde übergehen.« Erwähnt werden Eisenbahnlinien, Beleuchtungsanstalten und Verkehrsanlagen. Er verlangt ferner Einschränkungen der freien Preisbildung »namentlich bei den wichtigsten Lebensmitteln«, schließlich »eine soziale und gerechte Finanz- und Steuerpolitik«, d. h. neben progressiven Einkommenssteuern auch eine progressive Vermögenssteuer und »eine starke Erbschaftssteuer.« Wagner, Adolph: Die Strömungen in der Sozialpolitik und der Katheder- und Staatssozialismus, Berlin 1912, S. 19-21. – Zu Wagner vgl. Grüske, Karl-Dieter u. a.: Adolph Wagners »Grundlegung der politischen Ökonomie«. Vademecum zu einem Klassiker der Finanzwissenschaft, Düsseldorf 1991.

158 Wagner, Finanz- und Steuerpolitik, S. 3f.

159 Wagner, Finanz- und Steuerpolitik, S. 4. – Zur Geschichte des in der Erörterung von Sozialpolitik meist unterbelichteten steuerpolitischen Aspekts vgl. Mann, Fritz Karl: Steuerpolitische Ideale. Vergleichende Studien zur Geschichte der ökonomischen und politischen Ideen und ihres Wirkens in der öffentlichen Meinung 1600-1935, Darmstadt 1978.

160 Wagner, Finanz- und Steuerpolitik, S. 8.

161 Wagner, Finanz- und Steuerpolitik, S. 10f.

gesprochen, die Ebene der Programmentwicklung und der Implementation. Kein anderer Autor der Zeit hat mit vergleichbarer Detailkenntnis Vorschläge für die administrative Ausgestaltung politischer, auch kommunaler Maßnahmen im Interesse der benachteiligten Schichten gemacht wie Wagner. Charakteristisch für seine wissenschaftliche Perspektive ist die konsequente Betrachtung der ökonomischen und politischen Verhältnisse *aus der Perspektive der benachteiligten Klassen*. Dementsprechend findet auch die wissenschaftliche Sozialpolitik ihr Problem in den beobachtbaren »Mißständen im Gebiete des Verteilungsprozesses«. Den Kriterien, nach denen soziale Verhältnisse als Mißstände zu qualifizieren sind, hat er kaum Beachtung geschenkt, sondern konkrete Sachverhalte unter Plausibilitätsgesichtspunkten als solche postuliert.[162]

Nahezu gleichzeitig hat der Zentrumspolitiker und sozialpolitische Gegenspieler Bismarcks, der spätere Reichskanzler *Georg von Hertling*, die theoretischen Grundlagen der *Sozialpolitik des Zentrums* formuliert.[163] »Die Aufgabe der Sozialpolitik in der ersten und allgemeinsten Bedeutung des Wortes [...] geht auf die Leitung, Förderung und Ausgleichung der verschiedenen Gesellschaftskreise durch den Staat und im Interesse der staatlichen Gemeinschaft.«[164] Im Unterschied zu Wagner legte er größten Wert auf die *Kriterien*, unter denen sozialpolitische Forderungen an den Staat als *gerechtfertigt* gelten können. Sozialpolitik beruht nicht nur auf »Erwägungen der Zweckmäßigkeit oder gar des Wohlwollens«, sondern »auf den unveränderlichen Grundsätzen der Sittlichkeit und des Rechts«.[165] Er berief sich in diesem Zusammenhang auf die in Jahrhunderten gewachsene katholische

162 Auch Schmollers Überlegungen zur Verteilungsgerechtigkeit bleiben einem intuitionistischen Kriterium verhaftet und entbehren daher diskursiver Plausibilität. Vgl. Schmoller, Gustav: Die Gerechtigkeit in der Volkswirtschaft, in: ders., Zur Sozial- und Gewerbepolitik der Gegenwart. Reden und Aufsätze, Leipzig 1890, S. 204-246.

163 Hertling, [Georg] Freiherr von: Naturrecht und Socialpolitik, Köln 1893; vgl. auch ders., Aufsätze und Reden socialpolitischen Inhalts, Freiburg i. Br. 1884. – Zu Hertling vgl. Eickhoff, Anton F.: Georg von Hertling als Sozialpolitiker, Köln 1932; Bauer, Clemens: Georg von Hertling als Sozialpolitiker und Sozialethiker, in: Festschrift Nikolaus Grass zum 60. Geburtstag, hg. v. Louis Carlen und Fritz Steinberger, Innsbruck und München 1974, S. 187-203.

164 Hertling, Naturrecht, S. 4f.

165 Hertling, Naturrecht, S. 7.

Naturrechtsdoktrin, lehnte ihr zufolge Forderungen nach Aufhebung des Privateigentums und nach einem allgemeinen Recht auf Arbeit ab, bejahte jedoch ein allgemeines »Recht auf Existenz«, aus dem er weitreichende Konsequenzen für Staatsinterventionen zwecks Bekämpfung der Arbeitslosigkeit und zur Regulierung der Arbeits- und Lohnverhältnisse sowie die Koalitionsfreiheit der Arbeiter und weitere Rechte – z. B. der Kinder auf Erziehung und Bildung – ableitete.[166] Wir finden hier die Anfänge einer *Doktrin sozialer Rechte*, wie sie nach dem Zweiten Weltkrieg für die wohlfahrtsstaatliche Programmatik wegweisend wurde.[167] Hertling repräsentiert damit eine im Vergleich zu anderen Vertretern der katholisch-sozialen Bewegung *liberale* Haltung, weil er im Sinne einer heute ›Subsidiaritätsprinzip‹ genannten Maxime die als »staatsozialistisch« bezeichnete Staatszentrierung der Bismarckschen Reformintentionen bekämpfte. Hertling war der wichtigste Vorkämpfer des Prinzipes der beitragsfinanzierten Sozialversicherung im Bereich der Unfall und Alterssicherung, im Gegensatz zu der von Bismarck präferierten und vornehmlich aus öffentlichen Mitteln zu finanzierenden ›Reichsanstalt‹.

Unter den übrigen katholischen Sozialpolitikern war ein organizistisches Denken verbreitet, das dem Staate die zentrale Stellung für die Organisation der ›Gesellschaft‹ im Sinne intermediärer Strukturen (Stände, Korporationen) zuwies.[168] Darin standen sie Gustav von Schmoller und Adolph Wagner nahe.[169] Unter ihnen nahm der spätere Generalsekretär des ›Volksvereins für das katholische Deutschland‹, *Franz Hitze*, eine tonangebende Stel-

166 Siehe auch Walter, Franz: Socialpolitik und Moral. Eine Darstellung ihres Verhältnisses mit besonderer Bezugnahme auf die von Prof. Werner Sombart neuestens geforderte Unabhängigkeit der Sozialpolitik von der Moral, Freiburg i. Br. 1899. – Einen außenstehenden Überblick über die Entstehung der katholischen Position gibt Wermert, Georg: Neuere socialpolitische Anschauungen im Katholicismus innerhalb Deutschlands, Jena 1885.

167 Natürlich war der Aspekt des *Rechtsanspruchs* (Bismarcks ›Peculium‹ für die Arbeiter) auch bereits für die Sozialreformen der 1880er Jahre von hoher Bedeutung.

168 Vgl. Moenning, Die Stellung der deutschen katholischen Sozialpolitiker des 19. Jahrhunderts zur »Staatsintervention« in der sozialen Frage, Diss. Münster 1927.

169 Vgl. Hermans, Das Problem, S. 472-476. Becher, Paul: Vergleich und Kritik der sozialpolitischen Auffassungen von Lujo Brentano, Adolph Wagner, Georg von Hertling und Franz Hitze, Diss. München 1965.

lung ein. Als einer der ersten nichtsozialistischen Autoren hat er sich mit Karl Marx auseinandergesetzt.[170] Ebenfalls unter Berufung auf das katholische Naturrecht und einen daraus abgeleiteten *Solidarismus* lehnte er sowohl den Wirtschaftsliberalismus als auch den Klassenkampf ab und plädierte für eine berufsständische Organisation der Gesellschaft, der zufolge die verschiedenen Berufsgruppen (Arbeiter, Handwerker, Landwirte u. a.) in öffentlich-rechtlichen Korporationen an den Belangen der Wirtschaft mitwirken sollten.[171]

Die *staatspolitische Dimension* von Sozialpolitik hat der Jurist *Rudolph Sohm* in die Formel gefaßt, Sozialpolitik umfasse den Inbegriff der Maßnahmen, die auf das gegenseitige Verhältnis der sozialen Klassen Bezug nehmen, insofern durch solche Maßnahmen das *Machtinteresse des Staates* eine Förderung erfahre.[172] Diese Definition orientierte sich offenkundig an den Bismarckschen Intentionen, für die Sozialpolitik »ihrem Wesen nach Staatspolitik [war], sie stand nicht unter einer spezifisch sozialen Zielsetzung, sie war ein Teilgebiet, aber keine Ressortangelegenheit«.[173] »Der Staat und die Gesellschaft sollten nicht partikularen Gewalten preisgegeben sein, den Parteien dort, den Aktiengesellschaften hier, sie sollten in ein intensives Wechselverhältnis treten: die Gesellschaft vom Staate geformt und der Rahmen des Staates ausgefüllt durch einen wohlgegliederten sozialen Körper.«[174] Wissenschaftlicher und gleichzeitig die machtpolitische mit der normativen Dimension verbindend formulierte später Arthur Salz:

170 Vgl. Hitze, Franz: Kapital und Arbeit.

171 Zum oft konfliktreichen Verhältnis von Hitze und Hertling vgl. Eickhoff, Georg von Hertling, S. 86-90.

172 »Das Kennzeichen des sozial-politisch Gerechten ist, daß es den Staat *stark* macht. [...] Was dient der *Macht* des modernen Staates? Das ist allein die politische Frage, die in der Arbeiterfrage steckt.« Sohm, Rudolph: Die sozialen Aufgaben des modernen Staates, in: Cosmopolis 8 (Okt.-Dez. 1897), S. 231-245, 586-602, Zitat S. 593f. Die sozialpolitische Hauptaufgabe des Staates sieht Sohm im Einsatz »kleiner Mittel«, um die Auswirkungen des weltwirtschaftlichen Konkurrenzdrucks auf Landwirtschaft und Handwerk zu verlangsamen, aber auch um in die Entwicklung der modernen Industrie einzugreifen, »um mit dem freien Arbeitsvertrag der Gegenwart die *Freiheit des Arbeiters* zu verbinden.« Ebd. S. 243.

173 Rothfels, Hans: Prinzipienfragen der Bismarckschen Sozialpolitik, Königsberg 1929, S. 6f.

174 Rothfels, Prinzipienfragen, S. 12f.

»Aus dem Begriffe Staat folgt also nichts für den Sinn der sozialen Politik. Hingegen: der entschlossene *Wille*, daß ein *Volk* sei und lebe, und daß der darin beschlossene Wert nicht verkümmere durch Sattheit der einen und Gleichgültigkeit der anderen, der drängt wie ein zauberhafter Trieb nach Tätigkeit für das Volk und um des Volkes willen und ist immer wach. [...] Erst indem wir scheinbar abstrakt die Sozialpolitik so fassen als *Produkt und Gewähr eines vorhandenen Kollektivbewußtseins*, werden wir ihrer Eigenart inmitten unserer staatlichen und gesellschaftlichen Einrichtungen gerecht.«[175]

Diese ›gesellschaftspolitische‹ Dimension von Sozialpolitik hat vor allem auch in den Diskussionen der Weimarer Zeit eine erhebliche Rolle gespielt.

In der Lehrbuchliteratur dominierte ein an der Verbesserung der sozialen Lage benachteiligter Gruppen, insbesondere der Arbeiterschaft, orientiertes Verständnis von Sozialpolitik. So unterschied van der Borght zwischen »Sozialpolitik im allgemeinen Sinne« als der »Gesamtheit der Maßnahmen, die das Gesamtwohl durch Einwirkung auf die Verhältnisse der zum Gemeinwesen gehörigen Gesellschaftsklassen zu fördern bezwecken«, von einer »Sozialpolitik im engeren Sinne«, welche »die Hebung der Klassen [bezweckt], die ihre Arbeitskraft im Dienste anderer in unselbständigen und abhängigen Berufsstellungen verwerten müssen [...], insbesondere die gewerbliche Lohnarbeiterklasse«.[176] Das erste *sozialrechtliche* Lehrbuch nennt jene Gesetze sozialpolitisch,

»die gewisse Schäden in den gesellschaftlichen (sozialen), hauptsächlich durch Besitz und Erwerb bestimmten Beziehungen zwischen den Staatsangehörigen im Interesse der Staatsgesamtheit, welcher sie gefährlich zu werden drohen, beseitigen wollen. [...] Hinsichtlich dieser Personen [der Arbeiterklasse] ergibt sich ein eigentümliches Mißverhältnis unserer Privat-

175 Salz, Arthur: Die Rechtfertigung der Sozialpolitik. Ein Bekenntnis, Heidelberg 1914, S. 27f., 29.

176 Borght, R. van der: Grundlagen der Sozialpolitik (1904), 2. Aufl. u. d. T. Grundzüge der Sozialpolitik, Leipzig 1923, S. 2f. Bemerkenswert ist die explizite Hervorhebung der sozialpolitischen *Intention* als Definitionskriterium: »Diese Zweckbestimmung ist wesentlich, [sonst] würden ihr alle denkbaren Zweige von Politik zugerechnet werden müssen.« Es wird dagegen nicht reflektiert, um *wessen* Intention es sich handelt. Angesichts der Dominanz der Reichsregierung in der deutschen Politik mochte diese Frage weniger dringlich sein als in einer von Kompromissen lebenden Demokratie.

rechtsordnung [...] Unser Privatrecht wird beherrscht durch das allgemeine Prinzip der Gleichheit der Personen, unter denen demgemäß Beziehungen, Rechte und Pflichten [...] durch ›Vertrag‹ begründet werden. Diese rechtliche Gleichberechtigung und gegenseitige Freiheit bleibt aber nur eine formale, wo die wirtschaftliche Stärke der Parteien nicht die gleiche ist«.[177]

Diese Umschreibung dürfte die vorherrschende politische Meinung der Zeit präzise wiedergeben. Damit war auch der öffentlich-rechtliche Status der Arbeiter, also das fehlende Wahlrecht in Preußen und überhaupt die Verfassungsfrage ausgeklammert. Es gehörte zur Räson aller preußischen Sozialreformen, die soziale Reform *anstelle* der politischen durchzuführen.

2.3.3 Werner Sombart: Sozialpolitik als Wirtschaftsordnungspolitik

Gegen diese *normativen Definitionen von Sozialpolitik* wandte sich schon 1897 der Nationalökonom Werner Sombart, dessen Überlegungen wesentliche Argumente des Weberschen Aufsatzes zur Objektivität sozialwissenschaftlicher und sozialpolitischer Erkenntnis vorwegnahmen.[178] Er hielt diesen Definitionen eine Fremdbestimmung der Sozialpolitik durch dem Wirtschafts-

177 Rosin, Heinrich: Das Recht der Arbeiterversicherung, Berlin 1893, S. 139f. – Zu Rosin vgl. Hollerbach, Alexander: Heinrich Rosin (1855-1927), Pionier des allgemeinen Verwaltungsrechts und des Sozialversicherungsrechts, in: Deutsche Juristen jüdischer Herkunft, hg. v. Helmut Heinrichs, München 1993, S. 369-384. – Erwähnenswert ist ferner das Lehrbuch von Stier-Somlo, [Fritz]: Deutsche Sozialgesetzgebung. Geschichtliche Grundlagen und Krankenversicherungsrecht, Jena 1906. – Zur weiteren Entwicklung bemerkt Zacher, Sozialpolitik und Verfassung, S. LX: »Das Sozialversicherungsrecht, in den ersten Jahrzehnten des Jahrhunderts selbst dogmatisch wohl gepflegt, hatte schon während der Weimarer Zeit ständig an juristischem Niveau verloren. Die ständigen Veränderungen, denen es seit den frühen dreißiger Jahren ausgesetzt war, hatten seine juristische Kultur zum Erliegen gebracht – ein Mißstand, der erst mit Georg Wannagats ›Lehrbuch des Sozialversicherungsrechts‹ (1. Bd. 1965) wenigstens hinsichtlich der Grundlagen überwunden werden konnte.«

178 Sombart, Ideale, S. 10ff. – Sombart diskutiert neben dem von den Kathedersozialisten und den Evangelisch-Sozialen vertretenen ethisch-sozialen, dem katholisch-naturrechtlichen und dem nationalen Ideal auch das zu jener Zeit aufkommende rassenhygienische Ideal.

leben externe Ideale vor und bezeichnet diese weder als notwendig noch als zweckmäßig. Besonders sarkastisch setzte er sich mit der ›ethischen‹ Nationalökonomie auseinander:

»Diese ist ihrer Natur nach wirtschaftlich stets reaktionär. [...] ›ethische‹ Sozialpolitik ist ihrem Wesen nach immer Obstruktionspolitik. [...] ›Ethische‹ Wirtschaftspolitik [...] hat die eingeborene Tendenz zur Zerfahrenheit, zur Planlosigkeit, zur Kasuistik, zur Augenblickspolitik, zum Eklektizismus. [...] Von ›Fall zu Fall‹ wird herumgedoktert, darauf ist man stolz.«[179]

Sombarts eigener Ansatz zur Bestimmung von Sozialpolitik identifizierte diese weitgehend mit dem, was wir heute als Wirtschaftsordnungspolitik bezeichnen würden. Er führte zunächst die fruchtbare Unterscheidung zwischen politischen Maßnahmen ein, die sich auf ganze Wirtschaftssysteme, und solchen, die sich »nur auf das Wohl und Wehe einzelner Wirtschaftssubjekte« beziehen. Letzteren subsumierte er die Armenfürsorge, aber auch die Arbeiterversicherung, und zählte sie *nicht* zur Sozialpolitik. Dies war ihm deshalb möglich, weil er einen engen Zusammenhang zwischen verschiedenen ›Wirtschaftssystemen‹ als Formen der Bedarfsdeckung und der Klassenstruktur zeitgenössischer Gesellschaften herstellte: So wies er »Junkertum und Bauernschaft [der] Eigenwirtschaft, das Kleinbürgertum [...] der lokalen Tauschwirtschaft, die Bourgeoisie [...] der kapitalistischen Verkehrswirtschaft« und das Proletariat einer »sozialistischen Eigenwirtschaft auf höherer Stufenleiter« zu.[180] *Sozialpolitik* umfaßt für ihn demzufolge »diejenigen Maßnahmen der Wirtschaftspolitik, die Erhaltung, Förderung oder Unterdrückung bestimmter Wirtschaftssysteme oder ihrer Bestandteile zum Zweck oder zur Folge haben«.[181] Sombart beließ es jedoch nicht bei dieser analytischen Perspektive, sondern postulierte ein dem Wirtschaftssystem *immanentes Ideal*, die Produktivität, die damit zum Kriterium seiner Sozialpolitik wird, und folgert:

»Eine gesunde Sozialpolitik muß sich die tunlichste Unterstützung der den wirtschaftlichen Fortschritt repräsentierenden sozialen Klasse zur Auf-

179 Sombart, Ideale, S. 33-35. – Für eine Antikritik vom katholischen Standpunkt vgl. Walter, Socialpolitik und Moral, passim.
180 Vgl. Sombart, Ideale, S. 6f.
181 Sombart, Ideale, S. 8; im Original gesperrt.

gabe machen, weil nur dadurch ihr Ideal: die höchste Entfaltung der produktiven Kräfte verwirklicht werden kann, dessen Verwirklichung aber im Interesse des Kulturfortschritts notwendig erheischt wird.«[182]

Dieses Ergebnis steht nicht nur analytisch, sondern auch politisch in diametralem Gegensatz zu dem, was bis dahin unter Sozialpolitik verstanden wurde. Es ist aber durchaus vereinbar mit neueren Behauptungen, daß die beste Sozialpolitik eine gute Wirtschaftspolitik sei. Allerdings ist die einseitige Parteinahme für eine »Produktionspolitik« und gegen eine »Verteilungspolitik«[183] eine analytisch unnötige und mit dem Postulat der Werturteilsfreiheit kollidierende Option, wie ja in der Folge der Begriff der Produktivität zu einem zentralen Beispiel der Werturteilsdebatte werden sollte.[184] Der analytische Ansatz, Sozialpolitik mit der Förderung oder Behinderung bestimmter Formen der Bedarfsdeckung in Verbindung zu bringen, könnte jedoch für zukünftige Debatten über den Inhalt von Sozialpolitik angesichts einer zunehmenden Entstandardisierung der Erwerbsarbeit fruchtbar werden.

2.3.4 Ludwig von Bortkiewicz: Sozialpolitik als verteilungsorientierte Strukturpolitik

Systematisch hat sich mit der Definitionsfrage in dieser frühen Phase vor allem der Statistiker Ludwig von Bortkiewicz auseinandergesetzt. Dabei wird die seit der Bismarckschen Arbeiterversicherung naheliegende *Doppelsinnigkeit des Begriffs* als institutioneller Komplex und als politische Intention reflektiert: Er behauptete,

182 Sombart, Ideale, S. 44, im Original gesperrt.

183 Diese begriffliche Unterscheidung ebenfalls bereits bei Sombart, Ideale, S. 4f. – Amonn, Alfred: Sozialpolitik als Wissenschaft, in: Schmollers Jahrbuch für Wirtschafts- und Sozialwissenschaften 50 I (1926), S. 417-458, eine der gründlichsten Auseinandersetzungen mit Sombarts Aufsatz, wandte zu Recht ein, daß Sombart »Sozialpolitik von vorn herein als Wirtschaftspolitik auffaßt« (S. 435).

184 Vgl. Weber, Max: Debattenreden auf der Tagung des Vereins für Sozialpolitik in Wien 1909 über die Produktivität der Volkswirtschaft, in: ders.: Gesammelte Aufsätze zur Soziologie und Sozialpolitik, Tübingen 1924, S. 416-423.

»daß die Sozialpolitik kein besonderes Gebiet der Gesetzgebung bzw. der Verwaltung ist oder genauer, daß die Sozialpolitik nicht als ein Komplex von Rechtsnormen und Verwaltungsmaßregeln erscheint, denen ein bestimmtes Gebiet der Volkswirtschaft oder des Gesellschaftslebens entsprechen würde, sondern daß ›Sozialpolitik‹ eher *eine Richtung* des staatlichen Eingreifens in das volkswirtschaftliche bzw. gesellschaftliche Leben bedeutet«.[185]

Dementsprechend ist Sozialpolitik für ihn »die in Gesetzgebung und Verwaltung sich äußernde Stellungnahme des Staats zu den sozialen Gegensätzen«.[186] Dies ist eine über die Arbeiterfrage und den Gegensatz von Kapital und Arbeit insofern hinausweisende und auch von ethischen Intentionen distanzierte Definition, als sie z. B. auch agrarische Sozialgegensätze mit umfaßt; zudem ist die Parteinahme für eine bestimmte Seite dieses Gegensatzes nicht begriffsnotwendig. Bortkiewicz verstand seine Definition als Erweiterung der vorhin zitierten von Adolph Wagner: »Unter *Sozialpolitik* im allgemeinen verstehen wir diejenige Politik des Staates, welche Mißstände im Gebiet des Verteilungswesens mit Mitteln der Gesetzgebung und Verwaltung zu bekämpfen sucht.«[187] Und zwar in dreifacher Hinsicht: Es soll erstens nicht nur »die Anteilnahme verschiedener sozialer Klassen an dem Volksvermögen und Volkseinkommen«, sondern auch, »wo Macht, Ansehen und Ehre in Frage stehen«, von Sozialpolitik die Rede sein; die Maßnahmen brauchen sich zweitens nicht auf das liberale privatwirtschaftliche System allein zu beziehen; und drittens ist keine wertende Parteinahme impliziert: Ein Eingreifen »zugunsten der niederen, handarbeitenden Klassen« könne dann als »positive Sozialpolitik« bezeichnet werden, ein Sprachgebrauch, den Bortkiewicz aber nicht empfiehlt.[188] Dadurch bleibt

185 Bortkiewicz, Der Begriff, S. 336.

186 Bortkiewicz, Der Begriff, S. 334f. Diese Definition liegt auf der Linie der oben (bei Fußnote 147f.) zitierten Intention des Socialpolitischen Centralblattes.

187 Bortkiewicz zitiert ohne Quellenangabe auf S. 343. Adolph Wagner hat später ebenfalls neutraler formuliert: »Sozialpolitik ist ein bewußtes regulierendes Eingreifen in die großen Vorgänge des wirtschaftlichen Lebens auf dem Gebiet der Produktion und Verteilung der Güter, zum Teil auch auf dem Gebiete der Konsumtion.« Wagner, Adolph: Die Strömungen, S. 3.

188 Alle Zitate bei Bortkiewicz, Der Begriff, S. 346f. In diesem Zusammenhang berief sich Bortkiewicz auf Lorenz von Stein, eine seltene Bezugnahme in dieser Zeit!

seine Begriffsbestimmung jedoch unscharf, wie die spätere Kritik hervorgehoben hat.[189]

Die damit angerissene Problematik brach erst nach dem Ersten Weltkrieg und im Horizont des Werturteilsstreits richtig auf: Praktische Sozialpolitik ist stets ein Kampf um politische Veränderungen im Namen bestimmter normativer Vorstellungen und häufig im Namen gesellschaftspolitischer Leitbilder. Protagonisten von Sozialpolitik erkennen zudem nur eine Parteinahme für sozial *benachteiligte* Personengruppen als *Sozial*politik an. Wie kann demgegenüber die wissenschaftliche Beschäftigung mit Sozialpolitik der wissenschaftsethischen Norm der Unparteilichkeit genügen, ohne den Sinn von Sozialpolitik zu verfehlen?

2.4 Der Einfluß des Ersten Weltkriegs

Die Initiativen Wilhelms II. zur Einführung eines staatlichen Arbeitsschutzes und einer selbständigen Gewerbegerichtsbarkeit zur Schlichtung industrieller Konflikte (1890/91) sollten die letzten substantiellen Fortschritte einer Arbeitersozialpolitik bis zum Ersten Weltkrieg bleiben. Eine nachhaltige öffentliche Kampagne gegen alle Formen des ›Sozialismus‹ von seiten der Großindustrie und ministerielle Umbesetzungen setzten dem sozialpolitischen Impetus auf Reichsebene enge Grenzen. Die Debatten im Reichstag zur sogenannten ›Umsturzvorlage‹ gipfelten gar in der Aufforderung des Freiherrn von Stumm an Adolph Wagner zur »Austragung der Angelegenheit mit der Pistole«.[190]

Immerhin kam es schrittweise zu Verbesserungen auf den bereits etablierten Gebieten der Arbeiterversicherung und des Arbeitsschutzes, auf der Ebene Preußens auch zu einem vergleichsweise fortschrittlichen Bergbaugesetz, ferner zu einer Übertragung des Prinzips der Sozialversicherung auf die ›Privatbeamten‹, unseren heutigen Angestellten. Fortschritte für die Arbeiterbewegung gab es vor allem auf kommunaler Ebene sowie durch den Einzug von Gewerkschaftsvertretern in die Selbstverwaltungskörperschaften der Sozialversicherung und in die Gewerbegerichte.

189 Vgl. Amonn, Alfred: Der Begriff der ›Sozialpolitik‹, in: Schmollers Jahrbuch 48 (1924), S. 159-199, insb. S. 163ff.

190 Vgl. Lindenlaub, Richtungskämpfe, S. 53ff., Zitat S. 55.

Die wissenschaftliche Reflexion ging nicht wesentlich über das bis zur Jahrhundertwende Erreichte hinaus,[191] doch es entstanden erste zusammenfassende Darstellungen, die vielfach auch internationale Entwicklungen mit einbezogen.[192]

Die Entfaltung der Sozialpolitik ließ jedoch auch unvorhergesehene oder zum mindesten von ihren Protagonisten nicht in Betracht gezogene Wirkungen sichtbar werden, die von den liberalen Gegnern eloquent zum Problem erhoben wurden.[193] Auch die Korporatisierung der sozialpolitischen Parteien nahm bereits vor dem Ersten Weltkrieg ihren Anfang, indem nicht nur auf seiten der Unternehmer und Gewerkschaften, sondern z. B. auch im Bereich der Krankenversicherung sich reichsweite Verbände bildeten, die mehr und mehr als Repräsentanten organisierter Interessen und als sozialpolitische Akteure auftraten.[194]

Dagegen blieben die Hauptanliegen der Arbeiterbewegung – eine demokratische Verfassung, die volle Anerkennung des Koalitionsrechts, die gesetzliche Festsetzung eines zeitlich beschränk-

191 So auch Pribram, Die Wandlungen, S. 246f.

192 Jastrow, Sozialpolitik; Borght, Grundzüge; Herkner, Heinrich: Die Arbeiterfrage (1894), 8. Aufl. in 2 Bänden, Berlin und Leipzig 1922; Wenk, Martin: Die Geschichte und Ziele der deutschen Sozialpolitik, Leipzig 1908; Wiese, Leopold von: Einführung in die Sozialpolitik, Leipzig 1910, 2. Aufl. 1921; Zwiedineck-Südenhorst, Otto von: Sozialpolitik, Leipzig und Berlin 1911. Zu Herkner, Wiese und Zwiedineck-Südenhorst (sowie weiteren Autoren) vgl. die Übersicht schaffende Sammelrezension von Schmoller, Gustav von: Aus der neueren sozialpolitischen Literatur, in: Jahrbuch für Gesetzgebung, Verwaltung und Volkswirtschaft im Deutschen Reich 36 (1912), S. 905-928. Ferner: Tönnies, Ferdinand: Die Entwicklung der sozialen Frage bis zum Weltkriege, 3. Aufl. Berlin und Leipzig 1919; Gehring, Hans: Die Begründung des Prinzips der Sozialreform. Eine literar-historische Untersuchung über Manchestertum und Kathedersozialismus, Jena 1914. – Die letztgenannte Studie ist neben Philippovich, Das Eindringen, für eine Reflexionsgeschichte von Sozialpolitik am ergiebigsten.

193 Vgl. insbesondere Bernhard, Ludwig: Unerwünschte Folgen der deutschen Sozialpolitik, Berlin 1912. Die Schrift erreichte in drei Monaten drei Auflagen! Daß darüber hinaus bereits vor dem Ausbruch des Ersten Weltkriegs der sozialpolitische Impetus auch bei den früheren Protagonisten erlahmte, belegt Marr, Heinz: Zur Krise der Sozialpolitik. Rückblick und Ausblick, in: Soziale Praxis 23 (1923), Sp. 547-551, 563-571, 648-651, 666-668, 696-698, 710-713, 727-730, 757-760, insbesondere Sp. 547-551.

194 Vgl. zu dieser Periode zusammenfassend Born, Karl Erich: Staat und Sozialpolitik seit Bismarcks Sturz, Wiesbaden 1957.

ten Normalarbeitstages und die Anerkennung der Gewerkschaften als Verhandlungspartner zwecks Abschluß kollektiver Arbeitsverträge – unerledigt liegen. Obwohl diese Anliegen nicht nur von den Sozialdemokraten, sondern auch vom Zentrum und weiteren Gruppierungen unterstützt wurden, konnten sie sich gegen die Widerstände der Unternehmerverbände und der rechtsbürgerlichen Parteien sowie in der Reichsregierung nicht durchsetzen.

Diese Frontstellung wurde durch den Ersten Weltkrieg aufgebrochen. Dic von bürgerlicher Seite nicht erwartete nationale Solidarität großer Teile der Arbeiterbewegung, die Notwendigkeit einer Zwangsrekrutierung von Arbeitskräften und in diesem Zusammenhang vor allem die Verabschiedung des Hilfsdienstgesetzes (1916) führten zu einer wachsenden politischen Anerkennung der Gewerkschaften. Maßgeblich für die »erstaunlich progressive« Sozialpolitik war das in der ersten Kriegsphase von Mitgliedern der Gesellschaft für soziale Reform beratene Kriegsministerium, das Arbeitgeber und Gewerkschaften zu zunächst freiwilligen *paritätisch* zusammengesetzten Kriegs- und Schlichtungsausschüssen überredete. Diese wurden sodann im Hilfsdienstgesetz obligatorisch gemacht.[195] »Aufgrund dieses Gesetzes wuchs die Mitgliederzahl der sozialistischen und christlichen Gewerkschaften beträchtlich, und die Arbeiterschaft war bei ihren Forderungen nach Lohnerhöhungen außergewöhnlich erfolgreich.«[196]

Als das Kriegsende absehbar war, sahen sich sogar führende Unternehmer veranlaßt, mit den freien Gewerkschaften in Verhandlungen zu treten und im sogenannten Stinnes-Legien-Abkommen (November 1918) die wesentlichen Forderungen der Arbeiterbewegung nach Anerkennung der Gewerkschaften, kollektiven Tarifverträgen, nach Parität im Bereich der Arbeitsvermittlung und der Konfliktschlichtung sowie nach Einführung des Achtstundentages anzuerkennen.[197] Die Sozialdemokratie gelangte in Führungspositionen der Reichsregierung. Ein Reichsarbeitsamt und ein Reichsarbeitsministerium wurden geschaffen,

195 Feldman, Gerald D.: Vom Weltkrieg zur Weltwirtschaftskrise, Göttingen 1984, S. 19f., 30f.
196 Feldman, Vom Weltkrieg, S. 108.
197 Vgl. Feldman, Vom Weltkrieg, S. 118, 122.

letzteres eine Forderung, die bereits 1848 aufgetaucht war.[198] Die Idee einer »Organisation der Wirtschaft« auf der Basis paritätischer Gremien wie auch die Gewährleistung sozialpolitischer Errungenschaften fanden Eingang in die Weimarer Reichsverfassung, die aufgrund ihres demokratischen Zuschnitts auch für die Zukunft die Gleichberechtigung in Aussicht stellte. So schien es, als ob die sozialpolitische Bewegung, soweit sie sich an der Arbeiterfrage orientierte, im wesentlichen an ihr Ziel gelangt sei: Nicht durch eine Revolution der Eigentumsverhältnisse, aber durch eine fortschreitende Reform der Produktionsverhältnisse im Kapitalismus und durch die staatliche Gewährleistung sozialen Schutzes. Eduard Heimann hat ein Jahrzehnt später die Logik dieser Bewegung prägnant auf den Begriff gebracht:

»Die soziale Idee entspringt auf dem wirtschaftlich sozialen Boden des Kapitalismus, sie nimmt in der sozialen Bewegung Gestalt an und setzt sich mit wirtschaftlich-sozialen Mitteln im Kapitalismus und gegen den Kapitalismus durch. [...] Sozialpolitik sichert die kapitalistische Produktionsgrundlage vor den von der sozialen Bewegung drohenden Gefahren, indem sie der sozialen Forderung nachgibt; sie baut den Kapitalismus stückweise ab und rettet dadurch seinen jeweils verbleibenden Rest; sie erreicht immer dann und nur dann einen Erfolg, wenn die Erfüllung einer sozialen Teilforderung zur produktionspolitischen Notwendigkeit wird. Dies ist ihr konservativ-revolutionäres Doppelwesen.«[199]

198 Vgl. Valentin, Veit: Geschichte der deutschen Revolution von 1848-1849, Bd. 1, Weinheim und Berlin 1998, S. 421, 472, 479.

199 Heimann, Eduard: Soziale Theorie des Kapitalismus. Theorie der Sozialpolitik, Tübingen 1929 (Neudruck Frankfurt/M. 1980), S. 171f.

3. Krise der Sozialpolitik (1920-1945)

Es mag allzu einseitig erscheinen, die gesamte Epoche zwischen dem Ende des Ersten und des Zweiten Weltkriegs unter das Verdikt eines Schlagwortes zu stellen, das den Beginn dieser Epoche markiert. Nicht wenige institutionelle Neuerungen – etwa im Bereich des Fürsorge- und Wohnungswesens, die Einführung der Arbeitslosenversicherung oder Fortschritte im Arbeitsschutz, ja sogar erste Schritte zu einer Jugend- und Familienpolitik – fielen in diese Epoche.[200] Faßt man jedoch die programmatischen Ideen ins Auge, die sich seit dem Vormärz und bis zur Jahrhundertwende mit dem Begriff der Sozialreform und zunehmend auch dem der Sozialpolitik verbanden, so läßt sich für die Weimarer Republik wie für das nationalsozialistische ›Dritte Reich‹ eine von unterschiedlichen Motiven getragene Demontage der bisherigen sozialpolitischen Programmatik beobachten.[201] Da diese mit Umcodierungen des Begriffs Sozialpolitik einherging, sind sie für unser Thema von besonderem Belang.

Was die Weimarer Verfassung betrifft, so kann diese als die erste sozial- oder wohlfahrtsstaatliche Verfassung der Welt bezeichnet werden, auch wenn es an einer entsprechenden Begrifflichkeit noch fehlte.[202] Sie enthielt einen ganzen Abschnitt über die Wirt-

200 Vgl. als guten Überblick Tennstedt, Florian: Geschichte des Sozialrechts, in: Sozialrechtshandbuch, hg. v. Bernd Baron von Maydell und Franz Ruland, Neuwied 1988, S. 66-133, hier S. 77-96; ferner Hentschel, Geschichte, S. 55-144; Frerich und Frey, Handbuch, Bd. 1, S. 171-244; Stolleis, Historische Grundlagen, S. 275-308.

201 Daß die ›Krise der Sozialpolitik‹ nur einen Aspekt einer viel umfassenderen *Orientierungskrise* im Deutschen Reich (und auch in Österreich) ausmachte, sei wenigstens in Erinnerung gebracht.

202 Das Wort ›Wohlfahrtsstaat‹ findet sich zuerst bei Adolph Wagner im Rahmen seiner Lehre von den Zwecken des Staates: »Und der Staat fortschreitender Völker, so namentlich der modernen, hört immer mehr auf, einseitig *Rechts*staat, im Sinne der möglichst alleinigen Verwirklichung des Rechts- und Machtzwecks, zu sein und wird immer mehr *Kultur*- und *Wohlfahrts*staat, in dem Sinne, dass grade seine Leistungen auf dem Gebiete des Kultur- und Wohlfahrtszwecks sich beständig mehr ausdehnen und einen reicheren und mannigfaltigeren Inhalt gewinnen.« (Wagner, Adolph: Allgemeine oder theoretische Volkswirtschaftslehre. 1. Teil: Grundlegung, Leipzig und Heidelberg 1876, Faksimile Düsseldorf 1991,

schafts- und Sozialordnung, der durch die Generalklausel eingeleitet wurde: »Die Ordnung des Wirtschaftslebens muß den Grundsätzen der Gerechtigkeit mit dem Ziel der Gewährleistung eines menschenwürdigen Daseins für alle entsprechen.«[203] So wurde ein enger Zusammenhang zwischen Wirtschafts- und Sozialpolitik postuliert, der sich in der Praxis jedoch eher als ein schlecht begriffener Gegensatz herausstellte.[204]

3.1 Die Krisendiskussion und ihr Kontext

Die Veränderung der Frontlinien in der sozialpolitischen Diskussion wurde zuerst 1922 offenkundig, anläßlich der Jubiläumstagung des Vereins für Sozialpolitik zu seinem fünfzigjährigen Bestehen. Der damalige Vorsitzende des Vereins, Heinrich Herkner, hielt das Einleitungsreferat zum ersten Tagungsthema: »Die Zukunft der Sozialpolitik«. Nach einem Rückblick auf die bisherige

§ 168, S. 257.) Eine durchaus modern anmutende Interpretation gibt Tönnies, Ferdinand: Rechtsstaat und Wohlfahrtsstaat, in: Archiv für Rechts- und Wirtschaftsphilosophie 8 (1914/15), S. 65-70. Der Begriff kommt auch in den ›Richtlinien der deutschen Zentrumspartei‹ von 1922 vor; vgl. Ritter, Die katholisch-soziale Bewegung, S. 417. Aber: »Die Zeitgenossen der zwanziger Jahre zogen es vor, von ›sozialem Volksstaat‹, ›Sozialstaat‹ oder ›sozialem Rechtsstaat‹ zu sprechen, wenn sie den sozialen Auftrag des neuen Staatswesens im Übergang vom ›bürgerlichen‹ Rechtsstaat zum daseinsvorsorgenden und daseinssichernden Interventionsstaat charakterisieren wollten.« Abelshauser, Werner: Die Weimarer Republik – Ein Wohlfahrtsstaat?, in: Die Weimarer Republik als Wohlfahrtsstaat, hg. v. Werner Abelshauser, Stuttgart 1957, S. 9-31, Zitat S. 10. – Allerdings ist dieser »Übergang« selbst eine theoretische Konstruktion, die dem deutschen Entwicklungsmuster nicht entspricht. – Zum begriffsgeschichtlichen Hintergrund vgl. Rassem, Mohammed: Wohlfahrt, Wohltat, Wohltätigkeit, Caritas, in: Geschichtliche Grundbegriffe. Historisches Lexikon zur politisch-sozialen Sprache in Deutschland, hg. v. Otto Brunner, Werner Conze und Reinhart Koselleck, Bd. 7, Stuttgart 1992, S. 637-677; Stolleis, Michael: Wohlfahrt, in: Handwörterbuch der deutschen Rechtsgeschichte, Bd. 5, 1998, Sp. 1486-1488.

203 Art. 151 der Weimarer Reichsverfassung.

204 Als Überblick immer noch unübertroffen: Preller, Ludwig: Sozialpolitik in der Weimarer Republik (1949), Neudruck Düsseldorf 1978; vgl. auch Hartwich, Hans-Hermann: Arbeitsmarkt, Verbände und Staat 1918-1933, Berlin 1967; Bogs, Walter: Die Sozialversicherung in der Weimarer Demokratie, in: Vierteljahresschrift für Sozialrecht, Beiheft 2, München 1981.

Tätigkeit des Vereins diagnostizierte er die veränderte Situation wie folgt:

»Nach der Auffassung der Vereinsgründer sollte Deutschland in der Hauptsache von einem wissenschaftlich hochgebildeten, über den Klasseninteressen und Parteien stehenden Beamtentum regiert werden. [...] Ganz anders heute! [...] niemand [wird] mehr glauben, daß ein über den Parteien stehendes Beamtentum je wieder die Regierung an sich reißen kann. Am allerwenigsten die staatliche Bureaukratie, so zahlreich sie auch geworden sein mag. Sehr viel größere Macht besitzt die Bureaukratie der großen wirtschaftlichen Verbände, der Arbeiter, Angestellten, Beamten, Arbeitgeber und Unternehmer, besitzt die Bureaukratie der Parteien und die von den Parteien und Verbänden kontrollierte Presse. [...] Es ist zu einer Überschätzung der Macht des Staates im Verhältnis zu den natürlichen Gesetzen des Wirtschaftslebens gekommen, die sich nunmehr bitter rächt. [...] Man muß aus der vorherrschenden merkantilistischen Denkweise herauskommen und wieder freihändlerisches Denken lernen.«[205]

Diese Stoßrichtung wurde durch das folgende Referat unterstrichen. Ludwig Stein forderte, »neben und vor der Verteilung das Produktionsproblem in seiner ganzen Wucht und Kraft, seiner brutalen Rücksichtslosigkeit des Schaffens von Erträgnissen zu erkennen«.[206] Beide Referate ernteten »stürmischen Beifall«, was verdeutlicht, wie sehr sich der volkswirtschaftliche Zeitgeist von den Positionen der Kathedersozialisten entfernt hatte. Den Hintergrund dieses Umschwungs bildete nicht so sehr eine Kritik an den Errungenschaften der Arbeiterbewegung an sich als vielmehr die trostlose ökonomische Situation der Nachkriegs- und Inflationszeit und die konkrete Gewerkschaftspolitik, die vielen Öko-

205 Herkner, Heinrich: Der Verein für Socialpolitik in Vergangenheit, Gegenwart und Zukunft, in: Die Zukunft der Sozialpolitik – Die Not der geistigen Arbeiter. Jubiläumstagung des Vereins für Sozialpolitik in Eisenach 1922, München und Leipzig 1923, S. 83-99, Zitate S. 93-95. Der liberale, antibürokratische Duktus des sozialreformerischen Denkens von Herkner findet sich bereits früh in seinem Werk, so daß die ›Wende‹, wie er auch selbst stets betont hat, keineswegs so radikal war, wie die folgende Diskussion annahm. Vgl. Herkner, Heinrich: Sozialreform und Politik, in: Zeitschrift für die gesamte Staatswissenschaft 51 (1895), S. 575-596.

206 Nach Boese, Geschichte, S. 173, trug das Referat von Ludwig Stein den Titel »Die wirtschaftlichen Grundlagen der Sozialpolitik«. Im Tagungsband ist kein Titel vermerkt. Zitat nach: Die Zukunft der Sozialpolitik, S. 103.

nomen als ein Hemmschuh der wirtschaftlichen Erholung Deutschlands erschien. Zudem hatte sich im Weltkrieg und anschließend die staatliche Autorität weitgehend verschlissen und erweckte keinerlei Hoffnungen mehr. Ihren gravierendsten Ausdruck fand »das Unvermögen von Industrie und Arbeiterschaft, auf wirtschafts- und sozialpolitischem Gebiet wirksame Kompromisse zu schließen«, in den zwischen 1922 und 1924 geführten Auseinandersetzungen um den Achtstundentag.[207]

Die Konsequenzen für die Sozialpolitik zog Herkner, der dank seines Standardwerkes zur Arbeiterfrage hohes Ansehen in der sozialen Bewegung genoß, wenig später im Publikationsorgan der Deutschen *Arbeitgeber*verbände,[208] und es war wohl ebenso sehr dieser Publikationsort wie der Inhalt des Aufsatzes, der eine Diskussionslawine lostrat und die Vorstellung einer »Krise der Sozialpolitik« in den öffentlichen Raum stellte.[209] Diese unscharfe, aber höchst plausible Vorstellung wurde zuerst von Herkners ehemaliger Assistentin Charlotte Leubuscher strukturiert. Sie unterschied:

- eine »Krise für die Sozialpolitik«, hervorgerufen durch die Frage, »ob wir uns bei unserer gegenwärtigen Wirtschaftslage noch eine Sozialpolitik in der überkommenen Art leisten können«;
- eine »Krise innerhalb der Sozialpolitik«, »soweit die heute angebrachten Methoden der Sozialpolitik umstritten sind«; dabei wurde insbesondere die Konzentration auf zentralstaatliche Maßnahmen in Frage gestellt;
- eine Krise der »Sozialwissenschaft hinsichtlich ihrer Stellungnahme zu sozialpolitischen Problemen«.[210]

Diese Unterscheidung könnte auch für heutige ›Krisendiskussionen‹ hilfreich sein. Im vorliegenden Zusammenhang kann uns jedoch nur die dritte Dimension der Krise beschäftigen, deren Problematik sich aber aus den beiden ersten herleiten läßt.

207 Vgl. Feldman, Gerald D. und Irmgard Steinisch: Die Weimarer Republik zwischen Sozial- und Wirtschaftsstaat – Die Entscheidung gegen den Achtstundentag, in: Archiv für Sozialgeschichte 18 (1978), S. 353-439, Zitat S. 353.

208 Herkner, Heinrich: Sozialpolitische Wandlungen in der wissenschaftlichen Nationalökonomie, in: Der Arbeitgeber, 13 (1923), S. 34-38.

209 Wichtige Beiträge hierzu in Bd. 32 (1923) der *Sozialen Praxis*. Dort auch (1923 ff.) eine fortgesetzte Chronik der Diskussion, soweit sie in anderen Organen geführt wurde.

210 Leubuscher, Charlotte: Die Krise der Sozialpolitik, in: Soziale Praxis 32 (1923), Sp. 339-343, 363-366, 387-390, Zitate Sp. 341.

Was die praktisch umstrittenen sozialpolitischen Maßnahmen betrifft, so bot Herkner selbst in einem die Debatten abschließenden Aufsatz eine klärende Übersicht. Er betont, daß »die primären Ursachen des Elendes, dem wir heute gegenüberstehen, mit Sozialpolitik überhaupt nichts zu tun haben«,[211] sondern aus den Kriegs- und Inflationsfolgen resultierten, unter denen, so ist hinzuzufügen, die Mittelschichten größere Einbußen zu beklagen hatten als die Arbeiter. Die Problematik der Sozialpolitik resultiere lediglich aus dem Umstand, daß trotz des wirtschaftlichen Desasters an Rechten und Forderungen festgehalten werde, die dieses nur zu verschlimmern geeignet seien. Als problematisch bezeichnete Herkner vor allem »die überstürzte und deshalb ohne die unerläßlichen Vorbereitungen erfolgte Einführung des *Achtstundentages*« und die Ausgestaltung der örtlichen *Erwerbslosenfürsorge*, die vielerorts den Anreiz zur Arbeitsaufnahme unterminiere.[212]

»Nicht nur die ganze Sozialpolitik der Vorkriegszeit (Arbeiterschutz, Arbeiterversicherung, Gewerkschafts- und Genossenschaftswesen) [liegt] außerhalb des Kampfbereiches, sondern auch ein wesentlicher Teil desjenigen, was erst während des Krieges und nachher zu dieser Sozialpolitik hinzugekommen ist, wie die gleichberechtigte Mitbestimmung der Arbeitnehmer bei der Regelung der Arbeitsverhältnisse, die Anerkennung der Koalitionsfreiheit durch die Arbeitgeberverbände und der Gewerkschaften als berufener Vertreter der Arbeitnehmerinteressen, der Tarifvertrag, das paritätische Schlichtungswesen, die Betriebsräte, die öffentlichen Arbeitsnachweise, und die Schwerbeschädigten-Fürsorge.«[213]

Als umstritten galten ihm also nur solche Teile der Sozialpolitik, die *unmittelbar* die wirtschaftliche Erholung zu beeinträchtigen schienen. In diesem Sinne trat ihm auch Zwiedineck-Südenhorst bei, daß »die Sozialpolitik die Grundsätze gesunder Wirtschaft über den Haufen gerannt« habe, wobei er diese zusätzlich für die inflationären Entwicklungen der Nachkriegszeit verantwortlich machte. »Verteilungsänderungen durch Verschiebungen in den Nominallohneinkommmen sind [...] keine Lösung des Problems, ein Produktionsdefizit für die breite Masse der Bevölke-

211 Herkner, Heinrich: Unbestrittene und bestrittene Sozialpolitik, in: Schmollers Jahrbuch für Wirtschafts- und Sozialwissenschaften 48 (1924), S. 201-218, Zitat S. 202.
212 Herkner, Unbestrittene und bestrittene Sozialpolitik, S. 204f.
213 Herkner, Unbestrittene und bestrittene Sozialpolitik, S. 202f.

rung auszugleichen.«[214] Aus dieser Situation resultierte eine Verteilungs- und Wirtschaftslastigkeit der sozialpolitischen Diskussionen in der Weimarer Zeit. Diese verband sich auffällig mit einer wesentlich *geringeren empirischen Orientierung* der Sozialwissenschaften und insbesondere des Vereins für Sozialpolitik im Vergleich zur Zeit vor dem Ersten Weltkrieg.

Götz Briefs, dessen Analyse der Krisendiskussion zu den klärendsten Beiträgen der Zeit gehört, betont ebenfalls, daß »die Sozialpolitik überhaupt [...] weniger fraglich [erscheine] als einige ihrer Methoden und Institutionen.«[215] Es komme zum einen entscheidend auf das Verhältnis zwischen Wirtschafts- und Sozialpolitik an und zum zweiten auf Mängel der Methode:

»Diese Sozialpolitik durch die öffentliche Hand wirkte notwendig durch Institution, Aufsicht und Reglement, sie individualisierte nur im gröbsten, kurz, sie war bürokratisch. [...] sie hatte keinen Kontakt [...] mit der Seele des einfachen Mannes; sie wirkte von außen und ›oben‹: hart, kalt, generalisierend, sachlich; und fand von keiner Seite die Wärme der Anerkennung, die sie [die Seele des einfachen Mannes] nach ihrer objektiven Leistung verdient hätte – sie war und blieb für das Fühlen des einfachen Mannes eine Sparte der staatlichen Verwaltung mehr, in der, wie in so vielen anderen, er Objekt war. Sie kam nicht zu ihrem sinnvollen Zweck: zur sozialen Befriedung.«[216]

Das »feilschende Zuwägen und Abwägen der Arbeitsdosis, die für Lohn zu leisten ist«, entspreche im übrigen der »Kommerzialisierung der lebendigen Arbeit, [dem] legitimen Produkt aus der individualistisch-liberalen Lehre, daß die Wirtschaftsgesellschaft eine reine Marktverbindung sei«.[217] Die Verallgemeinerung des praktischen Individualismus sei kein »Prinzip möglicher Gesellschaft«, und mit kritischem Bezug auf Bentham sagt er:

»Gewiß nimmt ein ›aufgeklärtes‹ ›wohlverstandenes‹ ›rationales‹ Selbstinteresse die Interessen anderer in sich hinein, aber die daraus und *nur* daraus folgende Verbundenheit der Interessen ist zu schwach und zu aleatorisch, um Gesellschaft und gesellschaftliche Wirtschaft konstituieren zu können.«[218]

214 Zwiedineck-Südenhorst, Otto von: Zum Schicksal der Sozialpolitik in Deutschland, in: Schmollers Jahrbuch 47 (1923), S. 77-142, Zitate S. 121, 135.

215 Briefs, Götz: Zur Krisis in der Sozialpolitik, in: Kölner sozialpolitische Vierteljahresschrift 3 (1923), S. 1-16, Zitat S. 9.

216 Briefs, Zur Krisis, S. 11.

217 Briefs, Zur Krisis, S. 15.

Die Krise der Sozialpolitik, so schließt Briefs,

»ist wirklich nicht die Krise einiger älterer Herren unter den Sozialpolitikern [...]. Ihre Wurzeln reichen in die Struktur unserer modernen Wirtschaft, in das bewegende Prinzip dieser Wirtschaft, in die deutsche Form der Verhältnisse von Staat und Wirtschaft und Staat und Gesellschaft, in die historische Situation des Verhältnisses von Kapital und Arbeit.«[219]

Das bisherige Nebeneinander von individualistischer Wirtschaftspolitik und staatlicher Sozialpolitik sei nicht zu halten. Vielmehr müßten »sozialpolitische Minima« in die Wirtschaft selbst eingebaut werden. Man kann nur vermuten, daß Briefs hiermit eine größere Gestaltungsmacht des Tarifvertragswesens im Vergleich zur Sozialpolitik mittels staatlicher Gesetze anmahnen wollte.

3.2 Sozialdemokratische Perspektiven: Zwischen Sozialisierung und sozialem Rechtsstaat

Auch wenn das *Wort* ›Sozialpolitik‹ im Kontext der sozialistischen Programmatik nur eine marginale Rolle spielte, muß wenigstens kurz vom Einfluß der Repräsentanten dieser mächtigsten Sozialbewegung auf das gesellschaftspolitische Denken der Weimarer Zeit und danach die Rede sein. Beschränkt man sich – wie in diesem Zusammenhang geboten – auf die konzeptionelle Seite, so fällt die Bilanz allerdings ernüchternd aus. Die deutsche sozialistische Arbeiterbewegung blieb im Spannungsfeld zwischen den Entwicklungen in der Sowjetunion, der eigenen Tradition und den sich überstürzenden Veränderungen im eigenen Lande nicht nur gespalten,[220] sondern auch weithin ohne klare längerfristige politische Perspektiven. Das gilt insbesondere für die sich im Horizont des Weimarer Verfassungsprozesses durchsetzende sozialdemokratische Bewegung. Sie gehörte zwar zu

218 Briefs, Zur Krisis, S. 14. Die hier schon angesprochenen Probleme kollektiven Handelns werden differenzierter analysiert bei Olson, Mancur: Die Logik kollektiven Handelns, Tübingen 1968.

219 Briefs, Zur Krisis, S. 16.

220 Zur Vielfalt und Unvermeidbarkeit der Spaltungen vgl. den Rückblick von Winkler, Heinrich August: Der Weg in die Katastrophe. Arbeiter und Arbeiterbewegung in der Weimarer Republik 1930-1933, Berlin und Bonn 1987, S. 951-954.

den verantwortlichen Trägern der demokratischen Ordnung, aber sie vermochte kein klares gesellschaftspolitisches Leitbild zu entwickeln. Das Verhältnis der Sozialdemokratie zu den ihr nahestehenden Intellektuellen und Wissenschaftlern blieb ambivalent und gespannt.[221]

Der programmatische Begriff des ›Sozialismus‹ hatte mit der Spaltung des politischen Sozialismus in einen sozialdemokratischen und einen kommunistischen Flügel seine seit dem Erfurter Programm (1891) erreichte marxistische Eindeutigkeit schon im Revisionismusstreit und erst recht seit dem Kriegsende und der damit verbundenen revolutionären Bewegung verloren. Vordergründig ging es zwar nur um methodische Gegensätze in der Verfolgung des Ziels einer sozialistischen Gesellschaft: Durch Bürgerkrieg und Revolution oder auf parlamentarischem Wege? Nicht nur bei den Radikalen, auch in der sozialdemokratischen Parteibasis blieb die Zielsetzung einer Aufhebung des Privateigentums an den Produktionsmitteln durch ›Sozialisierung‹ in der Weimarer Zeit lebendig. Aber die führenden Köpfe der Sozialdemokratie rückten vom Gedanken der Sozialisierung in dem Maße ab, als sie zu politischem Einfluß gelangten.[222] Welcher alternative Entwurf aber sollte an dessen Stelle treten, da von einer Bejahung des kapitalistischen Wirtschaftssystems natürlich keine Rede sein konnte? Denn allgemein wurde die Einschätzung geteilt, daß die Schaffung der politischen Demokratie noch keine Gewähr für eine Aufhebung der entfremdenden Arbeitsbedingungen des kapitalistischen Produktionsprozesses biete.

Die dominierenden sozialdemokratischen Programmbegriffe der unmittelbaren Nachkriegszeit waren neben ›Sozialisierung/Vergesellschaftung‹ die Forderung nach ›Arbeiterräten‹ und nach

221 Vgl. Winkler, Heinrich August: Der Schein der Normalität. Arbeiter und Arbeiterbewegung in der Weimarer Republik 1924-1930, Berlin und Bonn 1985, S. 709-716. Ein Überblick über inhaltliche Positionen findet sich in: Reformsozialismus und Sozialdemokratie. Zur Theoriediskussion des Demokratischen Sozialismus in der Weimarer Republik, hg. v. Horst Heimann und Thomas Meyer, Berlin und Bonn 1982; ferner Blau, Joachim: Sozialdemokratische Staatslehre in der Weimarer Republik. Darstellung und Untersuchung der staatstheoretischen Konzeptionen von Hermann Heller, Ernst Fraenkel und Otto Kirchheimer, Marburg 1980.

222 Vgl. Winkler, Heinrich August: Von der Revolution zur Stabilisierung. Arbeiter und Arbeiterbewegung in der Weimarer Republik 1918 bis 1924, Berlin und Bonn 1984, S. 191-198.

›Gemeinwirtschaft‹. Alle drei Begriffe fanden auch Eingang in die Weimarer Reichsverfassung, doch handelte es sich bei Artikel 156 (Vergesellschaftung, Gemeinwirtschaft) um unverbindliche Kann-Bestimmungen und bei Artikel 165 (Arbeiterräte, Wirtschaftsräte) um abstrakte Formelkompromisse, denen konservative Befürworter berufsständischer Repräsentation ebenso zustimmen konnten wie die Propagatoren der ›Arbeiterräte‹.[223] Vor allem die freien Gewerkschaften standen der Idee der Räte skeptisch gegenüber, da sie deren Konkurrenz fürchteten. Aber auch die Perspektive einer sozialpartnerschaftlichen Leitung der Wirtschaft, wie sie sich in der Gründung der ›Zentralarbeitsgemeinschaft‹ von Arbeitgeberverbänden und Gewerkschaften im Gefolge des Stinnes-Legien-Abkommens andeutete, zerbrach schon im Oktober 1919 und endete im Kampf um den Achtstundentag.

Man wird die praktische Politik der Sozialdemokratie in der Weimarer Zeit als ›reformistisch‹ bezeichnen können, doch klare reformistische Konzepte finden sich nur bei wenigen, der Sozialdemokratie nahestehenden Autoren wie Hugo Sinzheimer, Fritz Naphtali und Hermann Heller. Alle drei waren jüdischer Herkunft und mußten Deutschland nach der Machtergreifung der Nationalsozialisten verlassen. Der praktische Einfluß ihrer Konzepte blieb in der Weimarer Zeit bescheiden, doch sind sie für die spätere Entwicklung der Sozialpolitik in der Bundesrepublik bedeutungsvoll geworden.

3.2.1 Hugo Sinzheimer: Soziale Selbstbestimmung im Recht

Den nachhaltigsten Einfluß auf die sozialdemokratische Position nahm der Jurist *Hugo Sinzheimer*, der wie kaum ein anderer Zeitgenosse theoretische Klarsicht mit praktisch-politischem Engagement verband.[224] Sinzheimer darf als Begründer der arbeits-

223 Vgl. Ritter, Gerhard A.: Die Entstehung des Räteartikels 165 der Weimarer Reichsverfassung, in: Historische Zeitschrift 258 (1994), S. 73-112.

224 Vgl. Ritter, Die Entstehung, S. 91-97. Zur Bedeutung Sinzheimers vgl. insbesondere die Einleitung von Otto Kahn-Freund zu: Hugo Sinzheimer: Arbeitsrecht und Rechtssoziologie. Gesammelte Aufsätze und Reden, hg. v. Otto Kahn-Freund und Thilo Ramm, 2 Bde., Frankfurt/M. und Köln 1976, Bd. 1, S. 1-31.

rechtlichen Dogmatik in Deutschland gelten, die auch wegweisend für andere kontinentaleuropäische Länder geworden ist.[225] In deutlicher Abhebung von der römisch-rechtlichen ›Dienstmiete‹ konzipierte er unter Bezugnahme auf Karl Marx und Otto von Gierke den Arbeitsvertrag als »rechtliches Gewaltverhältnis« zwischen einem Arbeitgeber und dem von ihm abhängigen Arbeitnehmer und arbeitete die deutschrechtlichen Wurzeln *kollektivvertraglicher* Regelungen derartiger Gewaltverhältnisse heraus.[226]

Sinzheimers sozialreformerische Grundidee bezog sich auf die Unterscheidung der Rechtssphären von Staat und Wirtschaft. Klarer als die übrigen zeitgenössischen Sozialdenker hielt er einerseits an der Gestaltungsmacht des Staates, andererseits aber auch am Erfordernis eines autonomen Wirtschaftssystems fest und bewegte sich damit konzeptuell im Raum dessen, was heute als Charakteristikum der wohlfahrtsstaatlichen Vergesellschaftungsform gelten kann.[227]

Sinzheimers Begriff des Arbeitsrechts – diese Bezeichnung trat erst allmählich neben die ältere und umfassendere des Sozialrechts[228] – geht über die Regelung des Arbeitsvertrags hinaus und umfaßt die Gesamtheit der Rechtsnormen, die an die Arbeitnehmereigenschaft anknüpfen: »Dahin gehören die Beziehungen, die sich aus dem Koalitionsrecht, der Erwerbslosenfürsorge, dem Arbeitsnachweis, der Arbeiterversicherung, dem Betriebsräterecht, dem Tarifvertrag, den Arbeitsgemeinschaften usw. ergeben.«[229] Seinen sozialreformerischen Vorstellungen entsprechend sollten diese Rechtsgebiete ›soziales Recht‹ sein, d. h. aus der Ge-

225 Vgl. Sinzheimer, Hugo: Der korporative Arbeitsnormenvertrag. Eine privatrechtliche Untersuchung, 2 Teile, Leipzig 1907/08; ders.: Ein Arbeitstarifgesetz. Die Idee der sozialen Selbstbestimmung im Recht, München und Leipzig 1916 (2. Aufl. Berlin 1977); ders.: Grundzüge des Arbeitsrechts, 2. Aufl. Jena 1927.

226 Vgl. Sinzheimer, Arbeitstarifgesetz, S. 40-45.

227 Vgl. Kaufmann, Franz-Xaver: Sozialstaatlichkeit unter den Bedingungen moderner Wirtschaft, in: Handbuch der Wirtschaftsethik, hg. v. Wilhelm Korff u. a., Bd. 1, Gütersloh 1999, S. 803-833, insb. S. 815-818 (jetzt in: Kaufmann, Franz-Xaver: Sozialpolitik und Sozialstaat: Soziologische Analysen, Opladen 2002, S. 261-296, insb. S. 277-281).

228 Zur Geschichte des Sozialrechts vgl. Scherner, Karl Otto: Sozialrechtsgeschichte der Neuzeit. Stand der Forschung und offene Fragen, in: Zeitschrift für neuere Rechtsgeschichte 18 (1996), S. 102-148.

229 Sinzheimer, Grundzüge des Arbeitsrechts, S. 6.

staltungsmacht der frei organisierten Kräfte des Gesellschaftslebens und nicht aus staatlichen Gesetzgebungsprozessen hervorgehen.[230]

Im Zentrum seiner Vorstellung vom Sozialrecht stand neben dem Arbeitsvertragsrecht das Recht der *Arbeitsverfassung.* Weil der Arbeitsvertrag nicht primär als Tauschverhältnis, sondern Gewalt- oder Herrschaftsverhältnis verstanden wird, bedarf es der rechtlichen Regelung dieses den Arbeitsvertrag *umfassenden* Verhältnisses, und zwar *unter gleichberechtigter Mitwirkung der Arbeitnehmer.* Arbeitsverhältnis und Arbeitsverfassung enthalten deshalb notwendigerweise öffentlich-rechtliche Elemente: Es geht um die staatliche Gewährleistung der »sozialen Selbstbestimmung im Recht«.[231] Entweder muß die Arbeitsverfassung als Rahmenordnung der Wirtschaftslenkung selbst Gegenstand demokratischer Rechtsetzung werden, oder entsprechenden kollektivvertraglichen Vereinbarungen zwischen Arbeitgebern und Arbeitnehmern muß eine sie erzwingbar machende staatliche Rechtsgrundlage gegeben werden. Die erste Variante des Gedankens betrifft die Vorstellungen einer *staatlichen Wirtschaftsverfassung*, wie sie in der Weimarer Reichsverfassung angelegt wurde und sich bis heute in der Mitbestimmungsgesetzgebung erhalten hat; die zweite Variante betrifft die staatlichen *Rechtsgrundlagen der Tarifautonomie*, wie sie in der Bundesrepublik Deutschland mit dem Tarifvertragsgesetz von 1949 bzw. 1953 gelegt wurden.[232] Sinzheimer kann daher auch als der erste Theoretiker des Korporatismus bezeichnet werden.

Die analytische Leistung, die Sinzheimer zu seinen uns heute nahezu selbstverständlichen Positionen geführt hat, wird nur

230 Eine gute Zusammenfassung von Sinzheimers Position gibt Fraenkel, Ernst: Rätemythos und soziale Selbstbestimmung. Ein Beitrag zur Verfassungsgeschichte der deutschen Revolution, in: Der Staat als Aufgabe. Gedenkschrift für Max Imboden, hg. v. Peter Saladin und Luzius Wildhaber, Basel und Stuttgart 1972, S. 75-114, bes. S. 105-112.

231 Vgl. den Untertitel von Sinzheimer, Arbeitstarifgesetz.

232 »Das geltende deutsche Tarifgesetz, ja das Tarifrecht von Ländern, die auf anderen Rechtsprinzipien als das deutsche aufgebaut sind, beruhen weitgehend auf Ideen, die Hugo Sinzheimer als erster juristisch erfaßt und formuliert hat.« Fraenkel, Ernst: Hugo Sinzheimer (1958), in: Ernst Fraenkel. Reformismus und Pluralismus. Materialien zu einer ungeschriebenen politischen Autobiographie, zusammengestellt von Falk Esche und Frank Grube, Hamburg 1973, S. 131-142, Zitat S. 136.

deutlich vor dem Hintergrund des preußischen Rechts- und Staatsverständnisses einerseits und der römisch-rechtlich fundierten, ausschließlich individualistisch-privatrechtlichen Auffassung des Arbeitsverhältnisses andererseits. Um dieser analytischen Leistung willen verdient Sinzheimer im vorliegenden Zusammenhang Beachtung. Stichwortartig lassen sich seine wegweisenden Gedanken wie folgt zusammenfassen:

1. Gegen alle syndikalistischen Versuche einer ›Rätedemokratie‹, aber auch gegen alle unitaristischen Vorstellungen deutscher Nationalstaatlichkeit betont er die *Differenz zwischen der politischen und der Wirtschaftsverfassung*, analog zur Hegelschen Unterscheidung von ›Staat‹ und ›bürgerlicher Gesellschaft‹.

»Die reine politische Demokratie kann auf die sozialen Verhältnisse nur durch Gesetz und staatliche Verwaltung einwirken. Beides aber ist unzureichend, um der sozialen Entwicklung so dienlich zu sein, wie wir es als Sozialdemokraten wünschen müssen. [...] Daraus ergibt sich, daß die politische Demokratie notwendig einer Ergänzung bedarf. Die gesellschaftlichen, namentlich die wirtschaftlichen Interessen bedürfen besonderer Formen, in denen sie sich unmittelbar und selbständig auswirken können. Die politische Demokratie muß diese Formen schaffen. Sie werden geschaffen, wenn in dem Staat neben der politischen Verfassung eine eigene Wirtschaftsverfassung begründet wird, die durch die wirtschaftlichen Kräfte selbst auf dem Grunde staatlicher Grundnormen die wirtschaftlich-organisatorischen Aufgaben zur Erledigung bringt.«[233]

2. Gegen den juristischen Positivismus der Zeit betont er die Berufung der Jurisprudenz zu einer »legislativen Rechtswissenschaft«, wodurch Sinzheimer zum Begründer einer Gesetzgebungslehre wurde.[234] Die legislative Rechtswissenschaft unterscheidet er sowohl von der bloßen Rechtsanwendung als auch von der Rechtssoziologie oder Rechtsphilosophie. Sie hat weder »die Berechtigung sozialer Bestrebungen zu prüfen und aus Prin-

233 Sinzheimer, Das Rätesystem (1919), in: Arbeitsrecht und Rechtssoziologie, Bd. 1, S. 325-340, Zitat S. 326f. Es handelt sich dabei wohl um die bei Ritter, Entstehung des Räteartikels, S. 91, erwähnte »Rede Sinzheimers auf dem Parteitag der SPD über ›Rätesystem und Reichsverfassung‹ am 14. 6. 1919«. – Eine differenzierte Austarierung des Verhältnisses von staatlicher Rechtsetzung und gesellschaftlichen Normierungsvorgängen enthält auch die Auseinandersetzung mit Georges Gurvitchs Theorie des sozialen Rechts, ebd., Bd. 2, S. 164-187.

234 Vgl. Sinzheimer, Theorie der Gesetzgebung (Fragment, postum), in: Arbeitsrecht und Rechtssoziologie, Bd. 2, S. 245-309.

zipien Formen abzuleiten« noch bei der Rechtstatsachenforschung stehenzubleiben. Sie

»nimmt die sozialen Bestrebungen als gegeben hin. [...] Die rechtswissenschaftliche Aufgabe gegenüber den vorhandenen sozialen Bestrebungen besteht darin, diese Bestrebungen in ihren rechtlichen Bedingungen mit sich selbst in Einklang zu bringen. Welche rechtlichen Formen müssen vorhanden sein, damit sich bestimmte soziale Zwecke ohne Widerspruch und Hemmung verwirklichen können?«[235]

Die legislative Rechtswissenschaft steht damit an einem systematischen Ort zwischen Wissenschaft und politischer Praxis. Sie vermag jedoch aus sich selbst nur, dem, was von sich aus durch die sozialen Verhältnisse und die in ihnen wirksamen Willensbestrebungen zur Veränderung drängt, eine angemessene rechtliche Form zu geben. Eben dies ist Sinzheimer mit seiner Lehre vom kollektiven Tarifvertrag in exemplarischer Weise gelungen.

3. Im Gefolge von Max Webers Rechtssoziologie integrierte Sinzheimer auch die Kenntnis der einschlägigen sozialen Sachverhalte in den verwissenschaftlichten legislativen Diskurs. Der Jurist, der sich in der beschriebenen Weise dem Gesetzgebungsprozeß dienstbar macht, bedarf nicht nur juristischen, sondern auch soziologischen Wissens:

»Die kritische Rechtssoziologie fragt nicht, was die Norm will, sondern was sie sozial bedeutet und zustande bringt. Die kritische Rechtssoziologie versucht zu erfassen, was die Norm aus der Wirklichkeit und diese aus der Norm macht und wie die Norm dann in der Wirklichkeit wirksam ist. Sie richtet ihre Aufmerksamkeit nicht auf den Inhalt der Norm, sondern auf deren soziale Kraft, Erscheinungsform und Funktion.«[236]

Die Kraft dieses Ansatzes wird deutlich, wenn wir die genannten drei Gesichtspunkte im Zusammenhang begreifen: Weil er die Heterogenität der staatlichen und der gesellschaftlichen Sphäre anerkannte, gelangte Sinzheimer zum Postulat einer juristisches und soziales Wissen verbindenden legislativen Jurisprudenz. Obwohl das Wort bei ihm kaum vorkommt, hat Sinzheimer damit die zwischen ›Gesellschaft‹ und ›Staat‹ *vermittelnde* Funktion von *Sozialpolitik* schärfer als alle seine Zeitgenossen auf den Be-

235 Sinzheimer, Arbeitstarifgesetz, S. 7.
236 Sinzheimer, Die Aufgabe der Rechtssoziologie (1935), in: Arbeitsrecht und Rechtssoziologie, Bd. 2, S. 85-148, Zitat S. 111f.

griff gebracht. Charakteristischerweise werden bis heute das Arbeits- und das Sozialrecht als öffentliches und privates Recht verbindende Rechtsgebiete verstanden. Sinzheimer berief sich in diesem Zusammenhang auch auf Lorenz von Stein, dessen ›Staatswissenschaft‹ er eine der seinen vergleichbare Intention zuerkannte.[237]

3.2.2 Fritz Naphtali: Wirtschaftsdemokratie

Das rätedemokratische Konzept war ein Erbe der Revolutionsversuche am Ende des Ersten Weltkriegs und fand Eingang in die Weimarer Reichsverfassung vor allem im Hinblick auf die Pazifizierung der darniederliegenden Wirtschaft. Auch erhebliche Teile des Unternehmertums versprachen sich von einem sozialpartnerschaftlichen Verhältnis zur Arbeiterschaft, wie es sich bereits in der »Arbeitsgemeinschaft der industriellen und gewerblichen Arbeitgeber und Arbeitnehmer Deutschlands« unmittelbar nach Kriegsende etabliert hatte, eine raschere Gesundung der Wirtschaft. Diese Bewegung stand zudem in einer Tradition der Verbandsbildung und des berufsständischen Denkens.[238] Allerdings wurden die einschlägigen Verfassungsbestimmungen nur im heftig umkämpften Betriebsrätegesetz von 1920 sowie in der Schaffung eines ›Vorläufigen Reichwirtschaftsrates‹ umgesetzt, dem jedoch ein institutioneller Unterbau fehlte und der entsprechend folgenlos blieb.[239] Das sozialdemokratische Leitbild einer nicht verstaatlichten, sondern gemeinwirtschaftlichen Wirtschaftsordnung, »die von lebendigen wirtschaftlichen Selbstverwaltungskörpern getragen wird«, blieb schon in seinen Anfängen stecken. Die Räte wurden *nicht* zu »im kapitalistischen Staat heranwachsenden Organen einer künftigen sozialistischen Wirtschaft«.[240]

Auf der Suche nach einem gesellschaftspolitischen Leitbegriff wählte der Allgemeine Deutsche Gewerkschaftsbund auf seinem Breslauer Kongreß (1925) das Programmwort ›Wirtschaftsdemo-

237 Sinzheimer, Der Hintergrund des Arbeitsrechts (1936), in: Arbeitsrecht und Rechtssoziologie, Bd. 2, S. 149-163, hier S. 156.

238 Vgl. Ritter, die Entstehung des Räteartikels, S. 75f.; Fraenkel, Mythos, S. 78-105.

239 Vgl. Winkler, Revolution, S. 236-238.

240 Sinzheimer, Arbeitsrecht und Rechtssoziologie, Bd. 1, S. 334f.

kratie‹ und beauftragte eine Kommission, der u. a. Hugo Sinzheimer, Rudolf Hilferding und Fritz Naphtali angehörten, mit der Ausarbeitung des Konzepts. Daraus entstand eine im wesentlichen von Naphtali verantwortete Schrift, der auch auf dem Hamburger Gewerkschaftskongreß von 1928 darüber referierte.[241]

Den Hintergrund für das Programm der Wirtschaftsdemokratie bildete Rudolf Hilferdings Diagnose des notwendigen Übergangs vom freien zum *organisierten Kapitalismus*. Die wachsende Konzentration und Monopolisierungstendenz in der kapitalistischen Wirtschaft führe zu einer wachsenden Kollektivierung der Unternehmerfunktionen und zur Notwendigkeit von Planungsprozessen.[242] Eben dies bildet – Naphtali zufolge – die Voraussetzung für die Möglichkeiten von ›Wirtschaftsdemokratie‹, d. h. für die *institutionalisierte Beteiligung der Arbeiter an den wirtschaftlichen Entscheidungsprozessen*. Anknüpfend an verschiedene Formen bereits existierender ›Gemeinwirtschaft‹ diagnostizierte er eine bereits bestehende Demokratisierungstendenz in der Wirtschaft, die zu folgenden begrifflichen Umschreibungen führt:

»Die Demokratisierung der Wirtschaft, aufs engste verbunden mit wachsendem Einfluß des demokratischen Staates auf die Wirtschaft, erfordert, daß die unmittelbare Beteiligung der als Produzenten organisierten Arbeiter, d. h. der Gewerkschaften, an allen Organen der Wirtschaftspolitik sich ständig ausdehnt. [...] Das Wesentliche ist, daß nicht mehr in privatem, sondern in öffentlichem Interesse, nicht im Namen von Privatpersonen, sondern im Namen eines den Einzelnen übergeordneten Wesens gewirtschaftet wird, dem der Ertrag zufällt. Das Bild der wirtschaftlichen Demokratie ist das Abbild der politischen Demokratie, nur in anderer Ausprägung.«[243]

241 Naphtali, Fritz: Wirtschaftsdemokratie – Ihr Wesen, Weg und Ziel (1928), Neuausgabe mit einem Vorwort von Ludwig Rosenberg und einer Einführung von Otto Brenner, Frankfurt/M. 1966. Zur Entstehung vgl. Louis, Michael: Der Begriff der ›Wirtschaftsdemokratie‹. Eine problemgeschichtliche Untersuchung zum deutschen Wirtschaftsverfassungsrecht, Diss. Münster 1969, S. 35-45. Zu Inhalt und Rezeption vgl. Weinzen, Hans Willi: Gewerkschaften und Sozialismus. Naphtalis Wirtschaftsdemokratie und Agartz' Wirtschaftsneuordnung, Frankfurt/M. 1982, S. 28-160.

242 Vgl. grundlegend Hilferding, Rudolf: Das Finanzkapital (1910), Neuausgabe Frankfurt/M. 1973. Dazu Winkler, Heinrich August (Hg.): Organisierter Kapitalismus. Voraussetzungen und Anfänge, Göttingen 1974.

243 Naphtali, Wirtschaftsdemokratie, S. 137 und 152.

Im Rückblick überrascht die Selbstverständlichkeit, mit der hier die Gewerkschaften als Sachwalter von Arbeiterinteressen gleichzeitig als Sachwalter des öffentlichen Interesses postuliert wurden. Das Schwergewicht der Argumentation lag dabei entsprechend dem der Weimarer Reichsverfassung zugrundeliegenden Verständnis der Räteidee auf der *überbetrieblichen Mitbestimmung* im Rahmen branchenmäßiger oder regionaler ›Wirtschaftsräte‹. Allerdings vermochte auch Naphtalis Schrift keine praktikablen Verfahrensvorschläge zu entwickeln, wie das ›gemeinwirtschaftliche‹ Vorhaben den konträren Erfordernissen des Interessenausgleichs, der Produktivitätssteigerung und der Kundenorientierung gerecht werden könne. Auch blieb die Behauptung, daß die Durchsetzung wirtschaftsdemokratischer Maximen einen evolutionären Weg zum Sozialismus darstelle, in der Arbeiterbewegung wegen der impliziten Negierung des Klassenkampfes umstritten und machte gleichzeitig im bürgerlichen Lager das Konzept wegen der sozialistischen Zielsetzung suspekt.[244] Dieses hatte allerdings auch keine überzeugenden Konzepte gegen die unerwünschten Folgen einer zunehmenden Kartellierung und Monopolisierung der Wirtschaft anzubieten.

Die Bedeutung des von den freien Gewerkschaften weitgehend übernommenen Konzeptes der Wirtschaftsdemokratie für die Zeit nach dem Zweiten Weltkrieg war eher kritischer Art. Der fortbestehende Anspruch auf Demokratisierung der Wirtschaft konzentrierte sich auf andere Alternativen. Das gilt zum einen für die gewerkschaftlichen Mitbestimmungsforderungen, die sich nunmehr vor allem auf das einzelne Unternehmen richteten und damit auch mit dem bürgerlichen Konzept der ›Sozialen Marktwirtschaft‹ kompatibel blieben.[245] Es gilt aber auch für die sozialdemokratische Linke, die hinsichtlich des großbetrieblich monopolistischen Sektors weiterreichende Verstaatlichungspläne verfolgte, als mit dem Konzept der Wirtschaftsdemokratie vereinbar schien. Die Schwäche der Gemeinwirtschaftsidee blieb, daß sie

244 Zur zeitgenössichen Kritik vgl. Weinzen, Gewerkschaften und Sozialismus, S. 121-160. Differenziert vom bürgerlichen Standpunkt setzte sich mit dem Konzept der Wirtschaftsdemokratie auseinander: Gerhardt, Johannes: Liberalismus und Wirtschaftsdemokratie, Berlin 1930.

245 Allerdings schöpft die Mitbestimmungsgesetzgebung den Gedanken der Wirtschaftsdemokratie auch auf der betrieblichen Ebene bei weitem nicht aus; vgl. hierzu Nell-Breuning, Oswald von: Streit um Mitbestimmung, Frankfurt/M. 1968.

zwar als partikuläres Moment eine gewisse Plausibilität entfaltet, jedoch keine verallgemeinerungsfähigen strukturierenden Prinzipien für eine Wirtschaftsordnung zu entwickeln vermag.

3.2.3 Hermann Heller: Sozialer Rechtsstaat

Obwohl in der Arbeiterbewegung nicht weniger engagiert als Sinzheimer und Naphtali, blieb der Einfluß des 1933 im Alter von nur 42 Jahren im spanischen Exil verstorbenen Hermann Heller in der Weimarer Zeit gering; doch ist sein Staatsverständnis für die Sozialdemokratie in der Bundesrepublik wegweisend geworden.[246]

Ganz allgemein mangelte es der Weimarer Demokratie an einem konsensfähigen Staatskonzept. Sowohl der juridische Positivismus, wie er sich staatstheoretisch in der reinen Rechtslehre Hans Kelsens artikulierte, als auch der politikwissenschaftliche Dezisionismus eines Carl Schmitt oder das idealistische Staatsverständnis eines Rudolf Smend konnten sich auf geistige Traditionen des Kaiserreichs berufen. Der sich in seiner Verfassung selbst bindende demokratische Staat konnte dagegen nur durch eine Überwindung herkömmlicher Staatslehren zu einem konsistenten Selbstverständnis finden. Diesem Projekt verschrieb sich Hermann Heller;[247] und er tat dies vor dem Hintergrund seiner sozialdemokratischen Überzeugungen.

Hellers Staatslehre ist kulturwissenschaftlich-interdisziplinär. Er versteht den modernen Verfassungsstaat als politische Form, die ihre Entstehung der abendländischen Kultur- und Gesellschaftsentwicklung verdankt. Der Staat ist ihm daher weder bloßer Machtstaat noch eine bloße Ausgeburt der Rechtsordnung, sondern *das geformte Ergebnis geschichtlicher Kräfte* unterschiedlicher Art, das sich mit ihnen wandelt. »Der Staat bleibt immer nur ein Teilinhalt der komplexen Lebenswirklichkeit, aus

246 Zu Heller vgl. vor allem: Der soziale Rechtsstaat. Gedächtnisschrift für Hermann Heller 1891-1933, hg. v. Christoph Müller und Ilse Staff, Baden-Baden 1984; Heller, Hermann: Gesammelte Schriften, 3 Bde., hg. v. Martin Drath u. a., Leiden 1971.

247 Vgl. Heller, Hermann: Die Krisis der Staatslehre (1926), in: Schriften, Bd. 2, S. 3-30. Das wichtigste Ergebnis ist seine unvollendete, postum von Gerhart Niemeyer herausgegebene Staatslehre (Leiden 1934 u. ö.), jetzt: Schriften, Bd. 3, S. 79-406.

welcher die Staatslehre ihn isoliert. Einen Wert aber haben ihre Erkenntnisse nur dann, wenn diese Isolierungen immer wieder rückbezogen werden auf das Wirklichkeitsganze, in dem sie allein Leben und Wahrheit haben.«[248]

Der Staat wird »als organisierte Entscheidungs- und Wirkungseinheit« verstanden.[249] Seine Legitimation ist die Rechtssicherheit: »Die staatliche Institution wird also gerechtfertigt dadurch, daß auf einer bestimmten Stufe der Arbeitsteilung und des gesellschaftlichen Verkehrs die Sinn- und Vollstreckungsgewißheit des Rechts den Staat erforderlich machen.«[250] Damit ist jedoch über seine konkrete Gestalt noch wenig gesagt. Eine Staatslehre als theoretische Begründung des Staates muß deshalb sowohl den institutionellen Erfordernissen der Rechtsordnung als auch deren kulturellen Voraussetzungen und den wirkenden gesellschaftlichen Kräften Rechnung tragen.[251] Sie hebt daher die Bedeutung der *Verfassung* hervor, die geeignet ist, dem Staat gleichzeitig Stabilität und Offenheit gegenüber den gesellschaftlichen Kräften zu verleihen:

»Der neuartige Inhalt der modernen Verfassungsurkunden besteht in der Tendenz, die objektive Rechtsbeschränkung der Staatsgewalt durchzuführen und machtpolitisch zu sichern durch die subjektiven Freiheits- und Mitwirkungsrechte der Bürger gegenüber der Staatsgewalt, so daß die individuellen Grundrechte geschützt sind vermöge der organisatorischen Grundstruktur des Staates. Es ist eine grundsätzliche und gefährliche Verkennung des konstitutionellen Rechtsstaates, wenn neuerdings Gewaltenteilung und Grundrechte als zwei von einander unabhängige Einrichtungen aufgefaßt werden. In Wahrheit bedingen sich die Tendenz zur

248 Heller, Staatslehre, S. 31 (= Schriften 3, 123).
249 Heller, Staatslehre, S. 228 (= Schriften 3, 339).
250 Heller, Staatslehre, S. 223 (= Schriften 3, 333).
251 Zu Hellers Staatslehre vgl. insb. Schluchter, Wolfgang: Entscheidung für den sozialen Rechtsstaat. Hermann Heller und die staatstheoretische Diskussion in der Weimarer Republik, Köln und Berlin 1968; Blau, Sozialdemokratische Staatslehre, S. 62-214; Penski, Ulrich: Staat als soziale Demokratie. Zur staatstheoretischen Position Hermann Hellers, in: Reformsozialismus und Sozialdemokratie. Zur Theoriediskussion des Demokratischen Sozialismus in der Weimarer Republik, hg. v. Horst Heimann und Thomas Meyer, Berlin und Bonn 1982, S. 167-185; Albrecht, Stephan: Hermann Hellers Staats- und Demokratieauffassung, Frankfurt und New York 1983; Hebeisen, Michael Walter: Souveränität in Frage gestellt. Die Souveränitätslehren von Hans Kelsen, Carl Schmitt und Hermann Heller im Vergleich, Baden-Baden 1995.

planmäßigen, rechtsstaatlichen Organisation der Staatsgewalt und die auf Freiheitsverbürgung gerichtete Tendenz wechselseitig.«[252]

Die normative Begründung des Staates ist somit keine transzendentale, sondern sie resultiert aus den in Staatsgründung und -entwicklung wirksamen *Ideen*, die im demokratischen Rechtsstaat ihre Form in der Verfassung finden.

Die heute geläufige Verknüpfung von Hellers Position mit dem Begriff des *Sozialen Rechtsstaates* ergibt sich primär aus der Prominenz dieses Begriffes in der bundesrepublikanischen Diskussion (vgl. Art. 20 I und 28 I GG) und findet in seinen Schriften nur bescheidene Belege.[253] Entscheidend für sein Staatsverständnis bleibt das Postulat der *materialen Rechtsstaatlichkeit*, das im Gegensatz zu Kelsen das Recht an die normativen Vorstellungen der in einer Gesellschaft wirksamen sozialen Kräfte binden will.[254] Hier erscheint dann vor allem die von der Sozialdemokratie vertretene

»*soziale Idee* [als] die folgerichtige Fortführung der politischen zur wirtschaftlichen Demokratie. Die erstere hat die politischen Stände beseitigt, die letztere wendet sich gegen die politischen Klassen. [...] Sie will somit den reinen Rechtsstaat zum demokratisch-sozialen Wohlfahrtsstaat dadurch umwenden, daß sie die ›Anarchie der Produktion‹ durch eine gerechte Ordnung des Wirtschaftslebens zu ersetzen strebt und zu diesem Ziel das Privateigentum möglichst weitgehend beschränkt.«[255]

Diese »rechtsstaatliche Vergesetzlichung der Wirtschaft«[256] wird von Heller jedoch als ein sehr prekärer Prozeß aufgefaßt, in dem der Klassenkampf sich von neuem entfaltet:

252 Heller, Staatslehre, S. 273 (= Schriften 3, 388).

253 Soweit ich sehen kann, kommt die Wortverbindung ›sozialer Rechtsstaat‹ in Hellers ›Staatslehre‹ überhaupt nicht vor; sie findet sich sporadisch in seinen politischen Schriften, dort ausnahmsweise auch ›sozialistischer Rechtsstaat‹ oder ›Wohlfahrtsstaat‹; häufiger ist von ›sozialer Demokratie‹ die Rede. Vgl. auch Robbers, Gerhard: Hermann Heller: Staat und Kultur, Baden-Baden 1983, S. 68-71.

254 Daß hierbei Probleme auftauchen, die Kelsen klarer als Heller gesehen hat, zeigt Müller, Christoph: Kritische Bemerkungen zur Kelsen-Rezeption Hermann Hellers, in: Der soziale Rechtsstaat. Gedächtnisschrift für Hermann Heller 1891-1933, hg. v. Christoph Müller und Ilse Staff, Baden-Baden 1984, S. 693-722.

255 Heller, Hermann: Grundrechte und Grundpflichten, in: Schriften, Bd. 2, S. 281-317, Zitat S. 291.

256 Heller, Hermann: Rechtsstaat oder Diktatur? (1930), in: Schriften, Bd. 2, S. 443-462, Zitat S. 461.

»Der wirtschaftlich Schwache versucht mittels der Gesetzgebung, den wirtschaftlich Starken zu fesseln, ihn zu größeren sozialen Leistungen zu zwingen oder ihn gar aus dem Eigentum zu verdrängen. So hat der Kapitalismus das demokratische Prinzip zu Konsequenzen geführt, die dessen eigenen Schöpfer, das Bürgertum, in seiner Herrschaft bedrohen.«[257]

Und:

»Dieses Auseinanderklaffen von politischer und gesellschaftlich-wirtschaftlicher Macht ist ein Zustand, dem Dauer nicht beschieden sein kann. Entweder muß die Staatsgewalt durch eine eigene ökonomische Machtfundierung die Möglichkeit bekommen, sich gegenüber den privaten Wirtschaftseinflüssen politisch zu verselbständigen, oder der Kampf der Wirtschaftsleiter muß den wenigstens vorläufigen Erfolg haben, daß sie die demokratische Gesetzgebung zu ihren Gunsten beseitigen.«[258]

Anders als Sinzheimer sah Heller also nicht die Möglichkeiten eines wohlfahrtsstaatlichen Kompromisses, als pazifizierter, jedoch dauerhafter Spannung zwischen Kapital und Arbeit. Bezüglich der Wirtschafts- und Sozialverfassung bleibt Heller wesentlich unbestimmter als Hugo Sinzheimer, mit dem ihn viele Ausgangspunkte verbinden. Insbesondere fehlt ihm der Sinn für die unumgängliche Autonomie des Wirtschaftlichen, die den Ausgangspunkt des Sinzheimerschen Entwurfs eines ›sozialen Rechts‹ bildet. »In bezug auf alle diese Problemkreise lag Hellers Stärke mehr in der Analyse als in der Orientierung, mehr in der Kritik als in dem Aufzeigen praktikabler Alternativen. Was aber wiederum auf das engste mit dem Zustand der sozialdemokratischen Bewegung insgesamt verknüpft war.«[259]

3.3 ›Christliche Sozialreform‹ und das Scheitern korporatistischer Konfliktlösung

Eine *Strategie der Korporatisierung sozialer Konflikte* schwebte auch den Vertretern der katholischen Soziallehre vor, die in der Weimarer Zeit am ehesten eine mittlere Linie zwischen sozialde-

257 Heller, Rechtsstaat oder Diktatur, S. 448.
258 Heller, Staatslehre, S. 138 (= Schriften 3, 236). Heller hat den Aufstieg des Nationalsozialismus denn auch als bürgerliche Reaktion auf den Machtzuwachs der Arbeiterbewegung in der Weimarer Republik interpretiert.
259 Albrecht, Hermann Hellers Staats- und Demokratieauffassung, S. 197.

mokratischen Sozialisierungsbestrebungen auf der einen und den wirtschaftspolitisch motivierten Forderungen nach einer Einschränkung der ›sozialpolitischen Errungenschaften‹ auf der anderen Seite durchzuhalten wußten. Ihr stand auch der langjährige Reichsarbeitsminister Heinrich Brauns nahe.[260] Die katholische Soziallehre erkannte grundsätzlich das freie Unternehmertum und das Gewinnprinzip an, ordnete es jedoch dem obersten Wirtschaftszweck der Bedarfsdeckung unter. Eine »korporative Organisation der Volkswirtschaft« stellte die Fortentwicklung des berufsständischen Gedankens dar, der die *solidarische Gesellschaftsauffassung* der Katholiken im Gegensatz zum sozialistischen Klassenkampfdenken und zum individualistischen Konkurrenzdenken kennzeichnete, und die allgemeine Tendenz zur ›Verbandlichung‹ in der Weimarer Zeit schien dem Vorschub zu leisten.[261] Das Verhältnis von Staat und Gesellschaft und damit auch die Sozialpolitik sollte sich nach dem *Grundsatz der Subsidiarität* gestalten. So führte Theodor Brauer aus,

»daß die Verwirrung in unseren ganzen Verhältnissen von den gestörten Beziehungen zwischen Staat und Gesellschaft herkommt. Der moderne souveräne Staat kennt nur sich. Die gesellschaftlichen Gebilde aber haben sich in weitem Maße diesem staatlichen Egoismus angepaßt, indem sie auf Eigenständigkeit weitgehend Verzicht leisteten und sich dem Staat zu Füßen legten. Dies hängt wesentlich damit zusammen, daß alle neuzeitliche Gruppierung in erster Linie Interessengruppierung ist. [...] Der Staat treibt heute Sozialpolitik, als einen Teil seiner staatlichen Politik, nicht zur Unterstützung der Gesellschaft und ihres Gefüges, sondern mindestens teilweise zu deren Schwächung. [...] Der Staat steht sich am besten, der die Familie und die Gemeinde, der die Berufsgruppen und die Kirche leben und sich in möglichster Freiheit entfalten läßt. Er setzt damit Kräfte frei, die sich entfalten und entwickeln müssen und die, wenn er sie aus Egoismus unterdrückt, auf die Dauer sich notwendigerweise gegen ihn kehren müssen, sei es auch nur in der Art, daß sie sich mit ihren Bedürfnissen und Sorgen an ihn hängen – denn am Ende entwickeln sie sich zu ebenso vielen Blutsaugern, die ihm das Leben schwächen.«[262]

260 Vgl. Mockenhaupt, Hubert: Weg und Wirken des geistlichen Sozialpolitikers Heinrich Brauns, Paderborn 1977.

261 Vgl. prägnant Messner, Johannes: Um die katholisch-soziale Einheitslinie, Innsbruck und Wien 1930, insb. S. 44ff., Zitat S. 48. Für eine Korporatisierung der industriellen Beziehungen plädierte auch Mitscherlich, Waldemar: Moderne Arbeitersozialpolitik, Leipzig 1927.

262 Brauer, Theodor: Sozialpolitik und Sozialreform, Jena 1931, S. 82f.

Dieser in Deutschland vorherrschenden ›Mönchengladbacher Schule‹ des Sozialkatholizismus[263] stand eine romantisierende ›Wiener Schule‹ gegenüber. In Österreich hatte sich im Gefolge Adam Müllers und Carl von Vogelsangs eine am Gedanken der vordemokratischen, ständischen Repräsentation orientierte Gesellschaftsauffassung gehalten, der zufolge sich der Aufbau der nachfeudalen Gesellschaft aufgrund sozioökonomischer, insbesondere beruflicher Ähnlichkeiten in Analogie zu den älteren Ständen vollziehen müsse, um den Grundsätzen des Christentums gerecht zu werden und einen dritten Weg zwischen liberalem Individualismus und sozialistischem Kollektivismus zu finden. Dieser Richtung war auch die zeitgenössische Sozialpolitik suspekt. Sie setzte dem Begriff der ›Sozialpolitik‹ denjenigen der ›christlichen Sozialreform‹ entgegen:

»Die viel tiefer greifenden Fehlwirkungen der *Sozialpolitik ohne fest gegründete Sozialordnung* werden heute voll sichtbar: sie wird zu einem der Faktoren in der Kollektivierung des Menschen und der Gesellschaft. Die Sozialversicherungsträger sind infolge der gewaltigen Masse der Versicherten und den an sie gebundenen Interessen zu einer der *Sozialmächte* geworden, deren Bedeutung sich besonders dadurch erhöht, daß Gewerkschaften und Parteien mit sozialistischen Zielen darin ein Instrument für den Ausbau ihrer eigenen Stellung als Sozialmächte erblicken. Und die Sozialpolitik selbst wird ihnen zum Mittel der Herbeiführung der sozialistisch-planwirtschaftlichen Wirtschaftsordnung.«[264]

»Christliche Sozialreform« dagegen bestehe »in den Bestrebungen zur Lösung der sozialen Frage nach den christlichen Sozialprinzipien«.[265] Zu diesen gehörten die Ablehnung des kapitalisti-

263 Zusammenfassende Darstellungen des Sozialkatholizismus in seinem Verhältnis zur Sozialpolitik geben Briefs, Götz: Die wirtschafts- und sozialpolitischen Ideen des Katholizismus, in: Die Wirtschaftswissenschaft nach dem Kriege, Bd. 1, S. 195-226; Bauer, Clemens: Wandlungen der sozialpolitischen Ideenwelt im deutschen Katholizismus des 19. Jahrhunderts, in: Görres-Gesellschaft zur Pflege der Wissenschaft im katholischen Deutschland, Veröffentlichungen der Sektion für Wirtschafts- und Sozialwissenschaft 2 (1931), S. 11-46; Kaufmann, Christentum und Wohlfahrtsstaat, S. 108-115; Lindgens, Godehard: Die politischen Implikationen der katholischen Soziallehre, in: Pipers Handbuch der politischen Ideen, hg. v. Iring Fetscher und Herfried Münkler, Bd. 5, München 1987, S. 83-104.

264 Messner, Johannes: Die soziale Frage. (1934), 6. Aufl. Innsbruck 1956, S. 144f.

265 Messner, Die soziale Frage, S. 293.

schen Zinses und die Befürwortung von Produktivgenossenschaften, in denen die Arbeiter gleichzeitig Eigentümer ihres Betriebes sind.

Die ›Mönchengladbacher Richtung‹, die dem ›Volksverein für das katholische Deutschland‹ nahestand, akzeptierte dagegen die gegebene Form der Industrialisierung und der Demokratisierung und sah daher in der Sozialpolitik ein grundsätzlich zweckmäßiges Mittel zur Bekämpfung kapitalistischer Mißstände.[266] Allerdings reichte ihr eine an *Interessen* orientierte Perspektive nicht aus, und so forderte auch sie eine die gesamtgesellschaftlichen Belange stärker berücksichtigende ›Christliche Sozialreform‹.[267] Wissenschaftliche Grundlagen für eine »solidaristische« Wirtschafts- und Sozialordnung hat vor allem Heinrich Pesch zu legen versucht:

»Die wechselseitige Abhängigkeit von dem Wohlbefinden der anderen Menschen in der Gesellschaft ist indes kein *bloß faktisches* Verhältnis. Indem nämlich die Gegenseitigkeit und Gemeinschaft der Interessen in der menschlichen vernünftigen Natur als Forderung derselben begründet erscheint, stellt die Solidarität zugleich ein *sittliches* Verhältnis des Menschen zum Menschen dar. Selbst wenn der Untergang des Mitmenschen Vorteile brächte, darf man ihn nicht wollen, noch weniger herbeiführen. [...] Mag darum auch der einzelne seine eigenen Interessen ins Auge fassen, stets muß er zugleich Rücksicht nehmen auf die berechtigten Interessen anderer, die als Menschen alle Anspruch auf Glück, auf Wohlfahrt, auf die Früchte des gesellschaftlichen Lebens haben.«[268]

Ihren – allerdings konzeptuell veränderten – Niederschlag haben die Ideen der Betriebspartnerschaft in der Mitbestimmungsgesetzgebung nach dem Zweiten Weltkrieg gefunden.

Der Grundgedanke der korporatistischen Tarifautonomie konnte sich in der Weimarer Republik nicht durchsetzen. Ein staatlich administriertes Schlichtungswesen erschien bei der Härte der Auseinandersetzungen zwischen den Tarifpartnern als

266 Vgl. Höffner, Josef: Sozialreform, in: Staatslexikon, 6. Aufl., Bd. 7, Freiburg i. Br. 1962, Sp. 387-393.

267 Dipper, Sozialreform, S. 346-348, sieht in diesen Anstößen der katholischen Soziallehre das innovative Moment der Sozialreformdiskussion nach dem Ersten Weltkrieg.

268 Pesch, Heinrich: Lehrbuch der Nationalökonomie, 5 Bde., Freiburg 1904-1923; Zitat Bd. 1 (überarb. Aufl. 1924), S. 33.

einziger Ausweg.[269] Doch schließlich richtete sich der Kampf der Unternehmer auch gegen dieses Schlichtungswesen und führte zu dem rabiaten »Ruhreisenstreit« von 1928.[270] Die bald darauf einsetzende Weltwirtschaftskrise erschütterte die ohnehin labile deutsche Wirtschaft besonders und führte schließlich – in Kapitulation vor Finanzierungsproblemen der Arbeitslosenversicherung – zum Ende der demokratischen Regierungsfähigkeit und zum Übergang ins Präsidialregime.[271]

Weniger bedacht wurde ein zweiter Umstand, der das bisherige, an der Arbeiterfrage orientierte Konzept von Sozialpolitik in Frage stellte. Das Ende des Ersten Weltkriegs und die anschließende Inflation und Währungsreform hatten *neue soziale Problemlagen* entstehen lassen. Diese betrafen nun nicht mehr nur die Arbeiterbevölkerung, sondern auch den durch die Entwertung seiner Besitztitel verarmten Mittelstand. Hinzu kamen die Kriegsopfer sowie viele diffuse Problemlagen, insbesondere auch unter den Jugendlichen. Diesen neuen sozialen Problemen wurde überwiegend zunächst auf lokaler Ebene begegnet, ja es entwickelte sich in der Zwischenkriegszeit insbesondere auf den Gebieten des Gesundheitswesens, des Wohnungswesens und der Wohlfahrtspflege so etwas wie eine *kommunale Sozialpolitik*, die jedoch nicht unter diesem Begriff gefaßt wurde.[272] Allmählich wurden die neuen Problemlagen auch Gegenstand reichsweiter Regelungen. Soweit die soziale Frage nicht staatspolitisch, sondern sozialethisch gefaßt wurde, konnte zudem nach dem Ersten Weltkrieg nicht mehr von einer *besonderen* Benachteiligung der Arbeiterschaft die Rede sein. Trotz dieser faktischen und norma-

269 Vgl. Richter, Lutz: Zur staatstheoretischen Bedeutung der sozialpolitischen Schlichtung, Leipzig 1932; Hartwich, Arbeitsmarkt, S. 23-44.

270 Vgl. Feldman, Gerald D. und Irmgard Steinisch: Notwendigkeit und Grenzen sozialstaatlicher Intervention. Eine vergleichende Fallstudie des Ruhreisenstreits in Deutschland und des Generalstreiks in England, in: Archiv für Sozialgeschichte (1980), S. 57-117.

271 Vgl. Timm, Helga: Die deutsche Sozialpolitik und der Bruch der großen Koalition im März 1930, Düsseldorf 1952; Maurer, Ilse: Reichsfinanzen und große Koalition. Zur Geschichte des Reichskabinetts Müller (1928-1930), Frankfurt/M. 1973.

272 Vgl. Rudloff, Wilfrid: Die Wohlfahrtsstadt: Kommunale Ernährungs-, Fürsorge- und Wohnungspolitik am Beispiel Münchens 1910-1933, 2 Bde., Göttingen 1998; Sachße, Christoph und Florian Tennstedt: Geschichte der Armenfürsorge in Deutschland, Bd. 2: Fürsorge und Wohlfahrtspflege 1871-1929, Stuttgart 1988, S. 184-202.

tiven Problemverschiebungen vermochten sich die meisten Theoretiker der Sozialpolitik in der Weimarer Zeit nicht vom Fokus der Arbeiterfrage zu lösen.[273]

Grund besonderer Verunsicherung warf schließlich die »bange Frage auf, ob sich jener Begriff der Sozialpolitik, der mit einer auf das Gesamtinteresse abgestellten sozialen Ethik operierte, überhaupt noch halten lasse, nachdem jener Faktor, der vordem dieses Gesamtinteresse verkörpert und den im Wirtschaftsleben gegeneinander wirkenden Kräften gegenüber kraftvoll zur Geltung gebracht hatte, der Staat, völlig in den Bannkreis der übermächtig gewordenen Interessenverbände geraten zu sein schien«.[274] Diese Frage rührte an die Substanz der herkömmlichen und zumal der protestantisch-bürgerlichen Legitimationen der sozialpolitischen Intervention.

3.4 Reaktionen der wissenschaftlichen Sozialpolitik

Die skizzierte Verschiebung in der sozialpolitischen Problemwahrnehmung, aber auch die zunehmende Institutionalisierung der Sozialpolitik als eigenständige Disziplin im Rahmen der sich ausdifferenzierenden Wirtschafts- und Sozialwissenschaften[275] führten in den zwanziger Jahren zu einem Reflexionsschub, der sich vor allem als Debatte um den *Begriff der Sozialpolitik* äußerte. Damit war allerdings die von Marr schon 1923 klarsichtig diagnostizierte »seit bald 30 Jahren ständig *wachsende Divergenz zwischen sozialer Erkenntnis und sozialpolitischem Handeln*«[276] nicht zu beheben. Sieht man von dem wohl hauptursächlichen Fortgang der strukturellen Differenzierung zwischen Politik und Wissen-

273 Eine Ausnahme bildet hier Othmar Spann, der schon vor dem Ersten Weltkrieg forderte, »daß die auf die Erziehung und Familie gerichtete Sozialpolitik als ein selbständiges, vollwertiges System von Maßnahmen neben jede andere Gruppe sozialpolitischer Hilfseinrichtungen zu stellen« sei. Spann, Othmar: Die Erweiterung von Sozialpolitik durch die Berufsvormundschaft, in: Archiv für Sozialwissenschaft und Sozialpolitik 34 (1912), S. 505-561.

274 Pribram, Die Wandlungen, S. 252.

275 Zu deren Systematisierung vgl. Mayr, Georg von: Begriff und Gliederung der Staatswissenschaften. Zur Einführung in deren Studium, 4. Aufl. Tübingen 1921.

276 Marr, Zur Krise, Sp. 571.

schaft ab, so hätte es zur Reduzierung dieser Divergenz von seiten der Sozialwissenschaften zweierlei bedurft: Zum einen auf der Policy-Ebene der Ausarbeitung von »Kunstlehren«, d. h. von konkreten Problemanalysen im Kontext spezifischer institutioneller Zusammenhänge unter dem Gesichtspunkt von Zwecken und Mitteln;[277] zum anderen hätte es im Hinblick auf die ›großen‹ sozialpolitischen Fragen (*politics*) der Gesellschaftsanalyse im Horizont einer zu entwickelnden Theorie des Verhältnisses von sozialwissenschaftlicher Reflexion und politischem Handeln bedurft.

277 Der Begriff ›Kunstlehre‹ geht auf die Unterscheidung zwischen ›scientia‹ und ›ars‹ zurück und wurde seit dem 19. Jahrhundert verwendet; beim hier maßgeblichen Max Weber (Die ›Objektivität‹, S. 186) hat ›Kunstlehre‹ den Sinn einer naturwissenschaftlich fundierten medizinischen ›Technologie‹. Diesen Ausdruck einer »glaubensfrohen Stimmung des naturalistischen Monismus« (ebd.) hielt Weber jedoch in den Sozialwissenschaften infolge der aller Sozialpolitik zugrundeliegenden Wertkonflikte für unmöglich. – Zwiedineck-Südenhorst dagegen nahm den Begriff programmatisch auf: »Sozialpolitik ist als Feld der Betätigung menschlichen Forschens keine Wissenschaft im strengen Sinne dieses Wortes, sondern eine Kunstlehre. Aber sie kann, und wenn sie rationell sein will, muß sie wissenschaftliche Wege gehen, sie muß die Leistungen der Wissenschaften, die in ihren Wirkungsbereich fallen, ausnutzen.« Im Anschluß an Weber formulierte er sodann zwei wissenschaftliche Aufgaben: »1. Die Prüfung der Tauglichkeit der Mittel, die zur Erreichung der gewollten Zwecke dienen, im Zusammenhang damit die Feststellung möglichst aller, nicht allein der beabsichtigten Folgen, die eintreten *können*. [...] 2. Eine wissenschaftliche Aufgabe wird schließlich doch sogar die *Kritik der sozialpolitischen Ideale*. Diese können und müssen geprüft werden, wie M. Weber sagt, an dem Postulat der inneren Widerspruchslosigkeit des Gewollten.« Zwiedineck-Südenhorst, Sozialpolitik, S. 62 und 66. – Der Terminus ›Kunstlehre‹ wurde in den Begriffsdiskussionen der 20er Jahre wiederholt aufgenommen; vgl. hierzu Kleinhenz, Gerhard: Probleme wissenschaftlicher Beschäftigung mit der Sozialpolitik. Dogmengeschichtlicher Überblick und Entwurf eines Wissenschaftsprogramms für die Theorie der Sozialpolitik, Berlin 1970, S. 44f., 52f. Er hat auch nach dem Zweiten Weltkrieg noch eine gewisse Rolle gespielt; vgl. etwa Weddigen, Walter: Die Aufgaben der Sozialpolitik, in: Soziale Welt 3 (1951/52), S. 156-163, hier S. 161: »Die Wissenschaft ›Sozialpolitik‹ ist eine *praktische*, d. h. eine angewandte Disziplin, eine sogenannte Kunstlehre. Während die systematisierend-theoretischen Wissenschaften bekanntlich ein System möglichst allgemeingültiger Gesetze und Regeln über ihr Erkenntnisobjekt aufzustellen suchen, macht es sich [...] die Sozialpolitik als Wissenschaft zur Aufgabe, der sozialpolitischen Praxis die Wege zu ihren Zielen zu weisen.« Siehe auch Wiese, Leopold von: Sozialpolitik III: Sozialpolitik als Wissenschaft, in: Handwörterbuch der Sozialwissenschaften, Bd. 9, S. 547-554.

Erste Ansätze hierzu finden sich in der zu besprechenden Literatur, doch haben sie nur selten zu zeitbezogenen Analysen geführt.[278]

3.4.1 *Begriffsdiskussionen*

Offensichtlich hatte sich »die *Vulgärauffassung* des Begriffes Sozialpolitik [...] als den Inbegriff derjenigen innenpolitischen Maßnahmen, welche seit dem Beginn der proletarischen Bewegung ergriffen sind, um die andrängende Lohnarbeiterschaft zu befriedigen oder wenigstens zu beruhigen«,[279] überlebt. Aber auch die wissenschaftlichen Begriffsbestimmungen der Vorkriegszeit wurden in der nun einsetzenden Begriffsdiskussion nachhaltig kritisiert. Der Umfang dieser Diskussion,[280] die weit-

278 Natürlich gab es vielfältige wissenschaftliche Stellungnahmen zu sozialpolitischen Einzelproblemen, die hier jedoch nicht berücksichtigt werden können. Beachtlich war insbesondere die Entwicklung einer eigenständigen Arbeitsrechtswissenschaft durch Sinzheimer und andere; vgl. Kaskel, Walter: Das neue Arbeitsrecht, Berlin 1920; Sinzheimer, Grundzüge des Arbeitsrechts. – Auch auf die bedeutenden finanzwissenschaftlichen Abhandlungen von Goldscheid, Schumpeter und Sultan kann nur verwiesen werden: Die Finanzkrise des Steuerstaats. Beiträge zur politischen Ökonomie der Staatsfinanzen: Rudolf Goldscheid, Joseph A. Schumpeter, hg. v. Rudolf Hickel, Frankfurt/M. 1976; Sultan, Herbert: Die Staatseinnahmen. Versuch einer soziologischen Finanztheorie als Teil einer Theorie der politischen Ökonomie, Tübingen 1932

279 Sombart, Ideale, S. 3.

280 Vgl. insbesondere Adler Max: Über den Begriff der Sozialpolitik, in: Der Kampf 20 (1927), S. 379-386; Albrecht, Gerhard: Wandlungen in Wesen und Aufgaben der Sozialpolitik, in: Jahrbuch für Nationalökonomie und Statistik 128 (1928 I), S. 181-206; Amonn, Alfred, Der Begriff; ders.: Sozialpolitik als Wissenschaft, in: Schmollers Jahrbuch für Wirtschafts- und Sozialwissenschaften 50 I (1926), S. 417-458; Balas, Karl von: Die Grundlage der Sozialpolitik, Jena 1926; Bauer-Mengelberg, Käthe: Thema ›Soziologie und Sozialpolitik‹, in: Soziale Praxis 34 (1925), Sp. 701-704; Bloch, Kurt: Über den Standort der Sozialpolitik, Diss. München 1932; Brauer, Sozialpolitik und Sozialreform; Geck, L. H. Ad[olph]: Staatliche Sozialpolitik – Gesellschaftspolitik – Betriebliche Sozialpolitik, in: Soziale Praxis 40 (1931), Sp. 46-51, 82-87; Günther, Adolph, Sozialpolitik; ders. und Heyde, Ludwig: Soziologie und Sozialpolitik (mit anschließenden Diskussionsbeiträgen von v. Bortkiewicz, Pribram, Adler u. a.), in: Verhandlungen des Vierten Deutschen Soziologentages am 29. und 30. September 1924 in Heidelberg, Neudruck Frankfurt/M. 1969, S. 8-117; Günther, Ernst: Sozialpolitik, Berlin und Wien 1930; Heimann, Edu-

gehend folgenlos endete, läßt es nicht ratsam erscheinen, hier ins Detail zu gehen.[281] Bemerkenswert ist jedoch, wie sich in den zwanziger Jahren eine vergleichsweise intensive wissenschaftliche Diskussion um ›Sozialpolitik‹ entwickelte, die offensichtlich auch mit dem Bemühen zu tun hatte, *Sozialpolitik als eigenständige wissenschaftliche Disziplin zu konsolidieren.*

Hatte Lorenz von Stein ›Sozialpolitik‹ noch als Teil der Ver-

ard: Marktwirtschaft, Klassengesellschaft und Sozialpolitik. Über die wissenschaftliche Grundlegung der Sozialpolitik und ihr Schrifttum, in: Kölner sozialpolitische Vierteljahresschrift 3 (1924), S. 45-71; ders. und Weber, Adolf: Grundlagen und Grenzen der Sozialpolitik, in: Verhandlungen des Vereins für Sozialpolitik in Königsberg 1930, München und Leipzig 1931, S. 23-82; Heyde, Ludwig: Abriß der Sozialpolitik, Leipzig 1920 (12. Aufl. Heidelberg 1966); Hilberath, Leo: Neuere Definitionen; Klotz, Walther: Zur Begriffsbestimmung der Sozialpolitik. Ein Beitrag zur Grundlegung der Sozialpolitik als Wissenschaft, Leipzig 1927; Lütge, Der Begriff Sozialpolitik; Nelson, Leonhard: Philosophische Vorfragen der Sozialpolitik, in: Wirtschaft und Gesellschaft, Festschrift Franz Oppenheimer, Frankfurt/M. 1924, S. 23-78; Pieper, Josef: Thesen zur sozialen Politik (1933), Frankfurt/M. 1947; Pribram, Karl: Die Wandlungen; ders.: Begriff und Aufgaben der Sozialpolitik und die Soziologie, in: Soziale Praxis 34 (1925), Sp. 2-4, 36-37, 53-56, 80-81, 95-96; ders.: Zum Thema ›Soziologie und Sozialpolitik‹, in: Soziale Praxis 34 (1925), S. 957-960; ders.: Die Sozialpolitik als theoretische Disziplin, in: Archiv für Sozialwissenschaft und Sozialpolitik 55 (1926), S. 577-629; ders.: Deutungen der Sozialpolitik, in: Schmollers Jahrbuch 56 I (1932), S. 177-210; Spann, Othmar: Die Krise der Sozialpolitik und ihre Lösung in der ständischen Wirtschaftsverfassung, in: Ständisches Leben 1 (1931), S. 2-16; Spindler, Lore: Zur Begriffsbestimmung der Sozialpolitik und Wohlfahrtspflege, in: Kölner Vierteljahreshefte für Sozialwissenschaften 1 (1922), S. 58-67; Voss, W[erner]: Sozialpolitik als Wissenschaft. Eine Untersuchung über Objekt, Aufgaben und Methoden der Sozialpolitik, Jena 1925; Weber, Adolf: Sozialpolitik. Reden und Aufsätze, München und Leipzig 1931; Weddigen, Walter: Sozialpolitik als Wissenschaft, in: Archiv für Sozialwissenschaft und Sozialpolitik 64 (1930), S. 510-546; ders.: Sozialpolitik. Eine Einführung in Theorie und Praxis, Jena 1933; Westphalen, F[erdinand] A.: Die theoretischen Grundlagen der Sozialpolitik, Jena 1931; Wiese, Leopold von: Art. Sozialpolitik, in: Handwörterbuch der Staatswissenschaften, 7. Band, S. 612-622; Wilbrandts, Robert: Zur systematischen Begründung der Sozialpolitik, in: Kölner sozialpolitische Vierteljahresschrift 5 (1926), S. 5-34; Wunderlich, Frieda: Nelsons Sozialpolitik, in: Soziale Praxis 33 (1924), Sp. 1001-1004, 1037-1040, 1052-1054; Wyott, F.: Die theoretischen Grundlagen der Sozialpolitik, eine ideengeschichtliche Untersuchung, Diss. Gießen 1927; Zwiedineck-Südenhorst, Zum Schicksal, S. 108-117.

281 Einen systematisierenden Überblick gibt Kleinhenz, Probleme wissenschaftlicher Beschäftigung, S. 28-57.

waltungswissenschaft behandelt, so wurden sozialpolitische Fragen in der Folge im Rahmen von Lehrbüchern der ›Volkswirtschaftspolitik‹ oder der ›Praktischen Volkswirtschaftslehre‹ abgehandelt. Sozialpolitik war also bis zum Ersten Weltkrieg im wesentlichen eine Domäne der Ökonomen, die, soweit sie der ›ethischen Nationalökonomie‹ nahestanden, ohnehin keinen systematischen Unterschied zwischen Wirtschafts- und Sozialpolitik sahen. Mit der Wendung der deutschen Nationalökonomie zu den Fragestellungen der Klassik und der Neoklassik sowie einer partiellen Renaissance liberalen Gedankenguts wurde die Sozialpolitik in der Wirtschaftswissenschaft marginal.[282] Allerdings vollzog sich diese Wendung sehr allmählich, und auch in der Weimarer Zeit blieb der Einfluß historischer Orientierungen im Grenzbereich von Ökonomie und Soziologie (bzw. der ›Sozialökonomie‹) beachtlich. Das Leitbild einer »Einheit der Sozialwissenschaften« blieb in Deutschland bis nach dem Ende des Zweiten Weltkriegs bestehen und hat sich erst unter dem Einfluß der angelsächsischen Ökonomie und Soziologie aufgelöst.[283] Auch wenn in der Weimarer Zeit deutlichere Affinitäten zwischen wissenschaftlicher Sozialpolitik und Soziologie hervortraten,[284] ist dies deshalb nicht als eine Abwendung von den Wirtschaftswissenschaften zu interpretieren. Die Selbstverständigungsprozesse unter den akademischen Sozialpolitikern blieben im wesentlichen dem *einheitswissenschaftlichen Denken* verhaftet.

Tragfähig erschien in diesem Zusammenhang nach wie vor der

282 Zu dieser Entwicklung Kurz, Heinz D.: Die deutsche theoretische Nationalökonomie zu Beginn des 20. Jahrhunderts zwischen Klassik und Neoklassik, in: Studien zur Entwicklung der ökonomischen Theorie VIII, hg. v. Bertram Schefold, Berlin 1989, S. 11-61.

283 Vgl. Häuser, Karl: Das Ende der historischen Schule und die Ambiguität der deutschen Nationalökonomie in den Zwanziger Jahren, in: Geisteswissenschaften zwischen Kaiserreich und Republik. Zur Entwicklung von Nationalökonomie, Rechtswissenschaft und Sozialwissenschaft im 20. Jahrhundert, hg. v. Knut Wolfgang Nörr, Bertram Schefold und Friedrich Tenbruck, Stuttgart 1994, S. 47-74, sowie weitere Beiträge in diesem Band. Für Kontinuitäten im Bereich des Verhältnisses von Finanz- und Marktwirtschaft vgl. Schulz, Frank: Zur Dogmengeschichte der funktionalen Finanzwirtschaftslehre, Berlin 1987, S. 149-188.

284 Unter den Soziologen haben neben Leopold von Wiese und Götz Briefs vor allem Alfred Weber und Ferdinand Tönnies wiederholt über sozialpolitische Themen publiziert; ferner Oppenheimer, Franz: Die soziale Frage und der Sozialismus, Jena 1912.

schon von Lorenz von Stein angedeutete und von Sombart und von Bortkiewicz auf unterschiedliche Weise entwickelte Gedanke, *daß Sozialpolitik es mit dem staatlichen Verhalten hinsichtlich sozialer Klassenkonflikte zu tun habe*.[285] Damit wurden die in der Nachkriegszeit besonders zahlreichen Maßnahmen zur Behebung wirtschaftlicher und sozialer Not aus dem Begriff Sozialpolitik ausgeklammert und statt dessen dem ›Armenwesen‹ oder der ›Wohlfahrtspflege‹ zugeordnet.

Einen für neue Problemgruppen offenen ›gesellschaftstheoretischen‹ Anlauf hatte bereits vor dem Ersten Weltkrieg *Zwiedineck-Südenhorst* genommen. Ähnlich wie schon Herkner im Aufbau seiner ›Arbeiterfrage‹ unterschied er zwischen Maßnahmen und Zielvorstellungen, d. h. der »nackten Darstellung alles dessen, was als Sozialpolitik in die Erscheinung tritt, und [...] einer Auseinandersetzung über das, was in sozialen Dingen sein soll, also Ideen von der gesellschaftlich richtig gestalteten Politeia und von dem, was zu ihrer Herbeiführung zu geschehen habe«.[286] Zwiedineck-Südenhorst war jedoch der erste, der diese Fragestellung auf eine *soziologische* Grundlage zu stellen suchte, indem er seine Definition von Sozialpolitik auf einer »Theorie der Vergesellschaftung« aufbaute, die von der zunehmenden Arbeitsteilung und beruflichen Spezialisierung einerseits und von der politischen Gemeinschaftsbildung andererseits ausging. Im weiteren Sinne erschien ihm Sozialpolitik als *»die auf Sicherung fortdauernder Erreichung der Gesellschaftszwecke gerichtete Politik«*,[287] wobei ihm im Anschluß an Albert Schäffle der »Zweck der Gesellschaft in dem Fortschreiten der Menschheit in der Richtung der Zivilisation, [in der] möglichst umfassenden Teilhaftmachung der Gesamtheit an den die Gesittung fördernden Gütern und Lei-

285 Franz Hitze hatte schon 1880 die Lösung der sozialen Frage als ›Frage der Vergesellschaftung‹ bestimmt, »als die Frage, wie die bestehende gesellschaftliche Ordnung, die Ordnung von Kapital und Arbeit umzugestalten, zu reorganisieren sei, um der steigenden Zerklüftung der Gesellschaft ein Ziel zu setzen, die gegensätzlichen Kräfte wieder in Gleichgewicht und Harmonie zu bringen«. Hitze, Kapital und Arbeit, S. III.

286 Zwiedineck-Südenhorst, Sozialpolitik, S. III. Zu Zwiedineck-Südenhorst vgl. Neuloh, Otto: Mensch und Gesellschaft im Leben und Denken von Zwiedineck-Südenhorst, in: Zwiedineck-Südenhorst, Mensch und Gesellschaft, S. 21-87.

287 Zwiedineck-Südenhorst, Sozialpolitik, S. 38.

stungen unter Heranziehung aller verfügbaren Kräfte«[288] zu liegen schien. Als größte Gefährdung der ›Gesellschaftszwecke‹ erschien ihm daher der Klassen*kampf*, also eine über den unvermeidlichen Interessengegensatz hinausreichende Bekämpfung einer anderen Klasse, *um sie zu schwächen*. Diese im gemeinsamen Interesse schädlichen Konflikte zu vermeiden war ihm die zentrale Aufgabe jeglicher Sozialpolitik, als deren Träger er nicht nur staatliche, sondern auch gesellschaftliche Akteure anerkannte. Sozialpolitik im engeren Sinne bezog er sodann auf den spezifischen Konflikt zwischen Kapital und Arbeit.

Dieser *gleichzeitig klassentheoretische wie auch integrationstheoretische Ansatz* kann am ehesten als dominierendes Paradigma in der von sozialistischen (z. B. Adler) bis zu organizistischen (z. B. Spann, Westphalen) Positionen reichenden Diskussion um den Begriff der Sozialpolitik gelten. Er wurde insbesondere durch Amonn, Wiese und den einflußreichen Heyde aufgenommen und von Weddigen noch nach dem Zweiten Weltkrieg vertreten.[289] Seine spezifische Rationalität erhellt sich aus folgendem Zitat eines Juristen:

»Der [staatstheoretische] Sinn der Sozialpolitik liegt darin, daß sie versucht, der Spannung und Spaltung entgegenzuwirken, die sich innerhalb jedes gesellschaftlichen Verbandes aus der verschiedenen Lage und dem [...] Streben der in ihm vorhandenen, ihn bildenden Gruppen entwickelt und ihn zu vernichten droht. Damit ist zugleich angedeutet, daß die Sozialpolitik sich nicht auf die Ebene des Wirtschaftlichen beschränken kann und daß ihre Behandlung nicht nur Sache der Wirtschaftswissenschaft ist. *Für den von Spannungen bedrohten Verband ergibt sich die innere Notwendigkeit, Sozialpolitik zu treiben.* Insbesondere der Staat, der seinen Be-

288 Zwiedineck-Südenhorst, Sozialpolitik, S. 7. Ähnlich, jedoch weniger fortschrittsorientiert Balas, Die Grundlage, S. 1: »Das höchste Interesse der Gesellschaft liegt in der größtmöglichen Wohlfahrt der Menschheit innerhalb des Staates, der Nation, der Gesellschaft. Diese Wohlfahrt wird durch das bei immer mehr Mitgliedern der Gesellschaft vorwaltende Gefühl der Zufriedenheit gekennzeichnet, welches sich im Laufe der Entwicklung durch das Zusammentreffen der entsprechenden Befriedigung ihrer physiologischen und geistigen Bedürfnisse herausbildet.«

289 »Der Begriff der Sozialpolitik als Tätigkeit [umfaßt] die Maßnahmen, die zur Wahrung von Gemeinschaftszwecken auf eine Beeinflussung des Verhältnisses von Gesellschaftsgruppen, insbesondere von Ständen, Klassen oder Kasten, zueinander und zum Gesellschaftsganzen gerichtet sind.« Weddigen, Walter: Grundzüge der Sozialpolitik und Wohlfahrtspflege, Stuttgart 1957, S. 1.

stand aufrecht erhalten will, muß sozialpolitisch handeln, und sein sozialpolitisches Handeln ergreift unmittelbar sein eigenstes Wesen; es ist im höchsten Sinne politisches Handeln. Insofern ist auch die Schlichtung eine politische Funktion. Auch mit ihr dient der Staat seiner Daseinsbehauptung.«[290]

Gegen Ende der Weimarer Zeit trat der Klassenaspekt zurück, und die Integrationsproblematik verband sich noch stärker mit dem Ruf nach einem ›starken Staat‹ sowie nach einer Lösung der sozialen Frage im Rahmen *betrieblicher Sozialpolitik*.[291] Zudem gewannen die bereits seit dem Jahrhundertbeginn diskutierten vererbungs- und rassenhygienischen Argumente an Einfluß.[292] Damit waren auch bereits Plausibilitätsstrukturen geschaffen, die ziemlich bruchlos in das Sozialpolitikverständnis der Nationalsozialisten überleiteten.[293]

Die bereits auf die Simmelsche Differenzierungstheorie[294] zurückgreifenden Ausführungen Zwiedineck-Südenhorsts erscheinen aus heutiger Sicht noch undifferenziert, enthalten aber bereits das *Leitbild der Inklusion*, das die Wohlfahrtstaatstheorie der jüngsten Zeit bestimmt. Gegen den Begriff der ›Gesellschaftszwecke‹ erscheint grundsätzlich derselbe Einwand wie gegen das Sombartsche Produktivitätsideal möglich: Handelt es sich um mehr als um die wissenschaftlich verbrämte Perspektive einer Einzelwissenschaft, hier also der Soziologie? Der wissenschaftsimmanente Versuch der Begründung eines ›gesamtgesellschaftlichen‹ Konsenses bleibt genauso von ›gesamtgesellschaftlicher‹ Akzeptanz abhängig wie alle anderen Vorschläge eines ›Grundkonsenses‹. »Der Begriff der Gesellschaft ist viel zu unbestimmt, als daß er für eine klare Begriffsbestimmung überhaupt

290 Richter, Zur staatstheoretischen Bedeutung, S. 20f.

291 Vgl. Geck, Staatliche Sozialpolitik; Albrecht, G[erhard]: Sozialpolitik gestern und heute, in: Soziale Praxis 39 (1930), Sp. 886-889.

292 Vgl. Sachße und Tennstedt, Geschichte der Armenfürsorge, Bd. 2, S. 136ff.

293 Hierzu zusammenfassend Krohn, Claus-Dieter: Die Krise der Wirtschaftswissenschaft in Deutschland im Vorfeld des Nationalsozialismus, in: Leviathan 13 (1985), S. 311-333; Sachße, Christoph und Florian Tennstedt: Geschichte derArmenfürsorge in Deutschland, Bd. 3: Der Wohlfahrtsstaat im Nationalsozialismus, Stuttgart 1992, S. 18-97.

294 Simmel Georg: Über sociale Differenzierung. Sociologische und psychologische Untersuchungen, in: Georg Simmel, Gesamtausgabe, Bd. 2, Frankfurt/M. 1989, S. 109-295.

verwendbar wäre.«[295] Der Hinweis auf die (national-)gesellschaftliche Integrationsproblematik als Bezugsproblem der wissenschaftlichen Sozialpolitik wird verständlicher, wenn man den auch in der Zwischenkriegszeit dominierenden ›Kollektivismus‹ im sozialwissenschaftlichen Denken berücksichtigt, der auffallend mit den individualistischen Sozialtheorien des angelsächsischen Raums kontrastiert.[296]

Über die Illusion eines ›archimedischen Punktes‹ wissenschaftlicher Unabhängigkeit ist jedoch das sozialwissenschaftliche Denken in der Weimarer Zeit nicht wesentlich hinausgekommen. In den Fallstricken semantischer Differenzierungen blieben bereits viele Versuche einer Begriffsbestimmung von Sozialpolitik stecken.[297] Wo definitorische Eingrenzungen versucht wurden, liefen die Bestimmungsversuche vielfach auf Gegensätze hinaus, die dem distanzierten Beobachter heute lediglich als unterschiedliche Perspektiven oder aber als Ausdruck unterschiedlicher politischer Orientierungen erscheinen; beispielsweise: Sozialpolitik als Komplex politischer Maßnahmen oder als politische Intention? Sozialpolitik als Wirtschafts- oder Gesellschaftspolitik?[298] Staatszentrierte oder gesellschaftszentrierte Sozialpolitik? Sozialpolitik als Gestaltung oder als Ergänzung des Wirtschaftslebens? Arbeitersozialpolitik oder Konsumentenpolitik? Produktionsorientierte oder verteilungsorientierte Sozialpolitik? Gegenwartsorientierte oder zukunftsorientierte Sozialpolitik? *Die Zahl der begriffsrelevanten Gesichtspunkte blieb stets größer als jede mögliche theoretische Perspektive.* Treffend wurde denn auch das

295 Pribram, Die Deutungen, S. 23; ähnlich Wiese, Art. Sozialpolitik, S. 616.

296 Vgl. Acham, Karl: Der ›Kollektivismus‹ als Problem der Soziologie im deutschen Sprach-Kulturraum, in: Geisteswissenschaften, S. 317-334; Backhaus, Jürgen: Wirtschaftsverfassung und ordnungspolitische Grundvorstellungen im nationalökonomischen Denken der zwanziger Jahre, in: Geisteswissenschaften, S. 403-421.

297 Ein frühes Beispiel für diese Art des Bemühens bietet Wiese, Einführung, S. 7ff. Hier auch bereits die Tendenz zu einer uferlosen Begriffserweiterung, die ebenfalls bei Heyde und am ausgeprägtesten bei A. Günther anzutreffen ist.

298 »[...] niemals [wurde] ernstlich der Versuch gemacht [...], die außerhalb des Wirtschaftslebens gelegenen Gebiete der Politik, auf die sich nach übereinstimmender Meinung der meisten Autoren die Sozialpolitik ebenfalls erstreckt – Rechtspolitik im weitesten Sinne, Unterrichtspolitik und dgl. – in systematische Bearbeitungen jenes Wissensgebietes einzubeziehen.« Pribram, Die Wandlungen, S. 243.

Verhältnis von Soziologie und Sozialpolitik als eine »Permutationsaufgabe von nicht übersehbaren Resultaten« bezeichnet.[299] Es sollte jedoch meist *eine*, zentrale Perspektive sein, nach der gesucht wurde, weil man glaubte, nur so die fachspezifische Autonomie begründen zu können.[300]

Gegen Ende der Weimarer Zeit wurden Ansätze zu einer reflektierteren Betrachtungsweise sichtbar. So spezifizierte beispielsweise Zwiedineck-Südenhorst die Aufgaben wissenschaftlicher Sozialpolitik als Zweck-Mittel-Lehre: »Es ist eben das Schicksal der Wissenschaft, daß sie als solche im wesentlichen nie viel mehr sagen kann und deshalb auch nicht mehr sagen darf als: *Sage mir, welches Ziel Du verfolgst, und ich will Dir sagen, ob die Mittel, die Du dafür einsetzest, geeignet sind, Dich dahin zu führen.*«[301] Eine dynamische Betrachtungsweise von Sozialpolitik postulierte Gerhard Albrecht.[302] Scharf ging Hilberath mit allen Definitionen ins Gericht, die eine spezifische Zielsetzung oder Intention zum Begriffsmerkmal erhoben: »Fast alle Autoren, die ein Lehrbuch über ›Sozialpolitik‹ herausgebracht haben, definieren in einem *theoretischen* Teil den Begriff der ›Sozialpolitik‹ sehr vieldeutig. Im *praktischen* Teil der Lehrbücher aber *beschränkt* man sich sonderbarerweise auf den ›Arbeitsschutz‹, ohne sich um die aufgestellte Definition im geringsten zu kümmern.«[303] Deutlich wird auch eine Abkehr von der klassenspezifischen Spezifikation von Sozialpolitik und eine stärkere Zuwendung zu umfassenderen Wohlfahrtsgesichtspunkten.[304] Noch heute interessant ist die von der ›Gesellschaft für soziale Reform‹ angestoßene Dis-

299 Bauer-Mengelberg, Thema, Sp. 701.

300 Natürlich finden sich auch Darstellungen der Sozialpolitik, die auf eine einheitliche Perspektive verzichten und entweder induktiv-deskriptiv vorgehen oder gerade die Pluralität der Motive und Träger betonen, so z. B. Rauecker, Bruno: Einführung in die Sozialpolitik, Berlin 1926.

301 Zwiedineck-Südenhorst, Otto von: Sozialpolitik, Wissenschaft und Symbolik, in: Mensch und Gesellschaft, S. 172-185, Zitat S. 181.

302 Vgl. Albrecht, Wandlungen.

303 Hilberath, Neuere Definitionen, S. 284.

304 So etwa Adolf Weber, Grundlagen und Grenzen, S. 25: »Sozialpolitik ist der Inbegriff von Maßnahmen und Einrichtungen, die im Interesse der Gesellschaft die Gemeinschaft, die Freiheit, die Würde des arbeitenden Menschen fördern sollen in Verbindung mit nachhaltiger Verbesserung ihres Verhältnisses zur Güterwelt.« Vgl. auch Balás, Die Grundlage, mit Ansätzen zu einer institutionen- und ordnungstheoretischen Argumentation.

kussion um den *wirtschaftlichen Wert der Sozialpolitik*, die ältere Überlegungen Rudolf Goldscheids[305] aufnahm und die humankapitaltheoretische Diskussion nach dem Zweiten Weltkrieg antizipierte.[306] Mit diesen Ausweitungen der Fragestellung ging allerdings auch der staatspolitische Bezug verloren, der noch am ehesten geeignet war, den vorherrschenden intentionalen Definitionen eine gewisse Kohärenz zu vermitteln. Eine Problematisierung der Staatszentriertheit des deutschen Begriffs der Sozialpolitik erfolgte auch im Horizont der an Bedeutung zunehmenden internationalen Sozialpolitik.[307]

3.4.2 Eduard Heimanns historische Theorie der Sozialpolitik

Unter den insgesamt eher realitätsfernen Diskussionen um Begriff und Theorie der Sozialpolitik während der Weimarer Zeit ragt das Werk Eduard Heimanns hervor.[308] Es gehört zu den we-

305 Goldscheid, Rudolf: Entwicklungswerttheorie, Entwicklungsökonomie, Menschenökonomie, Leipzig 1908; ders., Höherentwicklung und Menschenökonomie. Grundlegung der Sozialbiologie, Leipzig 1911.

306 Vgl. Briefs, Götz: Der wirtschaftliche Wert der Sozialpolitik, in: Schriften der Gesellschaft für soziale Reform, Heft 83, Jena 1930; Der wirtschaftliche Wert der Sozialpolitik – Eine Sammelschrift. Schriften der Gesellschaft für soziale Reform, Heft 84/85, Jena 1931. Zur Wiederaufnahme des Themas vgl. Der wirtschaftliche Wert der Sozialpolitik, hg. v. Georg Vobruba, Berlin 1989.

307 Vgl. Weddigen, Walter: Sozialpolitik und Weltwirtschaft. Ein Beitrag zur Theorie der internationalen Sozialpolitik, in: Weltwirtschaftliches Archiv 35 (1932), S. 177-202.

308 Dieses Urteil teilt Krohn, Die Krise, S. 322f.; Krohn weist ferner (S. 321) auf die »sogenannte Kieler Schule mit Adolf Löwe, Gerhard Colm, Hans Neisser und Fritz Burchard, ferner Emil Lederer in Heidelberg mit seinen Schülern« hin, die in der Folge größtenteils mit Heimann in der ›New School of Social Research‹ in New York lehrten. – Zu Heimann zusammenfassend vgl. Rathmann, August: Eduard Heimann (1889-1967) – Von Marx und seiner »überwältigend großartigen« Lehre zum religiös-freiheitlichen Sozialismus, in: Vor dem Vergessen bewahren. Lebenswege Weimarer Sozialdemokraten, hg. v. Peter Lösche u. a., Berlin 1988, S. 121-144; Ortlieb, Hans-Dietrich: Eduard Heimann: Sozialökonom, Sozialist und Christ – Ein Nachruf, in: Heimann, Eduard – Sozialismus im Wandel der modernen Gesellschaft. Aufsätze zur Theorie und Praxis des Sozialismus. Ein Erinnerungsband, herausgegeben und eingeleitet von Heinz-Dietrich Ortlieb, Berlin und Bonn-Bad Godesberg 1975, S. 1-20.

nigen sozialdemokratischen Beiträgen von Rang zur damaligen Diskussion um das Verhältnis von Kapitalismus und Sozialpolitik.[309] Sein Hauptwerk versteht sich als »Theorie der Sozialpolitik«[310] und löste sogleich eine breite Diskussion aus.[311] Seine Behandlung verdeutlicht die Schwächen der zeitgenössischen Reflexionen über Sozialpolitik und leitet mit einem Blick auf die Werksgeschichte Heimanns zur Diskussion nach dem Zweiten Weltkrieg über.

Heimann stellt die Sozialpolitik in einen geistes- und sozialgeschichtlichen sowie in einen kapitalismustheoretischen und sozialismustheoretischen Zusammenhang. Sozialpolitik wird von ihm nicht als zeitlose Intention oder zeitunabhängiger Begriff, sondern als eng an die Entwicklung des modernen Kapitalismus gebundenes Phänomen verstanden. Dementsprechend gibt es

> »keine spezifischen theoretischen Grundlagen der Sozialpolitik; sondern die soziologische Theorie zeigt die historische Richtung, in der die Sozialpolitik voranstrebt, und die ökonomische Theorie gibt die Mittel an, um die jeweilige wirtschaftliche Lage zu durchleuchten, um den sozialpolitischen Erfolg und die etwa dafür geforderten Opfer gegeneinander abzuwägen [...], um also die konkreten Möglichkeiten, Notwendigkeiten und Grenzen zu zeigen.«[312]

Sozialpolitik war für Heimann »der institutionelle Niederschlag der sozialen Idee im Kapitalismus«.[313] Unter ›sozialer Idee‹ ver-

309 Die in Abschnitt 3.2 vorgestellten sozialdemokratischen Autoren verfolgten spezifischere Problemsichten.

310 Heimann, Eduard: Soziale Theorie des Kapitalismus – Theorie der Sozialpolitik, Tübingen 1929, unveränderter Nachdruck mit einem Vorwort von Bernhard Badura, Frankfurt/M. 1980.

311 Die Diskussion wurde mit einer ausführlichen Rezension von Götz Briefs in der Sozialen Praxis 38 (1929), Sp. 1041-1049, eingeleitet und im folgenden Jahrgang 39 (1930) mit Beiträgen von Carl Landauer (Sp. 177-182), Karl Pribram (Sp. 225-230, 249-252), Otto von Zwiedineck-Südenhorst (Sp. 273-278, 297-301), einer Erwiderung von Eduard Heimann (Sp. 585-588, 609-613), einer Replik von Carl Landauer (Sp. 929-933) sowie einem Beitrag von Gerhard Albrecht (Sp. 886-889) fortgesetzt. Vgl. ferner Tönnies, Ferdinand: Sozialpolitik als soziale Idee, in: Weltwirtschaftliches Archiv 31 (1930), S. 161-175.

312 Heimann, Eduard: Grundlagen und Grenzen der Sozialpolitik, in: Verhandlungen des Vereins für Sozialpolitik in Königsberg 1930, München und Leipzig 1931, S. 58-82, Zitat S. 82.

313 Heimann, Soziale Theorie, S. 167.

stand er jenen historisch wirksamen Komplex normativer Leitbilder eines Lebens in Freiheit und Würde, die sich – ausgehend von christlichen Traditionen und dem freiheitlichen Gesellschaftsentwurf der Aufklärung – im Zuge der Entfaltung des Kapitalismus herausgebildet haben. Wichtigster Träger der ›sozialen Idee‹ war für ihn die Arbeiterbewegung, die sich jedoch nicht primär auf eigene Ideale, sondern auf diejenigen des liberalen Bürgertums berief, um für sich die Freiheit und Würde der Person auch im Arbeitsleben zu fordern. Dementsprechend galten ihm die Maßnahmen des Arbeitsschutzes und die Entstehung eines kollektiven Arbeitsrechts unter Einschluß der Mitbestimmung als die wesentlichsten Elemente von Sozialpolitik, nicht die Sozialversicherung. Hierin traf er sich mit Sinzheimer, den er wiederholt zitiert.

Heimann berief sich auf Marx, um die unsozialen Konsequenzen des Kapitalismus zu verdeutlichen, trennte sich jedoch von ihm in wirtschaftstheoretischer Hinsicht. Anscheinend ohne Lorenz von Stein zu kennen, argumentierte er ähnlich, daß Sozialpolitik zur Stabilisierung des Kapitalismus *notwendig* sei. Diese Notwendigkeit ergebe sich zum einen aus produktionspolitischen Erfordernissen, insofern die Fortschritte des Kapitalismus auch produktivere Arbeitskräfte erforderten, und zum zweiten aus dem Streben nach Freiheit und Menschenwürde der Arbeiter selbst, die im Zuge der kapitalistischen Entwicklung die Spannung zwischen ihrer Ausbeutung und den sich erweiternden Handlungsspielräumen immer klarer erkannten und im Rahmen kollektiver Organisation Veränderungen einforderten. Sozialpolitik habe demzufolge auch kein feststehendes Programm, sondern »der Kapitalismus beginnt ausdrücklich geschichtlich und begrifflich ohne Sozialpolitik, bringt sie zwangsläufig aus sich hervor und erleidet durch sie seinerseits tiefgreifende Veränderungen.«[314]

Ohne die inhaltliche Argumentation zu vertiefen, sei auf die wesentlichen Fortschritte und Schwachpunkte der Heimannschen Theorie hingewiesen:

314 Heimann, Eduard: Kapitalismus, Organwirtschaft, Sozialpolitik und ihre theoretische Erfassung, in: Weltwirtschaftliches Archiv 34 (1931), S. 250-264, Zitat S. 257.

- Heimanns Theorie der Sozialpolitik ist nicht spekulativ-statisch, sondern historisch-dynamisch;
- sie unterscheidet *und* integriert die ökonomische in die soziologische Betrachtungsweise und bezieht Sozialpolitik auf die Entwicklung des Wirtschaftssystems und seine produktionspolitischen Notwendigkeiten;
- es gelingt ihr als erster, den normativen Gehalt von Sozialpolitik in der Form einer deskriptiven Theorie im Sinne Max Webers zu integrieren;[315]
- sie besteht auf einem antagonistischen Verhältnis der sozialen Klassen und nutzt dieses, um den dynamischen Charakter von Sozialpolitik zu erklären;
- der Überbetonung des Staates in den damals herrschenden Auffassungen über Sozialpolitik steht hier allerdings auffällig seine Vernachlässigung gegenüber.[316]

Die Kritik hat weitere Lücken und idealisierende Glättungen in der Argumentation moniert; dennoch ist zu würdigen, daß hier zum erstenmal eine ihrem Anspruch nach *erklärende* Theorie der Genese und Dynamik von Sozialpolitik vorgelegt wurde, wie sie dem heute vorherrschenden makrosoziologischen Denken entspricht.

Wie viele andere sozialpolitisch Engagierte mußte Heimann als

315 Dies schließt nicht aus, daß Heimann sich persönlich mit dieser sozialen Idee und der Perspektive einer ›sozialistischen‹ Ordnung identifizierte, was ihm von Kritikern auch vorgeworfen wurde. Er wußte jedoch durchaus zwischen seinen Wünschen und seinen Diagnosen zu unterscheiden: »Ob die S. tatsächlich ein Weg zur Sozialisierung ist, wie die Sozialdemokraten und die bürgerlichen Gegner der S. meinen, oder ob sie die Arbeiterschaft in die bürgerliche Welt einfügt, wie die bürgerlichen Sozialpolitiker glauben und die Kommunisten fürchten, hängt vom Wachstum und Wandel der geschichtlichen Kräfte ab.« Heimann, Eduard: Sozialpolitik, in: Die Religion in Geschichte und Gegenwart, 5. Bd., 2. Aufl. Tübingen 1931, Sp. 651-654, Zitat Sp. 654.

316 In seiner Erwiderung auf eine diesbezügliche Kritik von Briefs spezifizierte Heimann die Rolle des Staates dahingehend, daß nur durch dessen verbindliche Vorschriften das Dilemma zwischen ruinöser Konkurrenz einerseits und produktionspolitischen Fortschritten andererseits überwunden werden könne. Heimann beschränkte jedoch die sozialpolitische Rolle des Staates auf die Anfangsphase der Sozialpolitik; in dem Maße, wie die Arbeiterbewegung erstarke, werde sie zum eigentlichen Träger der Sozialpolitik. Vgl. Heimann, Eduard: Über Begriff und Wesen der Sozialpolitik. Eine Erwiderung, in: Soziale Praxis 39 (1930), Sp. 585-588, 609-613. – Daß dieses Argument weder demokratietheoretisch noch – wie bei Sinzheimer – korporatistisch untermauert wird, läßt eine deutliche Schwäche der *politischen* Theorie Heimanns erkennen.

Deutscher jüdischer Abstammung emigrieren; er kehrte jedoch nach dem Krieg in den Kontext der deutschen Sozialwissenschaft zurück. Vergleicht man seine späteren Schriften mit den früheren, so fallen Kontinuitäten und Brüche auf. Fortgesetzt hat sich insbesondere ein gesellschaftstheoretisches Interesse, das die Entwicklung des Kapitalismus in einen größeren Zusammenhang stellt. Durchgehalten – und noch stärker mit Bezug auf religiöse Faktoren aufgeladen – wurde die Betonung ideeller und moralischer Momente für das Gelingen gesellschaftlicher Integration.[317] Weitgehend verschwunden ist dagegen die Bezugnahme auf Sozialpolitik als einen integrativen *institutionellen* Prozeß. Offensichtlich waren seine Hoffnungen auf ein Fortschreiten der Sozialpolitik in Richtung auf ein ›sozialistisches‹ System geschwunden; er bezeichnete nun vielmehr die »Soziale Reform als Synthese« von kapitalistischen und sozialistischen, von individualistischen und kollektivistischen Elementen:

»Es ist sehr irreführend, das System der Wirtschafts- und Sozialreform als eine Mischung gegensätzlicher Elemente zu bezeichnen; denn dieser Ausdruck verwischt gerade das Entscheidende, nämlich daß ein höheres und neues Prinzip die Reform geleitet hat. Man kann das eher mit einer Impfung vergleichen, durch die ein lebendiger, aber bedrohter Körper mit seinem Gegenteil, mit einem Giftstoff, gegen die Wirkung dieses Giftes immunisiert wird [...]. Aus unserer Darstellung kann man ersehen, daß das Prinzip der dialektischen Reform geistig ist und daß es seinen Niederschlag in Institutionen findet. [...] Der Marxismus, der ausgezogen war, um das westliche Leben umzustülpen, wurde in das westliche Leben als heilende Kraft aufgenommen. Dies ist die Gnade der Dialektik.«[318]

Die Rolle der Sozialpolitik im Fortgang der kapitalistischen Entwicklung erschien ihm daher erfüllt. Die neuen Probleme moderner Gesellschaften haben ihm zufolge nicht mehr mit Klassenkampf, sondern mit dem Heraufkommen einer Überflußgesell-

317 Vgl. insbesondere Heimann, Eduard: Wirtschaftssysteme und Gesellschaftssysteme, Tübingen 1954. Zur Herausarbeitung der weitgehend impliziten Gesellschaftstheorie Heimanns vgl. Heyder, Ulrich: Der sozialwissenschaftliche Systemversuch Eduard Heimanns, Frankfurt/M. u. a. 1977, S. 113-201; ders., Reformtheorie und Gesellschaftswandel im Werk Eduard Heimanns, in: Reformsozialismus und Sozialdemokratie, hg. v. Horst Heimann und Thomas Meyer, Berlin und Bonn 1982, S. 75-94.

318 Heimann, Eduard: Soziale Ideologien und soziale Reform (1961), in: Hamburger Jahrbuch für Wirtschafts- und Gesellschaftspolitik 16 (1971), S. 334-342, Zitate S. 339-341.

schaft und dem damit verbundenen Selbstlauf des Ökonomischen zu tun. Deshalb wies er auf neue Risikopotentiale hin, insbesondere auf die Folgen des kolonialen Imperialismus, auf die Möglichkeiten einer strukturellen Nachfrageschwäche, auf die die Individualität zerstörenden, anonymisierenden Wirkungen des technisch-ökonomischen Rationalismus und – schon Anfang der sechziger Jahre! – auf die ökologischen Gefährdungen.[319] Nach wie vor geht es seiner Analyse zufolge um die Beschränkung ökonomischer Ansprüche: »Die Pervertierung der bloßen Mittel, die Erhöhung des technischen und finanziellen Leistungsgrads zum obersten Zweck und die entsprechende Formung des Menschentypus sind das historische Ergebnis der spätkapitalistischen Gesellschaft.«[320] Seine Hoffnung auf Erneuerung richtete sich wiederum auf geistige Momente, doch fehlt ein Hinweis auf die historischen Träger dieser neuen Ideen.

3.5 Sozialpolitik unter dem Nationalsozialismus[321]

Bereits gegen Ende der Weimarer Zeit setzte sich der Terminus ›Sozialpolitik‹, der bis dahin entweder den Kontext der politischen Auseinandersetzungen oder den der akademischen Reflexion bezeichnete, auch als zusammenfassender Begriff in der institutionellen Praxis durch.[322] Er gelangte in der Folge auch unter den Nationalsozialisten zur Prominenz, die jedoch das Personal entsprechender Publikationsorgane vollständig auswechselten und insbesondere die jüdischen Sozialwissenschaftler zur Auswanderung nötigten.

Beispielhaft seien die Namens- und Redaktionsänderungen des

319 Vgl. Heimann, Eduard: Der entfremdete Sozialismus und die Konsumgesellschaft, in: Hamburger Jahrbuch für Wirtschafts- und Gesellschaftspolitik 9 (1964), S. 160-174.

320 Heimann, Wirtschaftssysteme und Gesellschaftssysteme, S. 236.

321 Vgl. hierzu als Standardwerk Sachße, Christoph und Florian Tennstedt: Geschichte der Armenfürsorge in Deutschland, Bd. 3: Der Wohlfahrtsstaat im Nationalsozialismus, Stuttgart 1992; ferner Stolleis, Historische Grundlagen, S. 308-325.

322 Als Symptom sei die Herausgabe eines offiziösen *Jahrbuch für Sozialpolitik* durch den Staatssekretär des Reicharbeitsministeriums Dr. Geib (Berlin 1930 und 1931) erwähnt; ferner ein *Internationales Jahrbuch der Sozialpolitik* des Internationalen Arbeitsamtes in Genf (ab 1931).

führenden Kommunikationsorgans zwischen Wissenschaft und Praxis der Sozialpolitik und Wohlfahrtspflege erwähnt, das durchgängig als *Soziale Praxis* zitiert wird: Von 1909 bis 1927 firmierte die vorher als *Soziale Praxis – Centralblatt für Sozialpolitik* herausgegebene Zeitschrift unter dem Titel *Soziale Praxis und Archiv für Volkswohlfahrt.* 1928 wurde der Name in *Soziale Praxis – Zentralblatt für Sozialpolitik und Wohlfahrtspflege* umbenannt.[323] Ab Mai 1933 ging die Herausgeberschaft anonym auf das bereits von Francke gegründete »Büro für Sozialpolitik« mit dem Schriftleiter Dr. Werner Bohnstedt über.[324] Mit dem Jahrgang 1935 wechselte der Verlag von dem langjährigen Verleger Gustav Fischer in Jena zur Weidmannschen Buchhandlung in Berlin. Mitten im Jahrgang 1936 ging die Schriftleitung von Bohnstedt auf Dr. Fr. Sitzler über; vom »Büro für Sozialpolitik« als Herausgeber war nun nicht mehr die Rede. Ab Jahrgang 1937 erschien die Zeitschrift im Verlag Franz Vahlen Berlin. Ab dem 47. Jahrgang (und mit dem Hinweis »Neue Folge«) erschien die Zeitschrift unter dem Titel *Soziale Praxis. Zeitschrift für Aktienwesen, Gesellschaftsrecht und Sozialpolitik.* Sie wurde nun herausgegeben von Dr. Dr. Schlegelberger, Staatssekretär im Reichsjustizministerium und Dr. Fr[iedrich] Syrup, Präsident der Reichsanstalt für Arbeitsvermittlung und Arbeitslosenversicherung (später Staatssekretär im Reichsarbeitsministerium); Schriftleiter blieb Sitzler. Im 52. Jahrgang (1943) mit dem Titel *Soziale Praxis – Zeitschrift für Sozialpolitik und Gesellschaftsrecht* fehlt jeder Hinweis auf Herausgeberschaft und Schriftleitung. Der Jahrgang 1944 und noch wenige Hefte in 1945 erschienen »aus kriegswirtschaftlichen Gründen« wiederum unter neuem Titel:

323 Die Umbenennung wurde mit folgendem editorischen Vermerk versehen: »Die ›Soziale Praxis‹ ward gegründet von Dr. Heinrich Braun und Dr. N. Brückner, fortgeführt von Prof. Dr. J. Jastrow und (1898-1921) von Prof. Dr. Ernst Francke.« Von 1921 bis 1931 fungierte Prof. Dr. Ludwig Heyde (in Verbindung mit Prof. Dr. Wilhelm Polligkeit und Dr. Frieda Wunderlich) als Herausgeber; bis zur ›Gleichschaltung‹ im April 1933 führten Polligkeit und Wunderlich die Herausgeberschaft weiter.

324 Die Prominenz des Begriffs ›Sozialpolitik‹ kommt auch in der Bezeichnung *Monatshefte für NS-Sozialpolitik* zum Ausdruck, die zwischen 1934 und 1943 erschienen sind. 1937 erschien zudem (einmalig) erneut das schon 1930/31 herausgegebene *Jahrbuch für Sozialpolitik*, nunmehr herausgegeben vom Pressereferenten des Reichs- und Preußischen Arbeitsministeriums.

Die deutsche Sozialpolitik. Gemeinschaftsarbeit der Zeitschriften ›Soziale Praxis‹ und ›Monatshefte für NS-Sozialpolitik‹, zugleich Kriegsausgabe der Zeitschrift ›Soziale Zukunft‹ in Verlagsgemeinschaft der Verlage Kohlhammer und Vahlen.

Beachtlich ist nicht nur die sich in nationalsozialistischer Zeit beschleunigende Rotation der für die Zeitschrift Verantwortlichen, sondern auch die inhaltliche Umorientierung hin auf »Aktienwesen, Gesellschaftsrecht und Sozialpolitik« ab 1938. Hierin kommt die dekretierte Konfliktlosigkeit der industriellen Beziehungen im Rahmen der ›Deutschen Arbeitsfront‹ gut zum Ausdruck.

Am Beispiel der *Sozialen Praxis* läßt sich zeigen, was generell für die Sozialpolitik der Zeit gilt: Sie wurde zum ideologischen Führungsinstrument von Staat und Partei, und zwar unter Einschluß der zur Thematik zulässigen Publikationen. So verdeutlichte schon das Editorial von 1934 den neuen Kurs:

»Der neue Maßstab für diese Ordnung ist gefunden: Die Geltung des einzelnen in der Gesellschaft und für sie soll in Zukunft nicht am Besitz, sondern an der Arbeit gemessen werden [...], einer Arbeit, die ihren Sinn findet in der Leistung, die sie für das Volksganze bedeutet. [...] An die Stelle der reinen Arbeiter- und Angestellten-Sozialpolitik, die immer Gefahr lief, Belange anderer Gruppen des Volks unberücksichtigt zu lassen oder zu verletzen, tritt die unter einheitlichem Gedanken stehende *Gesellschaftspolitik*. Ihre Aufgabe ist es, für das bestmögliche Zusammenwirken der verschiedenen Gruppen und Faktoren des Wirtschaftsprozesses die zweckmäßigsten Formen zu finden.«[325]

Ähnlich deutete eine akademische Publikation die Differenz zur ›Sozialpolitik im alten Reich‹:

»Das neue Reich hat auch für die Sozialpolitik die Ausrichtung auf ihr eigentliches Ziel gebracht: auf das gesamte deutsche *Volk*. Sozialpolitik kann nicht mehr nur der Erhaltung und Stärkung der Macht des Staates dienen, denn auch der Staat ist nur ein Organ des ganzen Volkes. Der neuen deutschen Sozialpolitik ist das Ziel der *Verwirklichung des Deutschen Sozialismus* gestellt: [...] Sozialpolitik soll nicht mehr nur ›Ventile‹ schaffen für soziale Spannungserscheinungen, nicht erst nachträglich als Korrektur in eine Wirtschaftsverfassung eingesetzt werden, die soziale Konstruktionsfehler aufweist, sondern soll von vornherein solche Spannungen vermeiden durch den Einbau bestimmter Einrichtungen in die Volkswirtschaft. Und

325 Bohnstedt, Werner: Sozialpolitik im neuen Reich, in: Soziale Praxis 43 (1934), Sp. 1-7, Zitate Sp. 3f.

deshalb tritt die Sozialpolitik nicht mehr ›neben‹ oder ›hinter‹ die gesamte Volkswirtschaftspolitik, sondern sie ist ihr notwendiger Bestandteil.«[326]

Sozialpolitik erhielt nun eine dezisionistisch-voluntaristische Wendung: Die Partei und der Führer wissen, was dem deutschen Volke not tut. Dementsprechend kam dem Produktionsfaktor Arbeit und seiner volkswirtschaftlichen Bedeutung in der systematischen Darstellung nunmehr rahmensetzende Bedeutung zu, ferner rückte die Arbeitsverfassung und die Ordnung der nationalen Arbeit ins Zentrum der Betrachtung.[327] Die zu Ende der Weimarer Zeit defensiv entwickelte Formel vom wirtschaftlichen Wert der Sozialpolitik erhielt nun offensiven, im strengen Sinne ›menschenökonomischen‹ Charakter. *Nur das ökonomisch nutzbare und soziobiologisch akzeptable, ›gemeinschaftsfähige‹ Leben galt noch als förderungswürdig.*

Auch in ›völkischer Hinsicht‹ gab es Vorläufer in der Weimarer Zeit:

»Die deutsche Sozialpolitik von heute, in noch stärkerem Maße die der Zukunft ist *Volksstrukturpolitik*. Ihre Ziele sind: gesunde Gliederung der Nation, ihre soziale Einigkeit und damit die größtmögliche Entwicklung der produktiven und gesellschaftlichen Kräfte des Volkes. Infolgedessen ist nicht mehr die Arbeiterschaft allein Objekt der Sozialpolitik, sondern ohne Rücksicht auf die sozialpolitische Tradition *jede Volkschicht, deren Bestand und damit auch deren Gemeinschaftswert für die Gesamtheit gefährdet ist.*«[328]

Von dieser ›kollektivistischen Perspektive‹ war es nur noch ein Schritt zum

»nationalsozialistischen Konzept der Formung und Gestaltung des ›Volkskörpers‹ nach rassistischen Grundsätzen von Erbbiologie und Bevölkerungspolitik [...] Bezugspunkt fürsorglicher Leistungen und Maßnahmen war jetzt nicht mehr das hilfsbedürftige Individuum, sondern die ›Volksgemeinschaft‹. Die Produktion des ›gesunden Volkes der Zukunft‹, und

326 Gerhardt, Johannes: Deutsche Arbeits- und Sozialpolitik, Berlin 1939, S. 2.

327 Gerhardt, Deutsche Arbeits- und Sozialpolitik, Kap. 1, 3 und 4. Zur tatsächlichen Entwicklung vgl. Mason, Timothy W.: Sozialpolitik im Dritten Reich. Arbeiterklasse und Volksgemeinschaft, Opladen 1977. Zu den darauf aufbauenden neueren Forschungen vgl. die Übersicht bei Frese, Matthias: Sozial- und Arbeitspolitik im »Dritten Reich«. Ein Literaturbericht, in: Neue politische Literatur 38 (1993), S. 403-446.

328 Winschuh, Josef: Grenzen der Sozialpolitik, Leipzig 1929, S. 10.

nicht die Integration benachteiligter Einzelner wurde zum Ziel von Fürsorge.«[329]

Die verheerenden Wirkungen dieser neuen Doktrin zeigten sich im Bereich des Arbeitslebens und der Sozialversicherung als Labilisierung von Rechtsansprüchen, am deutlichsten bei rassisch oder politisch Unerwünschten.[330] Am direktesten trat sie jedoch im Bereich der Wohlfahrtspflege in Erscheinung, wo durch die Schaffung eines parteieigenen Wohlfahrtsverbandes, der ›Nationalsozialistischen Volkswohlfahrt‹, eine Massenbasis der sozialen Kontrolle ›Gemeinschaftsunfähiger‹ geschaffen und das Prinzip der Selektion konsequent durchgesetzt wurde.[331]

Sozialpolitik, auch wenn ihr begrifflich die ›Volkswohlfahrt‹ meist nicht zugeordnet wurde, entwickelte sich somit nicht nur zum ideologischen, sondern gleichzeitig zum praktischen Instrument der ›Volksgestaltung‹, das auch gezielt zu ›erbhygienischen‹ und rassenpolitischen Zwecken eingesetzt wurde.

Dies bedeutete einen grundsätzlichen Bruch mit den humanistischen Leitideen, die die Sozialpolitik trotz aller nationalen und machtpolitischen Motive doch stets legitimiert hatten. Selbst unter dem Stalinismus wurde die tatsächlich praktizierte Vernachlässigung der unproduktiven Bevölkerungsteile nicht zum Programm erhoben. Zudem entfiel weitgehend die Anerkennung der Individuen als Träger sozialer *Rechte*. Soziale Ansprüche konnten aus politischen Gründen jederzeit abgesprochen werden, und insbesondere wurde jede Form der Selbstorganisation und der kollektiven Geltendmachung von Ansprüchen unterbunden.

Trotzdem hat das Dritte Reich nicht nur »im Namen der Volksgemeinschaft« alle Formen der Selbstverwaltung in den Einrichtungen der Sozialpolitik abgeschafft und die Gewerkschaften verboten, sondern – insbesondere in den ersten Jahren – nicht

329 Sachße und Tennstedt, Geschichte der Armenfürsorge, Bd. 3, S. 11f.

330 Vgl. Bonz, Hans-Jörg: Für Staatsfeinde keine Rente. Das Ruhen der Renten bei staatsfeindlicher Betätigung im nationalsozialistischen Deutschland, in: Zeitschrift für Sozialreform 37 (1991), S. 517-531.

331 Vgl. Sachße und Tennstedt, Geschichte der Armenfürsorge, Bd. 3, S. 110-150; Hammerschmidt, Peter: Die Wohlfahrtsverbände im NS-Staat. Die NSV und die konfessionellen Verbände Caritas und Innere Mission im Gefüge der Wohlfahrtspflege des Nationalsozialismus, Opladen 1999; ferner als Selbstdarstellung Althaus, Hermann: Nationalsozialistische Volkswohlfahrt: Wesen, Aufgaben und Aufbau, 4. Aufl. Berlin 1939.

unerhebliche Lohn- und soziale Leistungsverbesserungen eingeführt.[332] Auch blieben die Sozialversicherungen in ihrer inneren Struktur weitgehend unangetastet.[333] Allerdings verlagerte sich die Sozialpolitik während des Kriegs im wesentlichen auf den Bereich der Arbeitsbewirtschaftung und der Lohnpolitik.[334] Von einem Abbau des Sozialsektors kann jedenfalls nicht die Rede sein. Es fällt daher schwer, die Wohlfahrtsstaatlichkeit des nationalsozialistischen Gemeinwesens in Frage zu stellen.[335] Die Unterscheidung von ›Wohlfahrtsstaat‹ als Rahmen der politischen Gewährleistung sozialer Rechte und ›Wohlfahrtssektor‹ als Gesamtheit der sozialpolitischen Einrichtungen[336] vermag hier insoweit eine spezifische Differenz zu setzen, als die Gewährleistung sozialer Rechte Rechtsstaatlichkeit voraussetzt, die in der Regel (aber wie gerade das Deutsche Reich vor 1918 zeigt, nicht zwingend) mit Demokratie einhergeht.

Für unsere begriffs- und reflexionsgeschichtlichen Ziele gibt die Zeit des ›Dritten Reiches‹ direkt wenig her. Allerdings haben die Erfahrungen mit dem totalitären Anspruch, mit der »politischen Schlagseite der Sozialpolitik« (H. Achinger), und auch der Abwehrkampf gegen die Versuche, eine volksweite Einheitsversicherung zu schaffen, nachhaltig auf die sozialpolitischen Orientierungen der Nachkriegszeit eingewirkt.

332 Für eine zusammenfassende Einschätzung siehe Lampert, Heinz: Die Wirtschafts- und Sozialpolitik im Dritten Reich, in: Jahrbuch für Nationalökonomie und Statistik 200/2 (1985), S. 101-135.

333 Vgl. als Selbstdarstellung Seldte, Franz (Reichsarbeitsminister): Sozialpolitik im Dritten Reich 1933-1938, München und Berlin 1939. – Zur Sozialversicherung siehe Teppe, K.: Zur Sozialpolitik im Dritten Reich am Beispiel der Sozialversicherung, in: Archiv für Sozialgeschichte 17 (1977), S. 195-250. Als bemerkenswert sachlichen, zeitgenössischen Überblick vgl. Guillebaud, C. W.: The Social Policy of Nazi Germany, Cambridge 1941; als neueren Überblick Frerich und Frey, Handbuch, Bd. 1, S. 245-329.

334 Vgl. Recker, Marie-Luise: Nationalsozialistische Sozialpolitik im Zweiten Weltkrieg, München 1985.

335 Sie wird denn auch von Sachße und Tennstedt, sowie von Hockerts, Hans Günter: Einführung, in: Drei Wege deutscher Sozialstaatlichkeit, S. 7-25, hier S. 17, ausdrücklich bejaht.

336 Vgl. Kaufmann, Franz-Xaver: Varianten des Wohlfahrtsstaats, Frankfurt/M. 2003, S. 35-39.

4. Sozialpolitik seit dem Zweiten Weltkrieg

Die Darstellung dieser jüngsten Phase des Nachdenkens über ›Sozialpolitik‹ wirft wesentlich größere Darstellungsprobleme auf als die vorangehenden. Zum einen hat sich der Problem- und Maßnahmenbereich, der *unter anderem* dem Begriff Sozialpolitik subsumiert wird, kontinuierlich ausgeweitet. Gleichzeitig hat der Begriff jedoch an strukturierender Kraft verloren und ist von einem politischen Programmbegriff zu einem vorwiegend deskriptiven Begriff für ein sich ausweitendes institutionelles Feld vornehmlich der Innenpolitik, teilweise aber auch der zwischenstaatlichen und der transnationalen Politik (Europäische Union) geworden. Schließlich ist zu beachten, daß unter den Leitbegriffen ›Social security‹ und ›Welfare state‹ im Zusammenhang mit dem Zweiten Weltkrieg auch im Ausland eine breite Bewegung zu institutionellen Reformen einsetzte, die im wesentlichen dem entspricht, was in Deutschland Sozialpolitik genannt wird. In jüngster Zeit hat sich letztere Bezeichnung nun auch international durchgesetzt.[337]

Des weiteren kommt hinzu, daß es bisher an zusammenfassenden Darstellungen der Begriffs- und Reflexionsgeschichte für diese Zeit völlig fehlt. So handelt es sich im folgenden um einen ersten Versuch, das nach verschiedenen Seiten hin ausfransende Thema zu strukturieren und dingfest zu machen. Dabei muß noch stärker als bisher auf Vollständigkeit der Darstellung verzichtet werden, um die Thematik nicht ausufern zu lassen.[338]

337 Zur ausdrücklichen Rezeption deutscher Begrifflichkeit vgl. Cahnman, Werner J. und Schmitt, Carl M.: The Concept of Social Policy (Sozialpolitik), in: Journal of Social Policy 8 (1979), S. 47-59.

338 Ansatzweise Übersichten zur Entwicklung der praktischen Sozialpolitik seit dem Zweiten Weltkrieg geben Bethusy-Huc, Viola Gräfin von: Das Sozialleistungssystem der Bundesrepublik Deutschland, Tübingen 1965; Kleinhenz, Gerhard und Lampert, Heinz: Zwei Jahrzehnte Sozialpolitik in der BRD – Eine kritische Analyse, in: Ordo 22(1971), S. 103-158; Tennstedt, Geschichte des Sozialrechts, S. 96-113; Hockerts, Hans Günter: Sozialpolitische Entscheidungen im Nachkriegsdeutschland. Alliierte und deutsche Sozialversicherungspolitik 1945 bis 1957, Stuttgart 1980; Frerich, Johannes und Frey, Martin: Handbuch der Geschichte der Sozialpolitik in Deutschland, Bd. 3: Sozialpolitik in der Bundesrepublik

4.1 Normative Orientierungen

4.1.1 Sozialstaat und soziale Marktwirtschaft als Rahmenkonzepte

Nachdem es in der Weimarer Zeit nicht gelungen war, zu einer stabilen Wirtschafts- und Sozialordnung zu gelangen, und nachdem der Nationalsozialismus auch die ältere nationale Tradition und mit ihr die nunmehr als ›autoritär‹ qualifizierte ›kollektivistische‹ Staatsgläubigkeit diskreditiert hatte, war eine umfassende gesellschaftliche Neuorientierung unumgänglich. Die Frage, auf welchen Grundlagen das Gemeinwesen in Deutschland wieder aufgebaut werden solle, geriet bekanntlich ins Spannungsfeld des sich entwickelnden Ost-West-Gegensatzes und führte schließlich zu zwei deutschen Staatswesen. Unsere Darstellung beschränkt sich auf die Entwicklung in der Bundesrepublik.[339]

Deutschland bis zur Herstellung der deutschen Einheit, 2. Aufl. München 1996; Zacher, Sozialpolitik und Verfassung, S. LVI-CI; Lampert, Lehrbuch der Sozialpolitik, S. 86-115. – Eine umfassende Darstellung der Sozialpolitik in beiden deutschen Staaten ist in Vorbereitung: Geschichte der Sozialpolitik in Deutschland. Hg. Bundesministerium für Arbeit und Sozialordnung und Bundesarchiv, 11 Bde., Baden-Baden 2001 ff.

339 Während in der DDR ursprünglich die Auffassung vertreten wurde, »im sozialistischen, ›wesensmäßig‹ sozialen Staat sei Sozialpolitik überflüssig«, spielte der Begriff ›Sozialpolitik‹ ab ca. 1965 auch in der politischen Semantik der DDR eine gewisse Rolle. »Im einschlägigen Schrifttum der DDR wird größter Wert auf die Abgrenzung zwischen ›sozialistischer‹ und ›kapitalistischer‹ Sozialpolitik gelegt. ›Echte‹ Sozialpolitik gebe es nur in sozialistischen Staaten, denn nur sozialistische Sozialpolitik sei an den Interessen der Werktätigen orientiert. Demgegenüber versuche die kapitalistische Sozialpolitik als Instrument in den Händen der herrschenden Klasse, das Fortbestehen der Ausbeuterordnung zu sichern.« Lampert, Heinz und Schubert, Friedel: Sozialpolitik V: In der Deutschen Demokratischen Republik, in: Handwörterbuch der Wirtschaftswissenschaften, Bd. 7, S. 130-152, Zitate S. 130. – Auch wenn das sozialwissenschaftliche Institut in der Akademie der Wissenschaften der DDR den Namen ›Institut für Soziologie und Sozialpolitik‹ trug, so kam dem Begriff – soweit bisher ersichtlich – keine strukturierende *wissenschaftliche* Bedeutung zu. Die repräsentative »wissenschaftlichen und propagandistischen Zwecken dienende Publikation über die Entwicklung des ersten Arbeiter- und Bauernstaates von 1945 bis 1985« sieht Sozialpolitik als »integrierten Teil der einheitlichen Politik der Arbeiterklasse und ihrer Verbündeten. Sie ist Politik zur Gestaltung sozialer Beziehungen und Verhältnisse zwischen den Klassen, Schichten, sozialen und sozialdemografischen Gruppen.« Als Ziel wird die Soziale Sicherheit und die Förde-

In den drei Westzonen kristallisierten sich die Auseinandersetzungen um die politische und gesellschaftliche Neuorientierung zunächst in den Prozessen der Verfassungsgebung. Dabei wurde in den Länderverfassungen die Tradition der Weimarer Verfassung fortgesetzt, soziale Ansprüche und Leitvorstellungen in Verfassungsnormen zu konkretisieren.[340] Der Grundgesetzgeber dagegen scheute vor sozialstaatlichen Versprechungen zurück, die sich nicht immer hatten realisieren lassen, und beschränkte sich auf das Bekenntnis zum »demokratischen und sozialen Bundesstaat« (Art. 20 I GG) bzw. zum »demokratischen und sozialen Rechtsstaat« (Art. 28 I GG).[341] Dazu bemerkt das einschlägige Standardwerk:

»Das Bekenntnis zum Sozialstaat ist Generalklausel und dilatorischer Formelkompromiß in einem: Generalklausel als Niederschlag des übereinstimmenden Normwillens der verfassungsgestaltenden politischen Kräfte, dilatorischer Formelkompromiß als Nichtentscheidung über die vielfältig offenen Meinungsverschiedenheiten in bezug auf die Gestaltgabe des Sozialstaates. Sphinxhaft, schweigsam, mehrdeutig und deutungsträchtig, [...] wurde die Wendung vom sozialen Staat zur ebenso oft übersehenen wie überschätzten verfassungsrechtlichen Basis sozialstaatlicher Verfassungswirklichkeit.[342]

rung der Entwicklung der Klassen und Schichten genannt. Winkler, Gunnar: Geschichte der Sozialpolitik der DDR 1945-1985, Berlin 1989, S. 9f. – Zur Geschichte der Sozialpolitik in der DDR vgl. Frerich, Johannes und Frey, Martin: Handbuch der Geschichte der Sozialpolitik in Deutschland, Bd. 2: Sozialpolitik in der Deutschen Demokratischen Republik, 2. Aufl. München 1996; Drei Wege deutscher Sozialstaatlichkeit; Schmidt, Manfred G.: Grundlagen der Sozialpolitik in der Deutschen Demokratischen Republik, in: Geschichte der Sozialpolitik in Deutschland seit 1945, Bd. 1, 2001, S. 685-798.

340 Vgl. Hartwich, Hans Hermann: Sozialstaatspostulat und gesellschaftlicher status quo, Köln und Opladen 1970, S. 27-33.

341 Zur Entwicklung des Sozialstaatsgedankens vgl. Grewe, W.: Der Begriff des ›sozialen Staates‹ in der deutschen Verfassungsentwicklung, in: Der Arbeitgeber 2 (1951), S. 39-42; Ritter, Gerhard A.: Der Sozialstaat. Entstehung und Entwicklung im internationalen Vergleich, 2. Aufl. München 1991, S. 10-13.

342 Zacher, Sozialpolitik und Verfassung, S. 675; ebd. ein Überblick über die Auslegungsdiskussion bis 1960; ferner ders.: Soziale Gleichheit. Zur Rechtsprechung des Bundesverfassungsgerichts zu Gleichheitssatz und Sozialstaatsprinzip, in: Archiv des öffentlichen Rechts 93 (1968), S. 341-383; zur akademischen Diskussion vgl. auch: Rechtsstaatlichkeit und Sozialstaatlichkeit, hg. v. Ernst Forsthoff, Darmstadt 1968.

Immerhin wurden in Art. 74 GG weitgehende sozialpolitische Zuständigkeiten des Bundesgesetzgebers festgeschrieben, die jedoch im wesentlichen an der bestehenden Gesetzgebung orientiert waren und keine inhaltlichen Zukunftsperspektiven eröffneten.

Ausdrücklich offen gelassen hatten die Verfassungsgeber die Entscheidung über die zu schaffende Wirtschaftsordnung. Grundsätzlich waren zunächst sowohl eine dem Konzept des ›Demokratischen Sozialismus‹ entsprechende Sozialisierung[343] als auch eine dominant marktwirtschaftliche Ordnung möglich. Die Entscheidung fiel spätestens mit der Wahl zum ersten deutschen Bundestag und der Berufung von Ludwig Erhard zum Wirtschaftsminister. Er propagierte die angestrebte Wirtschaftsordnung als *Soziale Marktwirtschaft,* und dieser von Alfred Müller-Armack geprägte Begriff wurde zum Markenzeichen und Interpretationsrahmen nicht nur der Wirtschafts-, sondern auch der sogenannten ›Sozialordnung‹ der Bundesrepublik bis zum Ende der ersten ›bürgerlichen‹ Regierungsepoche im Jahre 1966.[344]

Der Sozialstaatsbegriff erfuhr erst nachträglich eine rechtswissenschaftliche Auslegung und bezog sich nur in einem materiellrechtlichen Sinne auf die im Deutschen Reich entstandene sozialpolitische Gesetzgebung, die – von wenigen Ausnahmen wie der nationalsozialistischen Kindergeldgesetzgebung abgesehen – auch in der sich als Nachfolgestaat verstehenden Bundesrepublik weiter galt. Als Leitbegriff der Sozialpolitik gewann ›Sozialstaat‹ erst ab den 1970er Jahren an Einfluß (vgl. Abschnitt 4.3).[345]

Die Kontinuität im Bereich der Rechtsordnung war weit größer als im Bereich der Wirtschaftsordnung. Deren Diskontinuität beruhte nicht zuletzt auf wirtschaftswissenschaftlichen Fort-

343 Vgl. z. B. die diesbezügliche Diskussion im Rahmen des Vereins für Sozialpolitik: Untersuchungen zur sozialen Gestaltung der Wirtschaftsordnung, hg. v. Walter Weddigen, Berlin 1950.

344 Zur Entstehung des Leitbegriffs ›Soziale Marktwirtschaft‹ vgl. Helmstädter, Ernst: Die Wirtschaftsordnung in der Bundesrepublik Deutschland: Soziale Marktwirtschaft, in: Deutschland-Handbuch. Eine doppelte Bilanz, hg. v. Werner Weidenfeld und Hartmut Zimmermann, Bonn 1989, S. 241-257, hier S. 247-249.

345 Für eine bemerkenswert frühe Interpretation der Sozialstaatsklauseln im Sinne der wohlfahrtsstaatlichen Interventionsprogrammatik vgl. Dürig, Günter: Verfassung und Verwaltung im Wohlfahrtsstaat, in: Juristenzeitung 8 (1953), S. 193-199.

schritten vor allem der dreißiger Jahre, die sich in einer veränderten, ›systemischeren‹ Sichtweise des Wirtschaftsgeschehens niederschlugen und nachhaltige Wirkungen auf das Verständnis von Sozialpolitik ausübten. Als einflußreichste Autoren seien hier für England John Maynard Keynes,[346] für Skandinavien Gunnar Myrdal[347] und für Deutschland Walter Eucken[348] genannt. Auf unterschiedlichen Wegen setzten sie sich kritisch sowohl mit der herkömmlichen Gleichgewichtsökonomik Marshall-Walrasscher Prägung als auch mit dem unaufgeklärten Staatsinterventionismus der Zwischenkriegszeit auseinander. Und sie entwickelten neue Konzepte eines *differenzierten* Zusammenhangs zwischen der Wirtschaft als ganzer einerseits und dem Staat andererseits.[349] Für den Wiederaufbau in Westdeutschland wurde zunächst das ›ordnungspolitische‹ Konzept Euckens einflußreich. Keynesianisches Gedankengut schlug sich zwar bereits in der ›Mackenrothschen Regel‹ nieder, der zufolge »aller Sozialaufwand immer aus dem Volkseinkommen der laufenden Periode gedeckt werden muß«.[350] Prägend wurde es jedoch erst ab dem Stabilitäts- und Wachstumsgesetz der Großen Koalition (1966-1969).

Die große Leistung Euckens bestand in einer grundlegenden Reformulierung der wirtschaftspolitischen Problematik, die er auf zwei Leitsätze brachte:

346 Vgl. insbesondere Keynes, John Maynard: The General Theory of Employment, Interest and Money, New York 1935 (deutsch Berlin 1952 u. ö.).

347 Vgl. insbesondere Myrdal, Gunnar: Monetary Equilibrium, London 1939; ders.: Das Wertproblem in den Sozialwissenschaften, Hannover 1958; ders. und Myrdal, Alva: Kris i befolkningsfragan, Stockholm 1935.

348 Vgl. insbesondere Eucken, Walter: Die Grundlagen der Nationalökonomie (1940), 6. Aufl. Berlin u. a. 1950; ders.: Grundsätze der Wirtschaftspolitik, Bern und Tübingen 1952. – Auf die Entstehung des ordnungspolitischen Denkens bereits während des Dritten Reichs weist hin: Abelshauser, Werner: Die ordnungspolitische Epochenbedeutung der Weltwirtschaftskrise in Deutschland: Ein Beitrag zur Entstehungsgeschichte der sozialen Marktwirtschaft, in: Ordnungspolitische Weichenstellungen nach dem Zweiten Weltkrieg, hg. v. Dietmar Petzina, Berlin 1991, S. 11-29.

349 Eine ähnliche geistige Vorarbeit wurde seitens der Jurisprudenz durch *Hugo Sinzheimer* geleistet; vgl. Abschnitt 3.2.1.

350 Mackenroth, Gerhard: Die Reform der Sozialpolitik durch einen deutschen Sozialplan, Berlin 1952, gekürzter Wiederabdruck in: Sozialpolitik und Sozialreform, hg. v. Erik Boettcher, Tübingen 1957, S. 43-74, Zitat S. 45. Diese Programmschrift darf als die wohl einflußreichste für die sozialpolitischen Diskussionen der fünfziger Jahre gelten.

»Erster Grundsatz: Die Politik des Staates sollte darauf gerichtet sein, wirtschaftliche Machtgruppen aufzulösen oder ihre Funktionen zu begrenzen. Jede Festigung der Machtgruppen verstärkt die neufeudale Autoritätsminderung des Staates. [...] Zweiter Grundsatz: Die wirtschaftliche Tätigkeit des Staates sollte auf die Gestaltung der Ordnungsformen der Wirtschaft gerichtet sein, nicht auf die Lenkung des Wirtschaftsprozesses.«[351]

Charakteristisch für das Denken Euckens und des auf ihm aufbauenden *Ordoliberalismus* wurde die idealtypische Unterscheidung zwischen der durch Märkte gesteuerten Verkehrswirtschaft und der durch zentrale Planung gesteuerten Zentralverwaltungswirtschaft. Die Ordoliberalen wandten sich somit gleichermaßen gegen eine Sozialisierung der Wirtschaft und gegen einen ungeregelten Kapitalismus, der, wie die Weimarer Zeit gezeigt hatte, zu Kartellbildungen und sonstigen Machtzusammenballungen neigte. Die wirtschaftspolitische Aufgabe des Staates besteht ihnen zufolge deshalb in der fortgesetzten Förderung der Konkurrenz gegen die auch in Verkehrswirtschaften wirksamen oligopolistischen und monopolistischen Tendenzen (›Ordnungspolitik‹). Die Ordnungsmetapher ging bald in die wissenschaftliche und politische Rhetorik über, wo nun nicht mehr von Kapitalismus und Sozialismus, sondern vom Problem der Wirtschafts- und Sozialordnung die Rede war.[352] Dabei verschwanden klassentheoretische Gesellschaftsauffassungen. An ihre Stelle trat die Vorstellung einer »nivellierten Mittelstandsgesellschaft«.[353]

Das gesellschaftliche Leitbild des Ordoliberalismus war mit-

351 Eucken, Grundsätze, S. 234 und 236.

352 Vgl. z. B. die Dominanz der Ordnungsmetapher in: Wirtschaftliche Entwicklung und soziale Ordnung, Festschrift Degenfeld-Schonburg, hg. v. Ernst Lagler und Johannes Messner, Wien 1952; ferner als Standardwerk Lampert, Heinz: Die Wirtschafts- und Sozialordnung der Bundesrepublik Deutschland, 13. Aufl. München 1997. – Im übrigen trug das Arbeitsministerium von 1957 bis 2002 den Titel »Bundesministerium für Arbeit und Sozialordnung«.

353 Die weithin rezipierte Formel der ›nivellierten Mittelstandsgesellschaft‹ zuerst bei Schelsky, Helmut: Die Bedeutung des Schichtungsbegriffs für die Analyse der gegenwärtigen deutschen Gesellschaft (1953); abgedruckt in: ders., Auf der Suche nach Wirklichkeit, Düsseldorf 1965, S. 311-336. Zur Zeitdiagnose in der Nachkriegszeit siehe nunmehr zusammenfassend Nolte, Paul: Der Verlust der Utopie und die wiedergefundene Mitte. Vorstellungen sozialer Ordnung in der westdeutschen Gesellschaft (1945-1965), in: Mitteilungsblatt des Instituts zur Erforschung der europäischen Arbeiterbewegung 20 (1998), S. 298-332.

telständisch geprägt und ähnelte insofern dem altliberalen. Gegen die ›Vermassungstendenzen‹ der Zeit sollten eine breite Eigentumsstreuung und die staatliche Verhinderung ökonomischer Machtbildung den Raum privater Autonomie und ›Eigenverantwortung‹ schützen.[354] Auch die herkömmliche Sozialpolitik galt als mitursächlich für Vermassungstendenzen:

»Noch ist die Illusion weit verbreitet, zentrale Lenkung sei ›sozial‹. [...] Gehen wir in die Haushalte und Betriebe. Dort sehen wir, was in unserem geschichtlichen Moment die soziale Frage ist. Dort wird klar, wie die Konzentration des Eigentums und der Wirtschaftslenkung im Staat und in anderen öffentlich-rechtlichen Gebilden, auf die auch private Machtgruppen dauernd einwirken, die Güterversorgung verschlechtern, die Vermassung fördern, Zwang und Abhängigkeit schaffen, die Selbstverantwortung vermindern und die Entfaltung der Kräfte gefährden, die im einzelnen Menschen zur Verwirklichung streben.«[355]

Ohne die Notwendigkeit eines Mindestmaßes an kollektivem Schutz zu bestreiten, wurde soziale Sicherheit vor allem von privater Eigentumsbildung und Vorsorge erhofft.[356] Eigentum für alle Erwerbstätigen sollte sich aufgrund der Freisetzung wirtschaftlicher Initiative in der Wettbewerbsordnung und des dadurch ermöglichten schnellen Wirtschaftswachstums im Rahmen einer die Sparneigung stabilisierenden Währungspolitik sozu-

354 Vgl. insbesondere Röpke, Wilhelm: Civitas Humana – Grundfragen der Gesellschafts- und Wirtschaftsreform, 3. Aufl. Erlenbach und Zürich 1949. Eine umfassende Darstellung der ordoliberalen Ideen gibt Blum, Reinhard: Soziale Marktwirtschaft – Wirtschaftspolitik zwischen Neoliberalismus und Ordoliberalismus, Tübingen 1969, insb. S. 47-89. Für eine theoriegeschichtliche Herleitung vgl. Brandt, Geschichte, S. 397-415.

355 Eucken, Walter: Die soziale Frage, in: Synopsis, Festschrift Alfred Weber, Heidelberg 1949, S. 113-131, Zitat S. 131. Ähnlich kritisch gegenüber den dominierenden sozialpolitischen Auffassungen Müller-Armack, Alfred: Wirtschaftslenkung und Marktwirtschaft, Hamburg 1947, S. 106f.: »Alle diejenigen, die sich als Politiker oder Wissenschaftler in erster Linie als Sozialpolitiker fühlen, halten sich heute in allen Richtungen und Parteien für verpflichtet, jegliches Eingehen auf marktwirtschaftliche Notwendigkeiten als überwundenen Liberalismus zu brandmarken und damit einer geistigen Auseinandersetzung auszuweichen, die heute dennoch unabweisbar ist. [...] Daß die sozialpolitischen Ergebnisse eines solchen Kollektivismus in allen Ländern, die sich ihm verschrieben, recht mager waren, tat der gläubigen Zustimmung keinen Abbruch.«

356 Vgl. die Ausführungen zur Sozialpolitik bei Eucken, Grundsätze, S. 43-48, 185-193, 312-324.

sagen von selbst einstellen. Eucken verstand »Sozialpolitik in erster Linie als Wirtschaftsordnungspolitik«.[357] Im Unterschied zum angelsächsischen Liberalismus betonten somit die Ordoliberalen die führende Rolle des Staates hinsichtlich der Wirtschaftsordnung: Vor dem Hintergrund einer evangelisch-lutherischen Staats- und Wirtschaftsethik wird »die Wettbewerbsordnung von den Ordoliberalen als Disziplinierungsinstrument verstanden [...]. Der Markt, beaufsichtigt vom Staat, ist das disziplinierende Koordinationsmittel, das die Berufs- und Arbeitsaskese hervorbringt, die bei den neu-englischen Sekten immer schon individuell vorausgesetzt ist.«[358]

Ludwig Erhard berief sich auf die Grundsätze des Ordoliberalismus, als er die ›Soziale Marktwirtschaft‹ propagierte und eine gute Wirtschaftspolitik als die beste Sozialpolitik bezeichnete. Hierin unterschied er sich von seinem Staatssekretär Müller-Armack, der kritisch anmerkte:

> »Sowohl die in den Marktprozeß eingehenden sozialen Ausgangsdaten wie der aus ihm hervorgehende Einkommensaufbau brauchen nicht mit unseren sozialen Maßstäben in Übereinstimmung zu stehen. [...] Wir wissen heute, daß die Marktwirtschaft bestimmten Anforderungen nach sozialem Ausgleich und sozialer Sicherheit nicht hinlänglich genügt und müssen uns um den Einbau entsprechender Stabilisatoren kümmern.«[359]

In der Folge vermochten sich marktwirtschaftliche Grundsätze nur im Bereich der Produktion und des Handels durchzusetzen. Die ›Sozialordnung‹, die im wesentlichen mit dem institutionellen Bereich der Sozialpolitik gleichgesetzt wurde, blieb von hoher

357 Lampert, Heinz: Walter Eucken als Sozialpolitiker, in: Einzelwirtschaften und Sozialpolitik zwischen Markt und Staat in Industrie- und Entwicklungsländern, Festschrift Werner Wilhelm Engelhardt, hg. v. Frank Schulz-Nieswandt, Marburg 2001, S. 181-192.

358 Manow, Philip: Ordoliberalismus als ökonomische Ordnungstheologie, in: Leviathan 29 (2001), S. 179-198, Zitat S. 192.

359 Müller-Armack, Alfred: Stil und Ordnung der sozialen Marktwirtschaft, in: Wirtschaftliche Entwicklung, S. 27-38, Zitat S. 30f. Unterschiede zwischen den Interpretationen Erhards und seines Staatssekretärs Alfred Müller-Armack analysiert Blum, Soziale Marktwirtschaft, S. 90-128; ebd., Teil II, eine Darstellung der Wirkungsgeschichte des Konzeptes. Zum Verhältnis der Auffassungen von Eucken, Röpke und Müller-Armack vgl. Starbatty, Joachim: Alfred Müller-Armacks Beitrag zur Theorie und Politik der Sozialen Marktwirtschaft, in: Soziale Marktwirtschaft im vierten Jahrzehnt ihrer Bewährung, Stuttgart und New York 1982, S. 7-26.

Kontinuität zur Weimarer Zeit geprägt.[360] Aber inwieweit es sich hierbei überhaupt um eine ›Ordnung‹ handelte, konnte mit gutem Grund in Frage gestellt werden:

»Die deutsche Sozialpolitik hat sich in den bald 80 Jahren ihres Bestehens als Wildwuchs entwickelt. [...] Dieses Corpus sozialer Gesetze und Verordnungen hat sich zu [...] einer Wirrnis ausgewachsen, in der sich kein Mensch mehr zurecht findet, am wenigsten die bedauernswerten Geschöpfe, zu deren Gunsten die ganze Sache unternommen worden ist. Das ist ein unerträglicher Zustand, der ja auch gar nicht beabsichtigt war und mit dem Schluß gemacht werden muß. Das heißt, die Forderung nach einem Sozialplan, nach einer Sozialpolitik, die planmäßig aufgebaut worden ist, muß endlich einmal erfüllt und durchgeführt werden.«[361]

Die Konnotationen des Begriffs ›Soziale Marktwirtschaft‹ blieben vielfältig wie diejenigen von ›Sozialpolitik‹ und sind bis heute umstritten. In der Praxis hat sich das marktliberale Moment des Ordoliberalismus durchgesetzt und die bei Wilhelm Röpke, Alexander Rüstow und anderen betonte sozialreformerische Komponente marginalisiert.[362] In jüngerer Zeit wird erneut ein Gegensatz zwischen sozialer Marktwirtschaft und Sozialpolitik behauptet, zum mindesten mit Bezug auf die tatsächliche Entwicklung in Deutschland.[363] Und es wird auch für die Sozialpoli-

360 Das gilt auch für das Prinzip der Gemeinwirtschaft, das weiterhin mit sozialpolitischen Argumenten vertreten wurde. Vgl. Thiemeyer, Theo: Soziale ›Selbstverwaltung‹ unter ökonomischem Aspekt, in: Zeitschrift für Sozialreform 21 (1975), S. 539-559; ders.: Privatwirtschaft und Gemeinwirtschaft. Aufgaben und Grenzen der staatlichen und freigemeinnützigen Betriebe in der Marktwirtschaft, in: Sozialforschung und soziale Demokratie, Festschrift Otto Blume, hg. v. Lothar F. Neumann, Bonn 1979, S. 303-320. Zu Thiemeyer, der eine wenig rezipierte, aber durchaus konsistente Position zwischen ›Sozialer Marktwirtschaft‹ und ›Sozialismus‹ entwickelt hat, vgl. Schulz-Nieswandt, Frank: Sozialökonomik als politische Theorie. Grundzüge des wissenschaftlichen Schaffens von Theo Thiemeyer, in: Zeitschrift für Sozialreform 38 (1992), S. 625-637.

361 Rüstow, Alexander: Sozialpolitik diesseits und jenseits des Klassenkampfes, in: Sinnvolle und sinnwidrige Sozialpolitik, hg. v. Aktionsgemeinschaft soziale Marktwirtschaft, Ludwigsburg 1959, S. 11-21, Zitat S. 20. Der Programmbegriff ›Sozialplan‹ zuerst bei Mackenroth, Die Reform. Zu Rüstow vgl. Lenel, Hans Otto: Alexander Rüstows wirtschafts- und sozialpolitische Konzeption, in: Ordo 37 (1986), S. 45-58.

362 Vgl. Becker, Helmut Paul: Die soziale Frage im Neoliberalismus – Analyse und Kritik, Löwen 1965.

363 Vgl. z. B. Gutowski, Armin und Renate Merklein: Arbeit und Soziales im Rahmen einer marktwirtschaftlichen Ordnung, in: Hamburger Jahrbuch

tik erneut ein »Denken in Ordnungen« gefordert, um »die Frage zu klären, wie unerläßliche sozialstaatliche Eingriffe auszugestalten sind, wenn sie die wirtschaftlich Schwächsten tatsächlich erreichen sollen«.[364] Allerdings ist der systemische Charakter von Sozialpolitik bei weitem nicht so evident wie derjenige der Marktwirtschaft. Was ›das Soziale‹ im Unterschied zum Ökonomischen und zum Politischen bedeutet, oder anders ausgedrückt: Welche sozialen Phänomene und Probleme als Wirkungsbereich von Sozialpolitik relevant sind – und warum –, darüber hat sich bis heute keine Klarheit ergeben.[365] So kann auch für die jüngere Zeit nur der Wandel der Auffassungen skizziert werden.

Das Konzept der Sozialen Marktwirtschaft blieb nicht ohne Folgen für die sozialpolitische Entwicklung und deren Begriffsbildung. Noch in der Besatzungszeit wurde der Grundsatz der *Tarifautonomie* durchgesetzt, der das Gewicht des Staates hinsichtlich der Arbeitsbeziehungen im Vergleich zur Weimarer Zeit stark reduzierte. Nach der Gründung der Bundesrepublik lag das Schwergewicht der langfristig wirksamen Gesetzgebung zunächst im Bereich der *Betriebsverfassung* und später im Bereich der *Einkommenssicherungspolitik*. Beide Interventionsbereiche waren mit der marktwirtschaftlichen Funktionsweise der Wirtschaft kompatibel und wurden deshalb des öfteren als ›das Soziale‹ der deutschen Marktwirtschaft apostrophiert. Denn schon früh wurde deutlich, daß auch die erfolgreichste Marktwirtschaft

für Wirtschafts- und Gesellschaftspolitik 30 (1985), S. 49-67; sowie die Antikritik von Lampert, Heinz und Bossert, Albrecht: Die Soziale Marktwirtschaft – eine theoretisch unzulänglich fundierte ordnungspolitische Konzeption?, ebd. 32 (1987), S. 109-130. Zur Diskussion ferner: Grosser, Dieter u. a.: Soziale Marktwirtschaft: Geschichte – Konzept – Leistung, Stuttgart u. a. 1988; Das Soziale der Marktwirtschaft, hg. v. Gerhard Schwarz, Zürich 1990; Soziale Marktwirtschaft: ein Modell für Europa, Festschrift Gernot Gutmann, hg. v. Werner Klein, Berlin 1994; Soziale Ausgestaltung der Marktwirtschaft, Festschrift Heinz Lampert, hg. v. Gerhard Kleinhenz, Berlin 1995.

364 Volkert, Jürgen: Sozialpolitik und Wettbewerbsordnung: Die Bedeutung der wirtschafts- und sozialpolitischen Konzeption Walter Euckens für ein geordnetes sozialpolitisches System der Gegenwart, in: Ordo 42 (1991), S. 91-115, Zitat S. 110f.

365 Vgl. z. B. die Umschreibungen von ›Sozialordnung‹ bei Lampert, Heinz: ›Denken in Ordnungen‹ als ungelöste Aufgabe, in: Jahrbuch für Nationalökonomie und Statistik 206 (1989), S. 446-456; hierbei wird der soziologische Diskussions- und Forschungsstand nicht einmal erwähnt.

nicht von sich aus die aus dem Unterhalt der Nichterwerbstätigen resultierenden Verteilungsprobleme regeln kann, daß hier also ein Fall von ›Marktversagen‹ vorliegt. Ferner kann die Aktualität der Vermögenspolitik in der Zeit bis 1966 der Wirksamkeit des Leitbildes der Sozialen Marktwirtschaft zugerechnet werden.

Über den institutionellen Aspekt der sozialen Sicherung hinaus wurde ›Soziale Sicherheit‹ zu einem neben ›Soziale Gerechtigkeit‹ stehenden Programmbegriff,[366] der von einem weitverbreiteten ›Sicherheitsstreben‹ profitierte.[367] Wichtiger für die sozialpolitischen Debatten in der Bundesrepublik wurde jedoch zunächst der Programmbegriff ›Sozialreform‹. Nachdem Bundeskanzler Adenauer in seiner Regierungserklärung zu Beginn der zweiten Legislaturperiode eine »umfassende Sozialreform« und ein »umfassendes Sozialprogramm« angekündigt hatte,[368] wurde *Sozialreform* zum Leitbegriff einer Reform des sozialen Sicherungssystems, um die in der zweiten bis vierten Legislaturperiode gerungen wurde, die jedoch nur in der Rentenreform von 1957 zu einem weittragenden Ergebnis geführt hat.[369] So rückten ab Mitte der fünfziger Jahre die Probleme der Einkommenssicherung und damit der Einkommensumverteilung ins Zentrum der sozialpolitischen Auseinandersetzungen, während das Arbeitsrecht und der Ausbau sozialer Dienstleistungen an den Rand des politischen Interesses rückten. Das hat der Bundesrepublik im internationalen Vergleich von Wohlfahrtsstaatlichkeit den Ruf eines »Sozialversicherungsstaates« eingetragen.

366 Vgl. Kaufmann, Franz-Xaver: Sicherheit als soziologisches und sozialpolitisches Problem. Untersuchungen zu einer Wertidee hochdifferenzierter Gesellschaften, 2. Aufl. Stuttgart 1973, S. 91-139.

367 Vgl. Braun, Hans: Das Streben nach ›Sicherheit‹ in den 50er Jahren, in: Archiv für Sozialgeschichte 18 (1978), S. 279-306.

368 Zur Vor- und Verlaufsgeschichte der Diskussion um die ›Sozialreform‹ vgl. Hockerts, Sozialpolitische Entscheidungen, S. 216-319.

369 Vgl. die Dokumentation: Die Sozialreform. Dokumente und Stellungnahmen, hg. v. Max Richter, Bad Godesberg 1955ff. (Loseblattsammlung). Zum Begriffs- und Deutungskontext vgl. Kaufmann, Sicherheit, S. 111-115.

4.1.2 *Christliche Gesellschaftslehre*

Die Ernüchterung nach dem verlorenen Weltkrieg gab zunächst vor allem *normativen Überlegungen* neuen Auftrieb. Wir sind ihnen bereits im Zusammenhang mit dem Konzept der sozialen Marktwirtschaft begegnet, das vor allem von evangelischen Einflüssen inspiriert wurde.[370] Unmittelbar für die Sozialpolitik einflußreich wurde eher die katholische Soziallehre,[371] als deren prominenteste Vertreter der spätere Kölner Kardinal Josef Höffner und Oswald von Nell-Breuning SJ, der die päpstliche Enzyklika »Quadragesimo anno« (1931) entworfen hat, genannt seien.[372]

*Höffner*s Handbuchartikel zur Sozialpolitik ist im vorliegenden Zusammenhang beachtenswert wegen seiner Systematisierung der sozialpolitischen Aufgaben nach (1) sozialem Schutz, (2) sozialer Sicherung, (3) sozialer Förderung und (4) strukturpolitischen Aufgaben wie breiter Vermögensstreuung und Siedlungspolitik.[373] Vor allem aber hat Höffner durch die Ausarbeitung von Grundbegriffen der christlichen Gesellschaftslehre – Personalität, Subsidiarität, Solidarität, Gemeinwohl – nachhaltige Wirkung entfaltet.[374] Eine gewisse Kongenialität zwischen dem ursprünglichen Konzept der Sozialen Marktwirtschaft und der

370 Vgl. Manow, Ordoliberalismus; Zur Grundlegung vgl. Honecker, Martin: Konzept einer sozialethischen Theorie. Grundfragen evangelischer Sozialethik, Tübingen 1971.

371 Vgl. Katholizismus, Wirtschaftsordnung und Sozialpolitik 1945-1963, hg. v. Albrecht Langner, Paderborn 1980. Zum Verhältnis von evangelischen und katholischen Soziallehren vgl. Karrenberg, Friedrich: Katholische Soziallehre und evangelische Sozialethik, in: Normen der Gesellschaft. Festgabe für Oswald von Nell-Breuning SJ zu seinem 75. Geburtstag, hg. v. Hans Achinger, Ludwig Preller und Hermann Josef Wallraff, Mannheim 1965, S. 49-71.

372 Erwähnenswert ist auch Utz, Arthur-Fridolin: Die philosophischen Grundlagen der Wirtschafts- und Sozialpolitik, Freiburg/Schweiz 1961.

373 Höffner, Josef: Sozialpolitik, in: Staatslexikon, 6. Aufl., Bd. 7, Freiburg i. Br. 1962, Sp. 347-360, hier Sp. 349.

374 Vgl. sein vielfach aufgelegtes Lehrbuch ›Christliche Gesellschaftslehre‹ (zuerst 1962, Neuausgabe hg. durch Lothar Roos, Kevelaer 1997). Höffner war auch Koautor der sogenannten ›Rothenfelser Denkschrift‹ (Achinger, Hans/Höffner, Josef/Muthesius, Hans/Neundörfer, Ludwig: Neuordnung der sozialen Leistungen. Denkschrift auf Anregung des Herrn Bundeskanzlers, Köln 1955) und wurde einflußreich durch eine rege publizistische Tätigkeit; vgl. seinen Sammelband: Gesellschaftspolitik aus christlicher Verantwortung, Münster 1966.

Position Höffners ist unverkennbar, vor allem bezüglich der Forderung nach einer Politik der breiten Vermögensstreuung und der Einschränkung staatlicher Sicherungspolitik auf eine Basissicherung.[375]

Nell-Breuning hat schon unmittelbar nach dem Krieg zu einer christlichen Positionsbestimmung zur Sozialpolitik beigetragen und sich vor allem für eine konsequente Mitbestimmung der Arbeitnehmer eingesetzt;[376] sein jahrzehntelanges Wirken hat sich jedoch weniger in systematischen Werken als in einem Brückenschlag zwischen christlicher Gesellschaftslehre und Gewerkschaften bzw. Sozialdemokratie niedergeschlagen.[377] Von Bedeutung ist insbesondere der von ihm entwickelte dialektische Zusammenhang zwischen Solidarität und Subsidiarität als Grundprinzipien der Gesellschaftsordnung.[378]

Die Wirkung der christlichen Soziallehren auf die sozialpolitische Entwicklung in der Bundesrepublik ist eher mittelbarer Art. Nach dem Krieg kam den Kirchen eine beachtliche moralische Autorität zu. Die deutliche Allianz zwischen Katholizismus und CDU bei gleichzeitiger Affinität eines erheblichen Teils des Pro-

375 Vgl. Höffner, Josef: Soziale Sicherheit und Eigenverantwortung: Der personale Faktor in der Sozialpolitik, Paderborn o. J. (1953); ders., Eigentumsstreuung als Ziel der Sozialpolitik, in: Eigentum und Eigentümer in unserer Gesellschaftsordnung. Hg. Walter-Raymond-Stiftung, Köln und Opladen 1960, S. 34-50. Dieser Band ist insgesamt grundlegend für eine an der Förderung der Eigentumsbildung orientierte Sozialpolitik.

376 Nell-Breuning, Oswald v. und Sacher, Hermann: Zur Sozialen Frage, Freiburg i. Br. 1949; im Anhang ein beachtlicher internationaler Überblick über die christlich-soziale Bewegung der Zeit; Nell-Breuning, Oswald v., Mitbestimmung, Frankfurt/M. 1968. Zu Nell-Breuning vgl. Schulz, Albert: Oswald v. Nell-Breuning – eine soziologische Analyse seines Mitbestimmungs-Engagements, Diss. Saarbrücken o. J. (1978); Schwaderlapp, Werner: Eigentum und Arbeit bei Oswald von Nell-Breuning, Düsseldorf 1980.

377 Die Veröffentlichungen Nell-Breunings sind in mehreren Sammelbänden zusammengefaßt: Wirtschaft und Gesellschaft heute I-III, Freiburg i. Br. 1956-1960; Aktuelle Fragen der Gesellschaftspolitik, Köln 1970; Soziale Sicherheit: zu Grundfragen der Sozialordnung aus christlicher Verantwortung, Freiburg i. Br. 1979.

378 Vgl. Nell-Breuning, Oswald: Baugesetze der Gesellschaft: Gegenseitige Verantwortung – Hilfreicher Beistand, Freiburg i. Br. 1968; ders., Solidarität und Subsidiarität im Raume von Sozialpolitik und Sozialreform, in: Sozialpolitik und Sozialreform, hg. v. Erik Boettcher, Tübingen 1957, S. 213-226.

testantismus zur SPD schlug sich auch in sozialpolitischen Stellungnahmen nieder. Gemein war beiden Kirchen jedoch die Verpflichtung auf einen ›mittleren Kurs‹ zwischen Kapitalismus und Sozialismus, wodurch – in Verbindung mit einer starken Kontinuität der sozialpolitischen Einrichtungen – der ›Pfad‹ der deutschen Sozialpolitik auch in der gesellschaftspolitisch offenen Nachkriegssituation stabilisiert wurde. Im Gegensatz zu vorherrschenden Interpretationen des ›deutschen Weges‹ in der internationalen Literatur ist ein ›dritter Weg‹ nicht allein von der katholischen Soziallehre vorgezeichnet worden, sondern fand seine – allerdings unterschiedliche – Begründung in der Wirtschafts- und Sozialethik *beider* großen Konfessionen.[379]

4.2 Wissenschaftliche Sozialpolitik im Spannungsfeld von Tradition und Neuorientierung (1946-1966)

Die vorangehende Skizze hat bereits verdeutlicht, daß nunmehr für die verallgemeinernde Betrachtungsweise sozialpolitischer Maßnahmen eine Vielzahl konkurrierender Begriffe zu ›Sozialpolitik‹ zur Verfügung stand. Dennoch behauptete dieser Begriff sich vor allem in der wirtschafts- und sozial*wissenschaftlichen* Diskussion, wobei sich natürlich auch die realpolitischen Veränderungen niederschlugen.

Die Not unmittelbar nach Kriegsende ließ für allgemeine sozialpolitische Erwägungen wenig Raum. Doch schon vor der Gründung der Bundesrepublik gewann die wissenschaftliche Reflexion über Sozialpolitik wieder an Bedeutung. Zu den einflußreichen Publikationen der ersten Stunde gehörte eine Schrift des nachmaligen ersten Vorsitzenden der *Gesellschaft für sozialen Fortschritt*, Ludwig Preller.[380] Unter diesem Namen entstand 1949 die Nachfolgeorganisation der *Gesellschaft für soziale Reform*, die auch ein Nachfolgeorgan zur ›Sozialen Praxis‹ heraus-

379 Gleiche Auffassung bei Manow, Ordoliberalismus, S. 195.

380 Preller, Ludwig: Sozialpolitik – Kernfrage des Aufbaues, 2. Aufl. Stuttgart 1947. Unter den frühen Beiträgen verdienen ferner Erwähnung Jostock, Paul: Grundzüge der Soziallehre und der Sozialreform, Freiburg i. Br. 1946, eine an die Tradition der katholischen Soziallehre anknüpfende Programmschrift, und als frühestes Lehrbuch Tormin, Helmut: Einführung in die Sozialpolitik, Stuttgart 1949.

gibt, das zumindest in den ersten Jahren wiederum ein wichtiges Organ der sozialpolitischen Diskussion wurde.[381] Auch der *Verein für Socialpolitik* wurde – in altertümelnder Schreibweise und mit dem Zusatz »Gesellschaft für Wirtschafts- und Sozialwissenschaften« – bereits 1948 wiedergegründet.[382] Im Zuge der Ausdifferenzierung von Wirtschaftswissenschaften, Rechtswissenschaften und Sozialwissenschaften im engeren Sinne (Soziologie, Politikwissenschaft, Demographie, Ethnologie) sowie zwischen diesen und der Sozialphilosophie bzw. Sozialethik, also im Prozeß der *Auflösung des für die deutschsprachige Tradition charakteristischen staats- bzw. sozialwissenschaftlichen Kommunikationszusammenhangs*,[383] wurde der ›Verein für Socialpolitik‹ zu einer ausschließlich wirtschaftswissenschaftlichen Fachgesellschaft. Seither hat sich auch das Verhältnis von Wirtschaftspolitik und Sozialpolitik immer stärker polarisiert.[384] Ein ähnlich dichter Kommunikationszusammenhang hinsichtlich Sozialpolitik, wie er zwischen 1872 und 1930 immer wieder zustande gekommen ist, hat sich seit dem Zweiten Weltkrieg nicht mehr eingestellt. Zwar wurde in der Periode der ›Sozialreform‹ wissenschaftlicher Sachverstand zur Inspiration und zur Legitimation praktischer Sozialpolitik wiederholt in Anspruch genommen,[385] aber es handelte sich bei den wissenschaftlichen Akteuren um Einzelpersönlichkeiten ohne Rückhalt in einer sozialpolitischen Scientific community.

381 *Sozialer Fortschritt. Unabhängige Zeitschrift für Sozialpolitik*, erscheint monatlich seit Januar 1952. Allerdings hat dieses Organ nie eine vergleichbar zentrale Stellung wie die Wochenzeitung *Soziale Praxis* gewinnen können.

382 Vgl. Verhandlungen auf der Tagung der Volks- und Betriebswirte in Marburg/Lahn, 15. und 16. September 1948, hg. v. Gerhard Albrecht und Helmut Arndt, Berlin und München 1948.

383 Vgl. Mayr, Begriff und Gliederung; ferner als knapper Überblick Kaufmann, Franz-Xaver: Sozialwissenschaften, in: Staatslexikon, 7. Aufl. Freiburg i. Br., Bd. 5, 1989, Sp. 46-50.

384 Einen versöhnlichen Klärungsversuch unternahm Schulz-Nieswandt, Frank: Über das Verhältnis von Wirtschaftspolitik und Sozialpolitik. Sozialpolitik im System der Sozialwissenschaften, in: Zeitschrift für Sozialreform 37 (1991), S. 531-548.

385 Vgl. als kritischen Überblick Krüger, Jürgen: Wissenschaftliche Beratung und sozialpolitische Praxis, Stuttgart 1975.

4.2.1 *Diversifizierung des Begriffs*

Der *Begriff Sozialpolitik* wurde zunächst erneut zu einem strukturierenden Thema der anstehenden Umorientierung, wobei jedoch die Klagen über dessen Unschärfe auch im Zuge seiner Reformulierungsversuche nicht mehr abgerissen sind.[386] Es können hier nur Richtungen der Ausdifferenzierung angedeutet werden, die dann in der Folge zur theoretischen Neuorientierung Anlaß geben sollten.

Die Wiederaufnahme der *Begriffsdiskussionen* erwies sich in diesem Zusammenhang als wenig ergiebig.[387] Denn in der Absicht, zu einem eindeutigen Begriff zu gelangen, müssen sich die wissenschaftlichen Konstruktionen der Begrifflichkeit sowohl am gesellschaftlichen Vorverständnis, das primär politisch oder institutionell geprägt ist, als auch an bestimmten normativen Vorstellungen orientieren. Wird dabei gleichzeitig eine bestimmte Intention oder ein ›Ziel der Sozialpolitik‹ unterstellt, so gelingt es in der Regel kaum, sich von den normativen Vorstellungen bestimmter sozialpolitischer Akteure zu lösen und eine eigenständige *wissenschaftliche* Perspektive zu entwickeln. Da sich das Erfahrungsobjekt Sozialpolitik sowohl hinsichtlich der zugehörigen Institutionen oder Maßnahmen als auch hinsichtlich der möglichen Intentionen oder Ziele der beteiligten Akteure als he-

386 »So bietet die Lehre, die im deutschen Sprachgebiet traditionell S[ozialpolitik] genannt wird, ein im Nebel vieler Unbestimmtheiten verschwimmendes Bild. Weder über die Gegenstände der Lehre noch über die Weisen der Begründung ihrer Thesen herrscht Einigkeit. Es besteht nicht einmal Klarheit. Jedoch gibt es intensive Bedürfnisse der gesellschaftsgestalterischen Praxis und wissenschaftstheoretische Möglichkeiten, der Lehre feste Umrisse und ein klares inneres Gefüge zu geben.« So urteilte einer der konsequentesten Theoretiker der Sozialpolitik jener Zeit: Weisser, Gerhard: Sozialpolitik, in: Wörterbuch der Soziologie, hg. v. Wilhelm Bernsdorf, 2. Aufl. Stuttgart 1969, S. 1039-1048, Zitat S. 1048.

387 Vgl. Hoffmann, Michael: Über den Begriff und die Grenzen der Sozialpolitik, Diss. Erlangen 1948; Weber, Max: Zum Begriff der Sozialpolitik, in: Wirtschaftstheorie und Wirtschaftspolitik, Festschrift Alfred Amonn, hg. v. Valentin F. Wagner und Fritz Marbach, Bern 1953, S. 167-176; Lepsius, Mario Rainer: Beitrag zur soziologischen Theorie der Sozialpolitik, Diss. (Ms.) München 1955; Pütz, Theodor: Bemerkungen zum Erkenntnisobjekt der Sozialpolitik als wissenschaftlicher Disziplin, in: Festschrift für Hans Schmitz zum 70. Geburtstag, hg. v. Theo Mayer-Maly u. a., Bd. II, Wien 1967, S. 176-193; Müller-Heine, Karin: Zur Definition von Sozialpolitik, in: Sozialer Fortschritt 26 (1977), S. 171-175.

terogen und für Erkenntniszwecke nur schwach geordnet erweist, fällt die ordnende und damit gleichzeitig selektive Leistung notwendigerweise dem Forscher zu. Dabei steht er vor dem Dilemma der Einfachheit: Je eindeutiger er sein Erkenntnisobjekt konstruiert, desto weniger wird er der Heterogenität des Erfahrungsobjekts gerecht. Und umgekehrt: Je komplexer die Theorie, desto weniger scheint sie sich zur Anleitung praktischer Entscheidungen zu eignen.[388]

Ein möglicher Ausweg, um wissenschaftliche und praktische Perspektiven miteinander zu vermitteln, ist die wissenschaftliche Rekonstruktion sozialer und sozialpolitischer Probleme im Zusammenhang.[389] Da diese jedoch vielfältig sind, lassen sie sich nicht auf *ein* ›sozialpolitisches‹ Problem reduzieren.

Schon gegen Ende der Weimarer Republik hatte sich eine Diversifizierung des Begriffs angedeutet, indem neben das herkömmliche, auf die Arbeiterfrage fokussierte Verständnis von Sozialpolitik umfassendere Bedeutungen traten, für die bald der Name *Gesellschaftspolitik* in Vorschlag gebracht wurde.[390] Man kann hierin ein Wiederaufleben der schon bei Lorenz von Stein und in anderer Weise bei Wilhelm Heinrich Riehl zu findenden Intention (vgl. Abschnitt 1.2) sehen:

388 Ähnlich Winterstein, Helmut: Sozialpolitik mit anderen Vorzeichen, Berlin 1969, S. 10-13. Für einen wissenschaftstheoretischen Begründungsversuch vgl. Kleinhenz, Probleme wissenschaftlicher Beschäftigung mit Sozialpolitik; hierauf aufbauend Leenen, W. R.: Tausendundeine Definition: Was ist Sozialpolitik?, in: Sozialer Fortschritt 27 (1978), S. 1-6.

389 So schon Mönch, Hermann: Die historischen und strukturellen Grundbedingungen der klassischen theoretischen Sozialpolitik, in: Schmollers Jahrbuch für Wirtschafts- und Sozialwissenschaften 69 I (1949), S. 129-161, hier S. 156: »Eine wirkliche Theorie muß, abstrahierend, nicht nur von reinen Begriffen, sondern vornehmlich auch von aktuellen Problemen ausgehen und deren Art und Bedeutung systematisch entwickeln.« – Dazu systematischer Kaufmann, Franz-Xaver: Sozialpolitisches Erkenntnisinteresse und Soziologie. Ein Beitrag zur Pragmatik der Sozialwissenschaften, in: Soziologie und Sozialpolitik, hg. v. Christian v. Ferber und Franz-Xaver Kaufmann, Sonderheft 19 der Kölner Zeitschrift für Soziologie und Sozialpsychologie, Opladen 1977, S. 35-75 (jetzt in: Kaufmann, Sozialpolitik und Sozialstaat, S. 31-68).

390 Vgl. z. B. Klotz, Zur Begriffsbestimmung, S. 54-60; Geck, Staatliche Sozialpolitik. – Der Begriff wurde schon 1914 von Philippovich beiläufig verwendet; vgl. Geck, Sozialpolitische Aufgaben, S. 11.

»Wie demnach vor hundert Jahren bereits der Sozialpolitik im Begriffe einer Gesellschaftspolitik der Gedanke einer geordneten Gesellschaft zugrunde lag, die zu erhalten oder wiederherzustellen als Aufgabe der Sozialpolitik erscheint, so sucht auch die moderne wissenschaftliche Sozialpolitik als Gesellschaftspolitik eine Beeinflussung der Gesellschaft, d. h. des Zusammenlebens der Menschen, auf Grund der Erkenntnisse des Gesellschaftslebens, und zwar so wie sie die Sozialwissenschaft erarbeitet.«[391]

Der Begriff ›Gesellschaftspolitik‹ wurde in der Nachkriegszeit breit aufgenommen, ohne jedoch jemals eine eindeutige Konnotation zu gewinnen.[392] Wahrscheinlich läßt sich dieser Mangel auf die fehlende sozialwissenschaftliche Durchdringung des Gegenstandsbereichs zurückführen, der zunächst überwiegend im Horizont wirtschaftswissenschaftlicher Fragestellungen verblieb. Es fehlte zu jener Zeit noch an einem klaren gesellschaftstheoretischen Konzept. Nur wenige waren so klarsichtig wie Müller-Armack, der das Problem der Nachkriegszeit wie folgt formulierte: »Entscheidendes für die Erhaltung unserer wirtschaftlichen Kultur [wird] davon abhängen, ob es gelingt, die marktwirtschaftliche Form ihrer hohen Leistungsfähigkeit wegen zu erhalten, aber sie doch gleichzeitig einer bewußt gestalteten Gesamtordnung einzufügen.«[393] Hier wird bereits eine deutliche Differenz, aber auch eine Beziehung zwischen ›Wirtschaft‹ und ›Gesellschaft‹ deutlich.

Des weiteren entwickelte sich eine an der Gestaltung der betrieblichen Gegebenheiten orientierte Fragestellung, die für sich die Bezeichnung *betriebliche Sozialpolitik* neben ›soziale Betriebspolitik‹ in Anspruch nahm.[394] Dieser Gegenstand wurde in

391 Geck, Sozialpolitische Aufgaben, S. 15f.

392 Vgl. z. B. Achinger, Hans: Sozialpolitik als Gesellschaftspolitik. Von der Arbeiterfrage zum Wohlfahrtsstaat (1958), 3. Aufl. Frankfurt/M. 1979; Höffner, Josef: Sozialpolitik, in: Staatslexikon, 6. Aufl., Bd. 7, Sp. 347-360; Kraus, Otto: Grundfragen der Gesellschaftspolitik, Berlin 1964; Nell-Breuning, Oswald von: Aktuelle Fragen der Gesellschaftspolitik, Köln 1970; Weisser, Gerhard: Beiträge zur Gesellschaftspolitik, Göttingen 1978.

393 Müller-Armack, Alfred: Wirtschaftslenkung und Marktwirtschaft, Hamburg 1947, S. 94.

394 Zuerst: Probleme der sozialen Betriebspolitik, hg. v. Götz Briefs, Berlin 1930; Geck, Sozialpolitik. Dazu auch Nell-Breuning, Oswald von: Betriebliche Sozialpolitik und soziale Betriebspolitik, in: ders., Aktuelle Fragen, S. 27-34; ferner: Reichwein, Roland: Funktionswandlungen der betrieblichen Sozialpolitik, Köln und Opladen 1965.

der Mitbestimmungsdiskussion auch politisch relevant und von der Betriebssoziologie weiter verfolgt.[395] Er erhielt jedoch für den Fortgang der Diskussion um Sozialpolitik nur marginale Bedeutung.

Die ebenfalls in die Weimarer Zeit zurückzuverfolgende Bezeichnung *kommunale Sozialpolitik* spielte in der Nachkriegszeit kaum eine Rolle. Sozialpolitik wurde jetzt eindeutig als Bundesaufgabe verstanden.[396] Erst mit der Ausweitung des Konzepts über die Einkommenssicherungspolitik hinaus in den Bereich der sozialen Dienste und der sozialen Infrastruktur gewann der Begriff in den 1970er Jahren erneute Relevanz.[397]

Auch die internationale Entwicklung blieb nicht ohne Einfluß auf die sozialpolitische Diskussion in Deutschland, doch wurde sie weithin ambivalent rezipiert. Institutionelle Verfestigungen in Deutschland hatten historische Schwergewichte und auch Interessenlagen geschaffen, die einer unmittelbaren Übernahme der insbesondere im sogenannten Beveridge-Plan[398] entwickelten neuen Leitbilder eines die gesamte Bevölkerung umfassenden, einheitlich administrierten Sicherungssystems entgegenstan-

395 Vgl. Pirker, Theo u. a.: Arbeiter, Management, Mitbestimmung, Stuttgart 1955; Dahrendorf, Ralph: Das Mitbestimmungsproblem in der deutschen Sozialforschung. Eine Kritik, München 1965.

396 Zur damit verbundenen Problematik vgl. Münch, Ursula: Sozialpolitik und Föderalismus. Zur Dynamik der Aufgabenverteilung im sozialen Bundesstaat, Opladen 1997.

397 Vgl. Becher, Berthold: Gesellschaftlicher Wandel und neue Funktionsbedingungen kommunaler Sozialpolitik, in: Sociologia Internationalis 20 (1982), S. 87-115 (sowie weitere Beiträge im selben Band); Grundlagen lokaler Sozialpolitik, hg. v. Jörn W. Mundt, Weinheim und Basel 1983; ferner: Kommunale Sozialpolitik, hg. v. Jürgen Krüger und Eckart Pankoke, München und Wien 1985.

398 Beveridge, Lord William: Der Beveridgeplan: Sozialversicherung und verwandte Leistungen. Dem britischen Parlament überreicht im November 1942, Zürich 1943. Eine Zusammenfassung bei Eichenhofer, Eberhard: 50 Jahre Beveridge-Report, in: Zeitschrift für Sozialreform 39 (1993), S. 19-27. Beveridges sozialpolitisches Konzept umfaßte nicht nur eine Reform des sozialen Sicherungssystems, sondern auch eine aktive Vollbeschäftigungspolitik. Vgl. die frühe Rezeption durch Liefmann-Keil, Elisabeth: Intervention und Rahmenplanung. Bemerkungen zu Lord Beveridge: Vollbeschäftigung in einer freien Gesellschaft, in: Jahrbuch für Nationalökonomie und Statistik 161 (1949), S. 112-136. Zur politischen Bedeutung der Vorschläge von Beveridge vgl. Bremme, Gabriele: Freiheit und soziale Sicherheit. Motive und Prinzipien sozialer Sicherung, dargestellt an England und Frankreich, Stuttgart 1961, S. 39-80.

den.[399] Der angelsächsische Leitbegriff ›Social security‹ wurde zwar rezipiert, gewann aber kein vergleichbares Gewicht wie ›Sozialreform‹. Der Begriff ›Wohlfahrtsstaat‹ wurde vorwiegend im Sinne eines sich insbesondere vom schwedischen Modell abgrenzenden Negativbegriffs des ›Versorgungsstaates‹ rezipiert.[400]

So blieb der etablierte Begriff ›Sozialpolitik‹ zwar dominierend, ohne jedoch noch eine die Diskussionen strukturierende Funktion übernehmen zu können. Seine Haupteigenschaft bestand nunmehr in der Denotation eines Politikfeldes, das zunächst die an die ›Arbeiterfrage‹ sich anschließenden institutionellen Bereiche des Arbeitsschutzes, der Tarifpolitik und des kollektiven Arbeitsrechtes, der Mitbestimmung sowie die verschiedenen Bereiche der Sozialversicherung umfaßte, dem aber nun allmählich immer weitere Politikbereiche wie die Wohnungspolitik, die Regelung der Kriegsfolgelasten, die Vermögenspolitik oder die Fürsorge- bzw. Sozialhilfepolitik angegliedert wurden. Das als sozialpolitisch bezeichnete Politikfeld wurde in der Folge vor allem durch eine zielgruppenspezifische Orientierung erweitert: Mittelstand, Familien, Jugendliche, Behinderte, Frauen, Ausländer und schließlich Senioren wurden als Adressaten staatlicher Sozialpolitik entdeckt.[401] In jüngster Zeit wird sogar zunehmend das Versorgungsrecht der Beamten in die sozialpolitische Perspektive eingeordnet.[402] Die Ausweitung des Feldes der

399 Vgl. als Rezeptionsversuch Auerbach, Walter: Mut zur sozialen Sicherheit, Köln 1955; ders., Zusammenhänge, Illusion und Wirklichkeit der sozialen Sicherheit, Frankfurt/M. 1968; auch der von Auerbach mit verantwortete ›Sozialplan für Deutschland‹ der SPD (Hannover 1957) läßt deutliche Einflüsse des Beveridge-Plans erkennen. Selbst die von Bundeskanzler Adenauer in Konkurrenz zu seinem Arbeitsminister angeforderte ›Rothenfelser Denkschrift‹ forderte »für *einen* Tatbestand grundsätzlich *eine* Leistung durch *einen* Träger.« Achinger u. a.: Neuordnung der sozialen Leistungen, S. 135.

400 Vgl. hierzu Kaufmann, Sicherheit, S. 108-115. – Eine polemische Verwendung des Wortes ›Wohlfahrtsstaat‹ findet sich bereits in der Regierungserklärung des Reichskanzlers von Papen (1932); vgl. Stolleis, Michael, Art. Wohlfahrt, in: Handwörterbuch zur Deutschen Rechtsgeschichte, Bd. V, Sp. 1486-1488, hier Sp. 1487.

401 Hippel, Eike von: Der Schutz des Schwächeren, Tübingen 1982, nimmt die Zielgruppenorientierung sogar zum übergreifenden Systematisierungskriterium seiner Darstellung der Sozialpolitik.

402 So z. B. systematisch bei Frerich, Johannes: Sozialpolitik. Das Sozialleistungssystem der Bundesrepublik Deutschland, 3. Aufl. München und Wien 1996.

Sozialpolitik läßt sich auch am Zuschnitt der Ministerialorganisation ablesen: So ist neben das seit 1949 und bis 2002 existierende ›Bundesministerium für Arbeit (seit 1957: und Sozialordnung)‹ im Jahre 1953 ein ›Bundesministerium für Familie‹ getreten, das nach mehreren Umbenennungen heute ›Bundesministerium für Familie, Senioren, Frauen und Jugend‹ heißt; ferner wurde (1961-1969 und erneut 1991-2002) als drittes sozialpolitisches Ressort ein ›Bundesministerium für Gesundheit‹ geschaffen, das Abteilungen aus den beiden zuvor genannten Ministerien vereinigt.[403] Mit Beginn der 15. Legislaturperiode (2000) wurde erstmals der ehemalige Bereich der Arbeitersozialpolitik aufgespaltet: Arbeitsmarktpolitik und Arbeitsrecht wurden dem nunmehr ›Ministerium für Wirtschaft und Arbeit‹ genannten Wirtschaftsministerium zugeschlagen, während die übrigen Bereiche des ehemaligen Arbeitsministeriums zum Gesundheitsministerium gekommen sind, das nun als ›Bundesministerium für Gesundheit und Soziale Sicherung‹ firmiert. Doch mit diesem Ausblick, der das zu diagnostizierende Ausfransen des deutschen Verständnisses von Sozialpolitik auch institutionell verdeutlicht, wurde zeitlich weit vorausgegriffen.[404]

403 Im weiteren Sinn ist auch das bereits 1949 errichtete ›Bundesministerium für Wohnungswesen‹ (1969 bis 2002 ›Bundesministerium für Städtebau und Wohnungswesen‹) den sozialpolitischen Ressorts zuzuordnen. Eine Übersicht über die Entwicklung der sozialpolitischen Ressorts und der ihnen nachgeordneten Behörden geben Kahlenberg, Friedrich P. und Dierk Hoffmann: Sozialpolitik als Aufgabe zentraler Verwaltungen in Deutschland – Ein verwaltungsgeschichtlicher Überblick 1945-1994, in: Geschichte der Sozialpolitik in Deutschland seit 1945, Bd. 1, 2001, S. 103-182.

404 Was die ›offiziöse Perspektive‹ betrifft, so läßt sich die Ausweitung der unter ›Sozialpolitik‹ subsumierten Maßnahmen besonders eindrücklich anhand der vom Bundesministerium für Arbeit herausgegebenen Informationsschrift ›Übersicht über die soziale Sicherung‹ (Bonn 1962, 1964, 1967, 1970, 1975, 1977), seit 1994 ›Übersicht über das Sozialrecht‹ (5. Aufl. Bonn 1998) verfolgen. Vgl. hierzu ferner die sich im Zeitablauf ausweitende Systematik der einschlägigen Lehrbücher und zusammenfassenden Darstellungen: Tormin, Einführung in die Sozialpolitik; Heyde, Ludwig: Abriß der Sozialpolitik, 12. Aufl. Heidelberg 1966; Schieckel, Horst: Deutsche Sozialpolitik, München 1955; Albrecht, Gerhard: Sozialpolitik, Göttingen 1955; Erdmann, Gerhard: Die Entwicklung der deutschen Sozialgesetzgebung, 2. Aufl. Berlin und Frankfurt/M. 1957; Weddigen, Walter: Grundzüge; Burghardt, Anton: Lehrbuch der allgemeinen Sozialpolitik, Berlin 1966 (aktualisierte Neuauflage u. d. T. Kompendium der Sozialpolitik, Berlin 1979); Preller, Ludwig: Praxis und

4.2.2 *Diversifizierung der Perspektiven*

Ebensowenig weiterführend wie Begriffsdiskussionen sind Ansprüche einzelner Disziplinen auf ihre ausschließliche Zuständigkeit.[405] Sozialpolitik als streitbare (*politics*) oder institutionelle (*policies*) Praxis hat zwangsläufig historische, rechtliche, finanzielle, organisatorische, an sozialen Problemen orientierte und häufig auch sozialpsychologische Aspekte. Betrachtet man die Nutzbarmachung wissenschaftlichen Wissens für eine solche Praxis, so läuft eine derartige Problem- und Maßnahmenanalyse zwangsläufig auf die Kombination von Wissensbeständen aus unterschiedlichen Wissenschaften hinaus.[406] Für derartige notwendigerweise partikuläre, d. h. auf bestimmte soziale Probleme und/oder institutionelle Komplexe hin orientierte ›Kunstlehren‹ oder »Systeme von Empfehlungen und Warnungen« (G. Weisser) – z. B. zu Fragen der Rentenversicherung, des gesundheitlichen Arbeitsschutzes u. ä. – wird man jedoch zweckmäßigerweise die Bezeichnung ›Sozialpolitik‹ nur als Sammelbegriff anwenden, da

Probleme der Sozialpolitik, 2 Halbbände, Tübingen und Zürich 1970; Sanmann, Horst: Sozialpolitik, in: Kompendium der Volkswirtschaftslehre, hg. v. Werner Ehrlicher u. a., Bd. 2., 3. Aufl. Göttingen 1972, S. 188-205; Christmann, Alfred u. a.: Sozialpolitik – Ziele und Wege, Köln 1974; Brück, Gerhard W.: Allgemeine Sozialpolitik: Grundlagen – Leistungen – Zusammenhänge, 2. Aufl. Köln 1981; Lampert, Heinz: Sozialpolitik, Berlin u. a. 1980 (ab 1985 fortgeführt u. d. T. Lehrbuch der Sozialpolitik, 5. Aufl. Berlin u. a. 1998); Molitor, Bruno: Theorie der Sozialpolitik, 2 Bde., München 1987/88; Bäcker, Gerhard u. a.: Sozialpolitik und soziale Lage in der Bundesrepublik Deutschland, 2 Bde., 3. Aufl. Köln 2000; 40 Jahre Sozialstaat Bundesrepublik Deutschland, hg. v. Norbert Blüm und Hans F. Zacher, Baden-Baden 1989; Frerich, Sozialpolitik; Kath, Dietmar: Sozialpolitik, in: Vahlens Kompendium der Wirtschaftstheorie und Wirtschaftspolitik, Bd. 2, 6. Aufl. München 1995, S. 405-459.

405 Vgl. z. B. die Auseinandersetzung zwischen Weddigen, Walter: Die Aufgaben der Sozialpolitik, in: Soziale Welt 3 (1951/52), S. 157-163, und Geck, L. H. Adolf: Sozialpolitik eine Wirtschaftswissenschaft?, in: Soziale Welt 4 (1952/53), S. 23-37; sowie die Replik von Weddigen, Walter: Sozialpolitik contra Sozialwissenschaft – Eine Antikritik, in: Jahrbuch für Nationalökonomie und Statistik 167 (1955), S. 70-79.

406 Vgl. z. B. die schematische Darstellung der multidisziplinären Bezüge wissenschaftlicher Aussagesysteme zur Sozialpolitik bei Engelhardt, Werner Wilhelm: Einleitung in eine ›Entwicklungstheorie‹ der Sozialpolitik. Institutionelle und Lebenslage-Analysen als Grundlagen der Sozialpolitik und Sozialpolitiklehre, in: Theoretische Grundlagen der Sozialpolitik II, hg. v. Theo Thiemeyer, Berlin 1991, S. 9-122, hier S. 48.

hiermit seit jeher eine bestimmte Institutionenkomplexe *übergreifende*, auf einen höheren Allgemeinheitsgrad abzielende Perspektive gemeint war. Aber auch wenn wir unter ›Sozialpolitik‹ einen nur durch politische oder sonstige Konventionen abgegrenzten Erfahrungsbereich verstehen, ist nicht einzusehen, warum für dessen Analyse nur *eine* bestimmte Wissenschaft zuständig sein sollte. Vielmehr scheint es gerade der Charakter der hier in Frage stehenden Praxis zu erfordern, daß sie aus *unterschiedlichen* disziplinären Perspektiven betrachtet wird.[407]

Damit stellt sich allerdings das Problem, wie die Forschungsergebnisse unterschiedlicher Wissenschaften in die praktische, sozial gestaltende Sozialpolitik einfließen können. Ingeborg Nahnsen hat versucht, aus eben dieser Problemlage die Notwendigkeit und Möglichkeit einer eigenständigen Disziplin ›Sozialpolitik‹ zu begründen, »mittels der Integration von Ergebnissen anderer Disziplinen unter einer sie verbindenden übergeordneten Fragestellung«.[408] Aber diese verbindende Fragestellung ist *als eine übergeordnete* alles andere als evident. Gerhard Weisser dagegen, der für die wissenschaftliche Reflexion von Sozialpolitik der Nachkriegszeit wohl die stärksten Impulse gesetzt hat, hielt ein eigenständiges Fach ›Sozialpolitik‹ für durchaus entbehrlich.[409] Ihm kam es weit stärker darauf an, den Prozeß der wissenschaftlichen Beratung unter intersubjektiv kontrollierbare Kriterien zu bringen, indem er die Frage nach den normativen Prämissen wissenschaftlicher Empfehlungen und Warnungen explizit stellte und sie in Bezug zu einer ›normativen Sozialwissenschaft‹ setzte.[410] Dieser Impuls führte zu einer Wiederaufnahme der

407 Ähnlich Lampert, Heinz: Leistungen und Grenzen der ›Ökonomischen Theorie der Sozialpolitik‹, in: Sozialpolitiklehre als Prozeß, hg. v. Philipp Herder-Dorneich u. a., Baden-Baden 1992, S. 115-130; Zerche, Jürgen: Gedanken zu einer Theorie der Sozialpolitik, in: Sozialpolitik vor neuen Aufgaben. Horst Sanmann zum 65. Geburtstag, hg. v. Albrecht Iwersen und Egon Tuchfeldt, Bern u. a. 1993, S. 43-62.

408 Nahnsen, Ingeborg: Der systematische Ort der Sozialpolitik in den Sozialwissenschaften, in: Gesellschaft in Geschichte und Gegenwart, Festschrift Siegfried Lenz, Berlin 1961, S. 115-132, Zitat S. 129.

409 Eine von Fachinteressen wohltuend distanzierte Erörterung des Problems bietet auch Schreiber, Wilfried: Zur Frage des Standorts der Sozialpolitik-Lehre im Ganzen der Sozialwissenschaften, in: Sozialwissenschaft und Gesellschaftsgestaltung. Festschrift für Gerhard Weisser, hg. v. Friedrich Karrenberg und Hans Albert, Berlin 1963, S. 351-361.

410 Vgl. die verstreuten Äußerungen Weissers zusammenfassend Stelzig,

Werturteilsdebatte in neuem Kontext[411] und zu weiterführenden Erörterungen der Begründbarkeit wirtschafts- und sozialpolitischer Empfehlungen.[412]

In jüngerer Zeit differenzieren sich deshalb innerhalb bestimmter Disziplinen Subdisziplinen oder zum mindesten Forschungsnetzwerke mit Bezug auf sozialpolitische Fragen aus, deren Vertreter untereinander im Kontakt stehen und bei Problemanalysen zusammenarbeiten.[413] Die wissenschaftliche Be-

Thorhild: Weissers Konzept einer normativen Sozialwissenschaft, in: Soziologie und Sozialpolitik, S. 260-289; ferner die Beiträge von Werner Wilhelm Engelhardt, Friedrich Fürstenberg, Siegfried Katterle und Bernhard Schäfers in: Gegen den gesellschaftspolitischen Imperialismus der reinen Ökonomie. Gedächtnisschrift für Gerhard Weisser, hg. v. Heinrich A. Henkel u. a., Marburg 1998, S. 15-98.

411 Neben Weisser und über ihn hinaus behauptete insbesondere Weippert, Georg: Vom Werturteilsstreit zur politischen Theorie, in: Weltwirtschaftliches Archiv 49 (1939), S. 1-100, die Möglichkeit von sozialwissenschaftlich fundierten normativen Empfehlungen. Die Unvermeidlichkeit normativer Wirkungen der Sozialwissenschaften betonte Hofmann, Werner: Gesellschaftslehre als Ordnungsmacht, Berlin 1961; für kritische und differenzierende Gegenpositionen vgl. den Sammelband von Topitsch, Ernst (Hg.): Logik der Sozialwissenschaften, Köln 1965. – Unmittelbar in Auseinandersetzung mit Weisser entwickelte vor allem Hans Albert seine Position, die dann im ›Positivismusstreit‹ in der deutschen Soziologie zum Tragen kam, der auch als zweiter Werturteilsstreit apostrophiert wurde. Vgl. Adorno, Theodor W. u. a.: Der Positivismusstreit in der deutschen Soziologie, 2. Aufl. Neuwied 1972. Die Debatte kam wiederum nicht zu einem klaren Ergebnis. Deutlich wurde jedoch, daß Wertbezüge in sozialwissenschaftlichen Argumentationen unvermeidlich enthalten sind und daß es nicht um ihre Ausschaltung, sondern nur um die Kontrolle ihrer Wirkungen gehen kann. Vgl. hierzu Beck, Ulrich: Objektivität und Normativität. Die Theorie-Praxis-Debatte in der modernen deutschen und amerikanischen Soziologie, Reinbek bei Hamburg 1974.

412 Vgl. insbesondere: Probleme der normativen Ökonomik und der wirtschaftspolitischen Beratung. Verhandlungen auf der Arbeitstagung des Vereins für Socialpolitik in Bad Homburg 1962, hg. v. Erwin von Beckerath und Herbert Giersch, Berlin 1963.

413 So bestehen heute der 1965 unter dem Namen ›Sozialgerichtsverband‹ gegründete ›Sozialrechtsverband‹, ein sozialpolitischer Ausschuß im Verein für Socialpolitik und eine Sektion ›Sozialpolitik‹ in der Deutschen Gesellschaft für Soziologie, sowie eine an Problemen der Arbeitsmarktpolitik orientierte Sektion ›Politik und Ökonomie‹ in der Deutschen Vereinigung für politische Wissenschaft. Neue Zentren sozialpolitischer Forschung sind in München (Max-Planck-Institut für ausländisches und internationales Sozialrecht, seit 1980) und Bremen (Zentrum für Sozialpolitik der Universität Bremen, seit 1988) entstanden. Thematische Sammelbände vereinigen zunehmend auch Beiträge aus unterschiedlichen

schäftigung mit Sozialpolitik ist notwendigerweise *multifokal*, d. h. auf unterschiedliche Probleme, und *multidisziplinär*, d. h. auf verschiedene Disziplinen bezogen. Welche Disziplin im konkreten Fall als theoretisch strukturierende Leitwissenschaft heranzuziehen ist, bleibt eine Frage heuristischer Zweckmäßigkeit, d. h. ist von den Eigenarten des Untersuchungsproblems abhängig. Je nach Forschungskontext wird ein solches Problem primär aus dem Horizont praktisch-politischer Fragestellungen stammen oder aber vom Forscher frei gewählt sein. Im letztgenannten Falle dürfte nicht selten die fachliche Orientierung des Forschers den Ausschlag sowohl für die Wahl eines Problems als auch für dessen theoretische Strukturierung geben. Dagegen ist nichts Grundsätzliches einzuwenden, Einseitigkeiten lassen sich in wissenschaftlicher Kritik korrigieren. Sozialwissenschaftlicher Fortschritt ist heute nicht von methodischen Restriktionen, sondern von einem arbeitsteiligen, notwendigerweise redundanten Prozeß von Analysen, Kritik und Synthesen zu erwarten. Und die Transformation sozialwissenschaftlichen Wissens in die politische Praxis erfolgt auf unterschiedlichen, jedoch meist indirekten Wegen.[414]

4.2.3 Konzeptionelle Neuorientierungen

Betrachten wir die Fortschritte der sozialpolitischen Reflexion nach dem Krieg im Verhältnis zum dominierenden Paradigma der Weimarer Zeit, so wurden in sachlicher Hinsicht insbesondere drei Gesichtspunkte fraglich: (1) die staatszentrierte Konzeption, (2) die Bezugnahme auf die Arbeiterfrage bzw. die Verhältnisse zwischen sozialen Gruppen oder Klassen, und schließlich (3) die Dominanz gesellschaftsintegrativer Problemstellungen. Die beiden ersten Gesichtspunkte sind Gegenstand dieses, der dritte Gegenstand des folgenden Abschnitts.

Fragwürdig wurde zunächst die *Staatszentrierung* des Konzepts der Sozialpolitik. Die Erfahrungen mit dem staatlichen

Disziplinen, und in den Literaturverzeichnissen mehren sich die Referenzen auf fachfremde Beiträge. Allerdings ist der Zustand der interdisziplinären Zusammenarbeit noch keineswegs befriedigend, sie wird aber von allen Seiten als notwendig anerkannt.

414 Vgl. Kaufmann, Sozialpolitisches Erkenntnisinteresse, S. 56-61.

Schlichtungswesen in der Weimarer Zeit und erst recht die Erfahrungen mit dem totalitären Staatswesen der Nationalsozialisten legten eine Betonung der sozialpolitischen Eigenständigkeit von *gesellschaftlichen* Akteuren nahe, wie sie im Grundsatz der Tarifautonomie und mit der Wiederherstellung betrieblicher Mitbestimmungsformen im Bereich der industriellen Beziehungen sowie der Selbstverwaltung in den vier Zweigen der Sozialversicherung auch praktisch verwirklicht wurde.[415] Eine Einschränkung der Reichweite staatlicher Interventionen entsprach dabei sowohl dem von der katholischen Soziallehre propagierten *Subsidiaritätsprinzip* als auch und vor allem dem neuen *ordnungspolitischen Denken* im Bereich der Wirtschaftspolitik (vgl. Abschnitt 4.1). Dementsprechend wurde im Rahmen der sozialpolitischen Problematik nunmehr der *Frage der Trägerschaft* systematische Beachtung geschenkt.[416] Nach Weisser können drei Typen von Trägern der Sozialpolitik unterschieden werden: Öffentliche, d.h. staatlich konstituierte Einrichtungen, Verbände (z.B. Tarifpartner, Wohlfahrtsverbände) und Betriebe; mit der Anerkennung dieser Trägervielfalt wird die wissenschaftliche Sozialpolitik mit der Frage nach den Kriterien einer zweckmäßigen Zuständigkeitsabgrenzung konfrontiert.[417]

Besonders umstritten blieb zunächst die Frage des *Gegenstandes* sozialpolitischen Denkens. Im Anschluß an Amonn[418] kann hier zunächst zwischen Erfahrungs- und Erkenntnisobjekt unterschieden werden.[419] Als *Erfahrungsobjekt* muß Sozialpolitik in Beobachtung der konkreten Auseinandersetzungen und Realisa-

415 Einflußreich Böckenförde, Ernst-Wolfgang: Die politische Funktion wirtschaftlich-sozialer Verbände und Interessenträger in der sozialstaatlichen Demokratie. Ein Beitrag zum Problem der ›Regierbarkeit‹, in: Der Staat 15 (1976), S. 457-483.

416 Vgl. die selbständige Behandlung des Themas durch Weddigen, Walter: Sozialpolitik IV: Träger und Methoden, in: Handwörterbuch der Sozialwissenschaften, Bd. 9, S. 554-563. Abschnitte bezüglich unterschiedlicher Träger der Sozialpolitik finden sich auch in zahlreichen Lehrbüchern.

417 Vgl. Weisser, Gerhard: Sozialpolitik, in: Aufgaben deutscher Forschung, hg. v. Leo Brandt, Bd. 1, 2. Aufl. Köln und Opladen 1956, S. 410-426.

418 Amonn, Alfred: Objekt und Grundbegriffe der Theoretischen Nationalökonomie, 2. Aufl. Leipzig und Wien 1927, S. 21-32.

419 So auch Wiese, Leopold von: Sozialpolitik III: Sozialpolitik als Wissenschaft, in: Handwörterbuch der Sozialwissenschaften, Bd. 9, S. 547-554, wohl der prägnanteste Beitrag zur Theoriediskussion aus dieser Zeit.

tionen bestimmt werden, welche die Geschichte oder die aktuelle Sozialpolitik eines bestimmten Erfahrungsraumes (z. B. Deutschland, England, Europa, internationale Bündnisse) oder bestimmter Akteure (Staat, Kommunen, Tarifparteien, politische und soziale Bewegungen) ausmachen. Dabei ist eine erhebliche Heterogenität unvermeidlich. Als *Erkenntnisobjekt* konstituiert sich Sozialpolitik im Prozeß wissenschaftlicher Begriffs- und Theoriebildung. Hier geht es um die Entwicklung einer Grundbegrifflichkeit, die *konsistente* Selektionen und Beschreibungen ermöglicht. Die zunehmende Heterogenität des Erfahrungsobjekts ›Sozialpolitik‹, also dessen, was gemeinhin unter Sozialpolitik verstanden wird, hindert den theoretischen Betrachter nicht grundsätzlich, diesen nur locker umschreibbaren Gegenstandsbereich seinerseits schärfer zu konturieren und *aus einer bestimmten Perspektive* zu analysieren. Dabei sind dann selbstverständlich *unterschiedliche* Perspektiven grundsätzlich legitim, also beispielsweise eine klassentheoretische, eine verteilungstheoretische, eine integrationstheoretische oder eine wohlfahrtstheoretische. Und ebenso kann derselbe Erfahrungsgegenstand – z. B. das kollektive Arbeitsrecht oder die Gesetzliche Krankenversicherung – aus unterschiedlichen disziplinären (wirtschaftswissenschaftlichen, juristischen, soziologischen, politikwissenschaftlichen) Perspektiven betrachtet werden.

Diese Unterscheidungen waren jedoch der Nachkriegsdiskussion wie auch den Begriffsdiskussionen der Weimarer Zeit noch nicht geläufig. Vielmehr bestanden die meisten Autoren auf einer *Kongruenz von Erfahrungs- und Erkenntnisobjekt,* d. h. sie unterstellten eine von der praktischen Problemlage diktierte wissenschaftliche Problemstellung. Dabei verwickelten sie sich notwendigerweise in das Problem einer zirkulären Definitionsstrategie: Anstatt *unterschiedliche* analytische Perspektiven unter dem Gesichtspunkt ihrer heuristischen Fruchtbarkeit für bestimmte Problemstellungen auszuwählen, unterstellten sie die Existenz *eines* zentralen Problems, das gleichzeitig dasjenige der praktischen Politik und der Wissenschaft sein sollte.

Dieses Grundproblem wurde bis dahin meist als ›Arbeiterfrage‹ bestimmt und vorzugsweise klassentheoretisch behandelt.[420] Die Arbeiterschaft als homogene Klasse erschien je nach

420 Die klassentheoretische Perspektive in der Sozialpolitik trat in der Folge

politischer Perspektive entweder als Bedrohung der bestehenden Ordnung oder als dem besonderen Schutz des Staates aufgegebene soziale Gruppe oder schließlich als den wirtschaftlichen oder gar den sozialen Fortschritt mittels gewerkschaftlicher Einflüsse hemmender Machtfaktor.[421] Nachdem die Konflikte um das Ausmaß der Mitbestimmung der Arbeitnehmer durchgestanden waren,[422] trat das *Arbeitsrecht* als Gegenstand der Sozialpolitik immer mehr in den Hintergrund.[423] Alle wesentlichen Konflikte wurden nunmehr nicht mehr im Parlament, sondern im Rahmen der Arbeitsgerichtsbarkeit und im Grenzfall vor dem Bundesverfassungsgericht gelöst; Initiativen zur zusammenfassenden Kodifizierung des Arbeitsrechts kamen nicht vom Fleck. Ins Zentrum der sozialpolitischen Auseinandersetzungen rückte statt dessen das *Sozialrecht*, für das 1953/54 eine eigene *Sozialgerichtsbarkeit* geschaffen wurde.[424] Ins Zentrum des Sozialrechts rückte das Sozialversicherungsrecht oder – in neuerem Sprachgebrauch – das *Recht der sozialen Sicherheit*.[425]

Dies hatte auch Konsequenzen für die wissenschaftliche Betrachtungsweise. Der Begriff ›soziale Sicherheit‹ rückte ins Zen-

bis auf einige neomarxistische Wiederbelebungsversuche in den siebziger Jahren stark zurück. Eine weiterführende Wiederaufnahme findet sich dagegen bei Lepsius, M. Rainer: Soziale Ungleichheit und Klassenstrukturen in der Bundesrepublik Deutschland: Lebenslagen, Interessenvermittlung und Wertorientierungen, in: Klassen in der europäischen Sozialgeschichte, hg. v. Hans-Ulrich Wehler, Göttingen 1979, S. 166-209, der für die für ihre Lebensführung von Sozialleistungen Abhängigen den Ausdruck ›Versorgungsklassen‹ eingeführt hat.

421 Hiervor warnte vor allem Briefs; vgl. z. B. Briefs, Götz: Zwischen Kapitalismus und Syndikalismus. Die Gewerkschaften am Scheidewege, München 1952.

422 Vgl. hierzu zusammenfassend Schneider, Michael: Demokratisierungs-Konsens zwischen Unternehmern und Gewerkschaften? Zur Debatte um Wirtschaftsdemokratie und Mitbestimmung, in: Modernisierung im Wiederaufbau. Die westdeutsche Gesellschaft der 50er Jahre, hg. v. Axel Schildt und Arnold Sywottek, Bonn 1993, S. 207-222.

423 Als zusammenfassende Darstellung vgl. z. B. Zöllner, Wolfgang: Arbeitsrecht, München 1977. Nipperdey, Karin und Reinhardt Seifert: Arbeitsrecht, 3. Aufl. Wiesbaden 1990. Einen aktualisierten Überblick gibt die vom Bundesministerium für Arbeit und Sozialordnung periodisch herausgegebene Schrift: Übersicht über das Arbeitsrecht, 7. Aufl. Bonn 2000.

424 Vgl. Zacher, Sozialpolitik und Verfassung, S. LVIII-LXV.

425 Grundlegend Bogs, Walter: Grundfragen des Rechts der sozialen Sicherheit und seiner Reform, Berlin 1955.

trum der Sozialpolitiklehre.[426] In den Wirtschaftswissenschaften trat nun die verteilungstheoretische Perspektive ganz in den Vordergrund.[427] Teilweise läßt sich sogar die Tendenz beobachten, die Sozialpolitik im Produktionsbereich (Arbeitsschutz, Arbeitsrecht, Mitbestimmung) ganz aus der Systematik der Sozialpolitik auszuklammern.[428] Dagegen wurde das Problem sozialer Sicherung nun umfassender gesehen und die Trennung von Arbeiterpolitik und Armutspolitik überwunden;[429] dem entsprach in der sozialpolitischen Praxis der Zusammenhang zwischen der Rentenreform von 1957 und dem Bundessozialhilfegesetz von 1961. Sporadisch wurde im Anschluß an die Perspektive von Beveridge versucht, die gesamte Sozialpolitik unter die Zielsetzung sozialer Sicherheit zu stellen, wodurch insbesondere der Zusammenhang zwischen Wirtschafts- (Vollbeschäftigungs-) und Sozialpolitik betont wurde.[430] Allerdings spielte dieser Gesichtspunkt zu jener Zeit noch keine dominante Rolle. Das Schwergewicht lag auf der Forderung nach einer Vereinheitlichung der je nach der die Lei-

426 Zentrale Texte: Weisser, Gerhard: Soziale Sicherheit, in: Handwörterbuch der Sozialwissenschaften, Bd. 9, S. 396-412; Soziale Sicherheit, hg. v. Bernhard Külp und Wilfried Schreiber, Köln und Berlin 1971.

427 Vgl. (nach Adolph Wagner, siehe Abschnitt 2.3.2) bereits Schumpeter, Joseph: Das Grundprinzip der Verteilungstheorie, in: Archiv für Sozialwissenschaft und Sozialpolitik 42 (1916/17), S. 1-88. Ferner als Pionierwerk Liefmann-Keil, Elisabeth: Ökonomische Theorie der Sozialpolitik, Berlin u. a. 1961. Problemorientierte Analysen: Grenzen der Umverteilung, hg. v. Martin Pfaff, Berlin 1978; Effizienz und Effektivität staatlicher Transferpolitik in der Wirtschaftskrise, hg. v. Martin Pfaff, Berlin 1983. Zum theoretischen Diskussionsstand vgl. Bartmann, Hermann: Verteilungstheorie, München 1981; zur Anwendung auf Sozialpolitik vgl. Zerche, Jürgen und Gründger, Fritz: Sozialpolitik. Eine Einführung in die ökonomische Theorie der Sozialpolitik, 2. Aufl. Düsseldorf 1996.

428 So fehlt dieser Bereich ganz z. B. in den Lehrbüchern von Brück, Sozialpolitik, und Frerich, Sozialpolitik. Da das staatliche Arbeitsrecht im angelsächsischen und skandinavischen Bereich wenig entwickelt ist, tendiert die internationale Diskussion dazu, diesen Bereich zu übersehen bzw. den Gegenstand des ›Welfare state‹ oder ›Social policy‹ anders zu konstruieren. Vgl. hierzu Kaufmann, Franz-Xaver, Varianten des Wohlfahrtsstaats, Frankfurt/M. 2003.

429 Wegweisend hierfür Achinger, Hans: Sozialpolitik und Fürsorge. Ein Abgrenzungsversuch, begründet aus den Ursachen der Notstände, Berlin 1939.

430 So z. B. Schachtschabel, H. G.: Ziele und Grenzen sozialer Sicherung, in: Sozialer Fortschritt 1 (1952), S. 57f.; Pütz, Th[eodor]: Neue Wege und Ziele der Sozialpolitik, Wien 1954.

stung auslösenden Ursache unterschiedlichen Sozialleistungen (*Kausalprinzip*) unter dem Gesichtspunkt ihres Sicherungszwecks (*Finalprinzip*) und auf deren Koordination durch einen ›Sozialplan‹.[431] In diesem Kontext tauchte auch erstmals das Problem des intergenerationellen Zusammenhangs und damit die Notwendigkeit eines die Altersversorgung ergänzenden Familienlastenausgleichs in der wissenschaftlichen Diskussion auf, also das Problem des ›Drei-Generationen-Vertrags‹.[432]

4.2.4 *Neue theoretische Perspektiven*

Schließlich haben sich gegenüber dem sozialpolitischen Paradigma der Weimarer Zeit die *theoretischen Perspektiven der sozialpolitischen Grundproblematik* gewandelt. Standen damals der Klassenkonflikt und das Problem einer staatspolitischen Integration der Gesellschaft im Vordergrund,[433] so verschob sich nunmehr die Perspektive zum einen auf den Bereich der *individuellen Wohlfahrt* und zum anderen auf die *Probleme der Leistungserbringung.*

Die Verschiebung des wohlfahrtstheoretischen Fokus von der Klassenlage zum *Vergleich individueller Lebenslagen* steht in en-

431 Vgl. insbesondere den für die Diskussion der fünfziger Jahre repräsentativen Band von Boettcher, Erik: Sozialpolitik und Sozialreform, Tübingen 1957. Einen guten Überblick über den damaligen Diskussionsstand gibt ferner Molitor, Bruno: Bausteine einer Theorie der Sozialpolitik, in: Hamburger Jahrbuch für Wirtschafts- und Gesellschaftspolitik 2 (1957), S. 152-163.

432 Hierauf haben neben Mackenroth, Die Reform, vor allem Ferdinand Oeter und Oswald von Nell-Breuning kontinuierlich hingewiesen. Vgl. bereits Oeter, Ferdinand: Reproduktion und Amortisation der menschlichen Arbeitskraft, in: Sozialer Fortschritt 1 (1952), S. 61 f.; ders., Familiengerechte Sozialpolitik, in: Sozialer Fortschritt 1 (1952), S. 288-290. Nell-Breunings Position findet sich zusammengefaßt in Nell-Breuning, Oswald von: Soziale Sicherheit: Zu Grundfragen der Sozialordnung aus christlicher Verantwortung, Freiburg i. Br. 1979. Zur Aktualität dieser Problemlage vgl. Borchert, Jürgen: Prolegomena zu einer familienpolitischen Strukturreform des Sozialstaates, in: Zeitschrift für Sozialreform 40 (1994), S. 440-462.

433 So noch 1957 Weddigen: »Sozialpolitik ist die auf Eingliederung von Gesellschaftsgruppen in ein Gesellschaftsganzes gerichtete Politik.« Weddigen, Grundzüge, S. 2.

gem Zusammenhang mit dem Wandel der gesellschaftlichen Ordnungsbilder (vgl. Abschnitt 4.1). Unter der Programmatik einer ›Mittelstandsgesellschaft‹ mußte die Frage nach dem *Ausgleich der Lebenschancen* ins Zentrum treten. Überdies wandelten sich die Vorstellungen von *sozialer Schwäche*: »Die moderne Entwicklung hat andere Gesellschaftsgruppen zu typisch schwachen Schichten werden lassen [...]. Man kann sagen, daß die soziale Problematik heute eine gesellschaftlich totale geworden ist und daß sie quer durch die ›alten‹ Klassenschichtungen von Selbständigen und Unselbständigen, von Arbeitgebern und Arbeitnehmern geht.«[434] Eben dieser Gedanke veranlaßte Hans Achinger auch zu seinem programmatischen Buchtitel »Sozialpolitik als Gesellschaftspolitik – Von der Arbeiterfrage zum Wohlfahrtsstaat« (1958). Diese Umorientierung blieb jedoch keineswegs unumstritten:

»Die Fragestellung, die dem Erkenntnisobjekt der Sozialpolitik als Wissenschaft (im herkömmlichen Sinne) zugrunde liegt, richtet sich auf die Bedeutung der wirtschaftsgesellschaftlichen Differenzierung und Gruppenbildung für Gedeihen und Funktionsfähigkeit des Ganzen der Gesellschaft im Interesse von Volk und Staat. [...] Ist dort der Blick auf den in der Ausübung seiner Funktionen von dem Verhältnis seiner gruppenmäßigen Glieder [...] abhängigen Gesellschaftsorganismus gerichtet, so hier auf die Lebensbedingungen und -formen, den sozialen Lebensstandard der letzten Zellen des gesellschaftlichen Kosmos, auf die familien- und haushaltsmäßig zusammengehörigen Einzelglieder der Gesellschaft.«[435]

Eine theoretisch-normative Grundlage für diese individuumszentrierte Betrachtungsweise entwickelte Ludwig Preller, der versucht, Sozialpolitik aus einer anthropologischen Perspektive heraus zu fundieren:

»*Wirtschaftspolitik* strebt danach, menschliche Bedürfnisse durch Erzeugung und Verteilung von Gütern zu befriedigen; *Sozialpolitik* handelt vom Menschen, der diese Güter produziert, erarbeitet, vom Menschen, an den

434 Pütz, Neue Wege, S. 9. In die Richtung der nachfolgend skizzierten Neuorientierung zielte auch bereits die unveröffentlicht gebliebene Dissertation von Lepsius, Beitrag zur soziologischen Theorie der Sozialpolitik.

435 Albrecht, Gerhard: Bemerkungen zu einer neuen Theorie der Sozialpolitik, in: Jahrbuch für Nationalökonomie und Statistik 171 (1959), S. 352-371, Zitat S. 362f. Im gleichen Sinne auch Weddigen, Walter: Erdrutsch in der Wissenschaft Sozialpolitik?, in: Schmollers Jahrbuch für Wirtschafts- und Sozialwissenschaften 87 (1967 II), S. 417-440.

sie verteilt werden. Wirtschaftspolitik und Sozialpolitik verhalten sich zueinander wie wirtschaftliches Gut und Mensch.«[436]

Dementsprechend gab er folgende deskriptiv-normative Definition: »*Sozialpolitik wirkt vom Aspekt des Arbeitslebens aus auf die Struktur der menschlichen Gesellschaft im Sinne des Menschen als eines Wertes eigener Prägung.*«[437] Bemerkenswert ist hier die Verknüpfung des ›personfunktionalen‹ und des ›systemfunktionalen‹ Aspekts von Sozialpolitik, die Christian von Ferber verdeutlicht:

»Von einer konsequent materialistischen Erkenntnisposition aus gesehen entsteht das ›Bezugsproblem‹ der Sozialpolitik nicht mit Kollektivsubjekten sondern mit den Individuen, die, eingebunden in den Stoffwechsel mit der Natur und auf einen irreversiblen Zeithorizont fixiert, wesentliche Lebenschancen aus der gesellschaftlichen Produktion als Sozialgüter erhalten. Von dieser materialistischen Erkenntnisposition, wie sie in der Anthropologie Helmuth Plessners formuliert wurde [...], ergibt sich zwingend für die soziologische Theorie der Sozialpolitik, daß sie das Individuum in soziologisch strukturellen Aussagen mitdenken muß. Ohne eine kategoriale Verarbeitung der körperlich/zeitlichen Dimension des Menschen ist keine Fachwissenschaft in der Lage, sozialpolitische Probleme zu bearbeiten.«[438]

Zum theoretischen Grundbegriff dieser neuen sozialwissenschaftlichen Perspektive wurde der von Gerhard Weisser eingeführte Begriff der *Lebenslage*: »Als Lebenslage gilt der Spielraum, den die äußeren Umstände dem Menschen für die Erfüllung der Grundanliegen bieten, die er bei unbehinderter und gründlicher Selbstbesinnung für den Sinn seines Lebens ansieht.«[439] Bemer-

436 Preller, Ludwig: Sozialpolitik – Theoretische Ortung, Tübingen und Zürich 1962, S. 85.

437 Preller, Sozialpolitik – Theoretische Ortung, S. 291.

438 Ferber, Christian von: Soziologie und Sozialpolitik, in: Soziologie und Sozialpolitik, hg. v. Christian v. Ferber und Franz-Xaver Kaufmann, Sonderheft 19 der Kölner Zeitschrift für Soziologie und Sozialpsychologie, Opladen 1977, S. 11-34, Zitat S. 31.

439 Weisser, Gerhard: Distribution (II) Politik, in: Handwörterbuch der Sozialwissenschaften, Bd. 2, S. 635-654, Zitat S. 635. Weisser gab unterschiedliche Versionen der Definition, vgl. hierzu vertiefend Möller, Rudolf: ›Lebenslage‹ als Ziel der Politik, WSI-Mitteilungen 31 (1978), S. 553-565. Zur neueren Diskussion vgl. Clemens, Wolfgang: ›Lebenslage‹ als Konzept sozialer Ungleichheit – Zur Thematisierung sozialer Differenzierung in Soziologie, Sozialpolitik und Sozialarbeit, in: Zeitschrift für Sozialreform 40 (1994), S. 141-165.

kenswert an dieser Definition ist ihr breiter, über den Bereich der Ökonomie hinausweisender Zuschnitt. Es geht nicht um bloße ›Bedürfnisbefriedigung‹, als deren Maßstab die Einkommenshöhe gelten könnte.[440] Es geht vielmehr um den *Handlungsspielraum* zur Verfolgung von ›Grundanliegen‹, wobei Weisser annimmt, »daß die Menschen nicht nur Interessen sinnlicher Art haben, sondern auch geistiger Interessen und Bindungen fähig sind, die, wo sie auftreten, das Handeln [...] aus sich heraus bestimmen.«[441] Ferner geht er davon aus, daß »bei unbehinderter und gründlicher Selbstbesinnung«, also insbesondere nach Ausschaltung propagandistischer oder werblicher Beeinflussungsversuche, sich ein durch kulturelle Vorgaben annähernd konsensfähig gemachtes Muster von »Grundanliegen« ermitteln lasse, so daß eine von bloß subjektiven Präferenzen unabhängige Bestimmung von Lebenslagen und ihren Unterschieden möglich sei.[442]

»Verteilt werden nicht nur Einkommen und eventuell Vermögen, sondern verteilt werden – weit umfassender – Lebenslagen. [...] Verteilt werden Chancen der Selbstverwirklichung, verteilt werden die Stellungen der Menschen im Gesellschafts- bzw. Produktionsprozeß.«[443]

Der Vorteil des Lebenslagekonzeptes besteht darin, daß es die Wohlfahrtsunterschiede und die ›soziale Ungleichheit‹ unter den Menschen in Abhängigkeit von institutionellen und kontextuellen Vorgaben *unterschiedlicher* Dimensionen zu untersuchen gestattet und damit ein Brückenkonzept zwischen rechtlichen, ökonomischen und soziologischen Analysen darstellt.[444] Im Konzept

440 Vgl. hierzu grundsätzlich Thiemeyer, Theo: Die Überwindung des wohlfahrtsökonomischen Formalismus bei Gerhard Weisser, in: Sozialwissenschaft und Gesellschaftsgestaltung, S. 131-149; Schulz-Nieswandt, Frank: Über das Verhältnis von Wirtschafts- und Sozialpolitik. Sozialpolitik im System der Sozialwissenschaften, in: Zeitschrift für Sozialreform 37 (1991), S. 531-548.

441 Weisser, Distribution, S. 638.

442 Die Soziale-Indikatoren-Forschung kann als Operationalisierung dieses Ansatzes aufgefaßt werden. Vgl. Engelhardt, Einleitung, S. 38-46. Einen guten Überblick über Ansätze und Probleme dieser Forschungsrichtung gibt Werner, Rudolf: Soziale Indikatoren und politische Planung, Reinbek bei Hamburg 1975.

443 Thiemeyer, Theo: Wirtschaftspolitik als Wissenschaft. Gerhard Weissers System der Politik aus normativen Grundentscheidungen, in: Sozialer Fortschritt 37 (1988), S. 73-78.

444 Die mit dem Begriff ›Lebenslage‹ indizierte Perspektive ist inzwischen

der Lebenslage wird ein neuer vereinheitlichender Bezugspunkt sozialpolitischen Denkens greifbar.

Das Lebenslagekonzept gestattet eine realitätsnahe Konzeptualisierung des *Wirkungsfeldes von Sozialpolitik*, es konzeptualisiert jedoch nicht die Sozialpolitik selbst *als intervenierenden Prozeß*. In dieser Hinsicht ist Weisser noch stark von der voluntaristischen Auffassung der älteren Sozialpolitiklehre geprägt, die von einem idealisierten, einheitlichen Akteur ›Staat‹ ausging, wobei es die Aufgabe der wissenschaftlichen Sozialpolitik war, sich sozusagen den Kopf dieses Akteurs zu zerbrechen und ihm rationale Ratschläge für die Erreichung der von ihm gesetzten Ziele zu erteilen. Auch Weisser unterstellt in seinem Konzept noch einen *gemeinsamen Horizont von beratender Sozialwissenschaft und politischen Entscheidungsträgern* und problematisiert weder den Prozeß sozialpolitischer Willensbildung noch die Umsetzung sozialpolitischer Entscheidungen.

Diese Auffassung wurde unter dem Einfluß soziologischer und politikwissenschaftlicher Fortschritte zunehmend problematisch. Gute politische Absichten, Leitbilder oder ›Zielsysteme‹[445] gewährleisten keine entsprechenden ökonomischen oder sozialen Wirkungen. Vielmehr entwickeln die einmal entstandenen sozialpolitischen Einrichtungen eine *Eigendynamik* und vielfach unvorhergesehene Nebenwirkungen. Während das ältere Nachdenken über Sozialpolitik von den *Intentionen* oder der »Richtung des staatlichen Eingreifens« (v. Bortkiewicz) ausgegangen war,

breit rezipiert worden. Das führende Lehrbuch von Lampert vermeidet zwar den Begriff, definiert jedoch sinnähnlich: »In diesem Sinne läßt sich praktische Sozialpolitik definieren als jenes politische Handeln, das darauf abzielt, erstens die wirtschaftliche und soziale Stellung von wirtschaftlich und/oder sozial absolut oder relativ schwachen Personenmehrheiten durch den Einsatz geeignet erscheinender Mittel im Sinne der in einer Gesellschaft verfolgten gesellschaftlichen und sozialen Grundziele (freie Entfaltung der Persönlichkeit, soziale Sicherheit, soziale Gerechtigkeit, Gleichbehandlung) zu verbessern und zweitens den Eintritt wirtschaftlicher und/oder sozialer Schwäche im Zusammenhang mit dem Auftreten existenzgefährdender Risiken zu verhindern.« Lampert, Lehrbuch, S. 4. – Dem Lebenslagebegriff verwandt ist auch der von Dahrendorf in die Soziologie eingeführte Begriff der ›Lebenschancen‹, der allerdings breiter, als Resultante von ›Optionen‹ und ›Ligaturen‹ interpretiert wird; vgl. Dahrendorf, Ralph: Lebenschancen: Aufsätze zur sozialen und politischen Theorie, Frankfurt/M. 1979.

445 Vgl.: Leitbilder und Zielsysteme der Sozialpolitik, hg. v. Horst Sanmann, Berlin 1973.

traten jetzt die *Wirkungen staatlicher Interventionen* in den Vordergrund des wissenschaftlichen Interesses. Die *Kontingenz der Verhältnisse von Wissenschaft, Politik und Verwaltung* wurde allmählich denkbar.

Als erster hat Hans Achinger auf diesen Problemkomplex hingewiesen und seine Erforschung der Soziologie zur Aufgabe gestellt.[446] Zum einen ist der demokratische ›Staat‹ und erst recht ›die Politik‹ kein einheitlicher Akteur, sondern sozialpolitische Willensbildung (*politics*) ereignet sich in Netzwerken einschlägig interessierter Parlamentarier, Ministerialbeamter, Wissenschaftler und Lobbyisten, wobei auch die Vertreter der etablierten Einrichtungen selbst keine unbedeutende Rolle spielen.[447] Zum zweiten erfolgt die Implementation sozialpolitischer Programme (*policies*) durch hierfür eigens geschaffene Einrichtungen (z. B. Gewerbeaufsichtsämter, Sozialversicherungsträger), die ihrerseits eigene Interessen entwickeln und Prozeduren ausbilden. Und schließlich stoßen all diese politischen Maßnahmen in ein durch soziale Strukturen und unterschiedliche Lebenslagen vorgeformtes Wirkungsfeld, sie wirken *als Interventionen* mit ungewissen Folgen.[448] Mit dieser Perspektive eröffnete sich ein breites For-

446 Vgl. Achinger, Hans: Soziologie und Sozialreform, in: Soziologie und moderne Gesellschaft. Verhandlungen des vierzehnten Deutschen Soziologentages vom 20. bis 24. Mai 1959 in Berlin, 2. Aufl. Stuttgart 1966, S. 39-52. Schon in »Sozialpolitik als Gesellschaftspolitik« (S. 84-114) hatte Achinger auf die »Wirkung der Institute« hingewiesen. Hiervon ausgehend entwickelte er ein Forschungsprogramm, das von der unter seiner Leitung stehenden »Kommission für dringliche sozialpolitische Fragen« mit Mitteln der Deutschen Forschungsgemeinschaft zu erheblichen Teilen umgesetzt wurde; vgl. Achinger, Hans: Sozialpolitik und Wissenschaft, Stuttgart 1963, S. 87-96, insb. S. 94f. Es handelte sich hier um die erste größere Forschungsinitiative zur Sozialpolitik seit dem Zweiten Weltkrieg, der zahlreiche Nachwuchswissenschaftler ihren Weg zur Sozialpolitik verdanken, so auch der Schreibende. Vgl. Soziale Umverteilung. Mitteilung 1 der Kommission für dringliche sozialpolitische Fragen der Deutschen Forschungsgemeinschaft, Wiesbaden o. J. (1964).

447 Vgl. insbesondere die Analyse der »Bedingungen des sozialpolitischen Willensbildungsprozesses« durch Bethusy-Huc, Das Sozialleistungssystem der Bundesrepublik Deutschland, S. 220-256, eine aus dem genannten Forschungsprogramm entstandene Studie.

448 Vgl. Kaufmann, Franz-Xaver: Elemente einer soziologischen Theorie sozialpolitischer Intervention, in: Staatliche Sozialpolitik und Familie, hg. v. Franz-Xaver Kaufmann, München und Wien 1982, S. 49-86 (jetzt in: Kaufmann, Sozialpolitik und Sozialstaat, S. 69-106).

schungsfeld, in das in der Folge in Deutschland vor allem die Soziologie gestoßen ist.[449] Auch die politische Wissenschaft hat sich nach anfänglichem Zögern vor allem der Arbeits- und der Arbeitsmarktpolitik angenommen.[450] Dagegen haben die Wirtschaftswissenschaften die sozialpolitische Forschung zunehmend an den Rand gedrängt.[451] Es erscheint dies als eine Folge des Aus-

449 Den Beginn einer intensiven Auseinandersetzung um die soziologische Beschäftigung mit Sozialpolitik markierte der 18. Deutsche Soziologentag. Vgl. Kaufmann, Franz-Xaver: Bericht über den Themenbereich ›Sozialpolitik‹, in: Materialien aus der soziologischen Forschung. Verhandlungen des 18. Deutschen Soziologentages vom 28. 9. bis 1. 10. 1976 in Bielefeld, hg. v. Karl Martin Bolte, Neuwied 1978, S. 196-204; ferner Soziologie und Sozialpolitik; ebd., Teil I, eine Präsentation unterschiedlicher theoretischer Ansätze zur Interpretation von Sozialpolitik. – Die anschließend gegründete ›Sektion Sozialpolitik‹ in der Deutschen Gesellschaft für Soziologie gibt die Schriftenreihe ›Soziologie und Sozialpolitik‹ (München und Wien, 1981 ff.) bzw. ›Sozialpolitik und Sozialstaat‹ (Opladen 2002 ff.) heraus; ihre Verhandlungen werden seit 1987 von der Zeitschrift für Sozialreform veröffentlicht. Als Überblicke über die sozialwissenschaftliche Forschung über Sozialpolitik vgl. Tennstedt, Florian: Sozialwissenschaftliche Forschung in der Sozialversicherung, in: Soziologie und Sozialpolitik, S. 483-523; Krüger, Jürgen: Anmerkungen zur sozialwissenschaftlichen Wiederentdeckung der Sozialpolitik, in: Archiv für Wissenschaft und Praxis der sozialen Arbeit 10 (1979), S. 241-255; Kaufmann, Franz-Xaver: Stand und Entwicklung der Forschung zur Sozialpolitik in der Bundesrepublik Deutschland, in: Politik und Verwaltungswissenschaft, hg. v. Joachim Jens Hesse. Politische Vierteljahresschrift, Sonderheft 13, Opladen 1982, S. 344-365; Kohl, Jürgen: Sociological research in social policy, the case of Germany, in: Sociological Research and Social Security. Proceedings of the European Institute of Social Security. EISS Yearbook 1982-1983, Part II, Deventer 1984, S. 105-123; Behrens, Johann und Leibfried, Stephan: Sozialpolitische Forschung – Eine Übersicht zu universitären und universitätsnahen Arbeiten, in: Zeitschrift für Sozialreform 33 (1987), S. 1-19.

450 Vgl. Gesellschaftliche Probleme als Anstoß und Folge von Politik. Wissenschaftlicher Kongreß der DVPW, 4. bis 7. Oktober 1982 in der Freien Universität Berlin, hg. v. Hans-Hermann Hartwich, Arbeitsmarkt, Arbeitsbeziehungen und Politik in den 80er Jahren, Leviathan, Sonderheft 8, hg. v. Heidrun Abromeit und Bernhard Blanke, Opladen 1987.

451 Deutlich wird dies beispielsweise am Bedeutungsverlust des Seminars für Sozialpolitik der Universität Köln, dem in seiner Blütezeit vier Hochschullehrer angehörten und von dem namhafte Impulse für die Sozialpolitiklehre ausgegangen sind. Vgl. Sozialpolitiklehre als Prozeß, hg. v. Philipp Herder-Dorneich u. a., Baden-Baden 1992. – Der Ausschuß für Sozialpolitik im Verein für Socialpolitik (Gesellschaft für Wirtschafts- und Sozialwissenschaften) hatte ein wechselhaftes Schicksal. Nachdem er »wegen interner Mißhelligkeiten seit Jahren nicht mehr getagt hatte«,

einanderdriftens von Wirtschafts- und Sozialwissenschaften, das die deutsche Nachkriegsentwicklung unter angelsächsischem Einfluß gekennzeichnet hat und das durch die Politisierung der Sozialwissenschaften nach 1966 noch vertieft wurde.[452]

4.3 Sozialpolitik zwischen ›Lebensqualität‹ und ›Krise des Sozialstaates‹ (1967-1999)

4.3.1 Aktive Sozialpolitik[453]

Die sechziger Jahre brachten weder in der praktischen noch in der wissenschaftlichen Sozialpolitik starke Impulse. Dennoch bahnte sich bereits unter der großen Koalition eine neue Sichtweise an,[454] die Sozialpolitik nicht nur als reaktiv-kompensatorischen Ausgleich für wirtschaftliche oder soziale Schwäche, sondern als *aktive, gesellschaftsgestaltende Sozialpolitik* verstand.[455] Bezogen

wurde er ab 1968 reaktiviert; vgl. Sanmann, Horst (im Interview mit Heinz-Dietrich Ortlieb): Forschung, Lehre, Management – Rückblick auf mehr als 40 Berufsjahre, in: Iwersen und Tuchfeldt (Hg.), Sozialpolitik vor neuen Aufgaben, S. 17-39, Zitat S. 21. Unter den in den Schriften des Vereins für Sozialpolitik N. F. veröffentlichten Verhandlungsbänden des Ausschusses sind für den vorliegenden Zusammenhang vor allem relevant: Theoretische Grundlagen der Sozialpolitik, hg. v. Theo Thiemeyer, 2 Bde., Berlin 1990/91.

452 Symptomatischerweise firmiert die Neuauflage des verdienstvollen »Handwörterbuchs der Sozialwissenschaften« (Stuttgart u. a. 1956-1965) unter dem Titel »Handwörterbuch der Wirtschaftswissenschaft« (Stuttgart u. a. 1977-1983) und hat die Querbezüge zu anderen Sozialwissenschaften stark eingeschränkt.

453 Nicht unerwähnt bleibe der kaum rezipierte, jedoch überaus umfassende und die neue Problemlage aus dem Horizont der angelsächsischen Diskussionen skizzierende Aufsatz von Hans Günter: Sozialpolitik und post-industrielle Gesellschaft, in: Soziale Welt 24 (1973), S. 1-24.

454 Erinnert sei an das präventiv orientierte Arbeitsförderungsgesetz und an die Erstellung des ersten Sozialbudgets.

455 Dies wurde zuerst auf den Begriff gebracht von Widmaier, Hans Peter: Aspekte einer aktiven Sozialpolitik. Zur politischen Ökonomie der Sozialinvestitionen, in: Zur Problematik der Sozialinvestitionen, hg. v. Horst Sanmann, Berlin 1970, S. 9-44; vgl. auch Zapf, Wolfgang: Gesellschaftliche Dauerbeobachtung und aktive Politik, in: Allgemeines Statistisches Archiv 57 (1973), S. 143-164; Krupp, Hans-Jürgen: Perspektiven der Sozialpolitik, in: Sozialpolitik, Ziele und Wege, hg. v. Alfred Christmann u. a., Köln 1975, S. 525-544.

auf die bisher dominierende Form der Sozialpolitik äußerte sich dies im Kabinettsbeschluß vom 19. 3. 1970 über die »Kodifizierung eines Sozialgesetzbuches«, in dem »auf der Grundlage der sozialen Wertentscheidungen des Grundgesetzes [das] Ziel angestrebt wird, das Sozialrecht für die Bevölkerung überschaubarer zu machen und seine Durchführung für die Verwaltung zu vereinfachen«.[456] Vor allem aber verschob sich unter der sozialliberalen Koalition das sozialpolitische Interesse von der sozialen Sicherungspolitik zur *Sozialplanung*. Unter dem Leitmotiv *Mehr Lebensqualität* ging es um die Gestaltung ›sozialer Infrastrukturen‹ und um den Ausbau des Bildungs-, Gesundheits- und Sozialwesens. Sozialwissenschaftler kommentierten dies als Übergang *von der Einkommens- zur Dienstleistungsstrategie* in der Sozialpolitik.[457] Damit wurde jedoch nur ein Teilaspekt der Neuorientierung erfaßt. Das eigentlich Neue war ein wiederbelebter Glaube an die Planungs- und Steuerungsfähigkeiten des Staates, dem nunmehr als *Sozial- oder Wohlfahrtsstaat* – beide Begriffe kamen konkurrierend in Mode – dank Keynesianismus und neuer Methoden in Politik und Verwaltung größere Gestaltungsfähigkeit als in der vorangehenden Periode zugetraut wurde.[458] Aktive Sozialpolitik meinte deshalb auch vorausschauende, *präventive Sozialpolitik*.[459] Mit dem Anspruch auf Prävention nahmen je-

456 Zitiert nach Brackmann, Kurt: Das Sozialgesetzbuch: die Arbeiten der Sachverständigenkommission und die Vorstellungen für eine Fortsetzung der Kodifikation, in: Zeitschrift für Sozialreform 33 (1987), S. 592-600, Zitat S. 592.

457 Vgl. Badura, Bernhard und Peter Gross: Sozialpolitische Perspektiven. Eine Einführung in Grundlagen und Probleme sozialer Dienstleistungen, München 1976; Gross, Peter und Bernhard Badura: Sozialpolitik und soziale Dienste: Entwurf einer Theorie personenbezogener Dienstleistungen, in: Soziologie und Sozialpolitik, S. 361-385. Aus ökonomischer Sicht vgl. Pfaff, Martin: Grundlagen einer integrierten Sozialpolitik, in: Sozialpolitik im Wandel, hg. v. Martin Pfaff und Hubert Voigtländer, Bonn 1978, S. 147-186.

458 Vgl. z. B. Luhmann, Niklas: Politische Planung, Opladen 1971; Scharpf, Fritz W.: Planung als politischer Prozeß, Frankfurt/M. 1973; Planungsorganisation, hg. v. Renate Mayntz und Fritz W. Scharpf, München 1973; Politische Planungssysteme, hg. v. Fritz Naschold und Werner Väth, Opladen 1974.

459 Vgl. z. B. das thematische Schwerpunktheft ›Präventive Sozialpolitik‹: WSI-Mitteilungen 31. Jg. H. 10, Oktober 1978; Standfest, Erich: Sozialpolitik als Reformpolitik. Aspekte der sozialpolitischen Entwicklung in der Bundesrepublik Deutschland, Köln 1979.

doch gleichzeitig die Eingriffsmöglichkeiten und Eingriffsrisiken in unkontrollierbarer Weise zu.[460]

Es war diese Verschiebung der politischen Aufmerksamkeitshorizonte, die der soziologischen und politikwissenschaftlichen Forschung zur Sozialpolitik Auftrieb verlieh und gleichzeitig die ökonomische Sozialpolitikforschung zu einer stärkeren Hinwendung zu den Sozialwissenschaften veranlaßte.[461] Von Regierungsseite wurden große Forschungsprogramme wie ›Humanisierung des Arbeitslebens‹[462] und ›Bürgernahe Gestaltung der sozialen Umwelt‹[463] auf den Weg gebracht. Von Gewerkschaftsseite wurde eine Wiederbelebung der sozialen Selbstverwaltung in der Sozialversicherung versucht.[464] Vielfältige theoretische Erörterungen

460 Vgl. Grimm, Dieter: Verfassungsrechtliche Anmerkungen zum Thema Prävention, in: ders.: Die Zukunft der Verfassung, Frankfurt/M. 1991, S. 197-220; Luhmann, Niklas: Politische Theorie im Wohlfahrtsstaat, München und Wien 1981.

461 Die wichtigste gemeinsame Initiative von Ökonomen und Soziologen wurde das SPES-Projekt an der Universität Frankfurt und der daraus hervorgehende Sonderforschungsbereich 3 »Mikroanalytische Grundlagen der Gesellschaftspolitik«. Er hat insbesondere die Sozialstatistik und die Sozialberichterstattung in der Bundesrepublik nachhaltig vorangebracht und die Gründung der Sektion ›Soziale Indikatoren‹ in der Deutschen Gesellschaft für Soziologie gefördert. Vgl. einleitend: Lebensbedingungen in der Bundesrepublik Deutschland. Sozialer Wandel und Wohlfahrtsentwicklung, hg. v. Wolfgang Zapf, Frankfurt/M. und New York 1977.

462 Zur Programmatik vgl. Böhle, Fritz: Humanisierung der Arbeit und Sozialpolitik, in: Soziologie und Sozialpolitik, S. 290-324; Böhle, Fritz und Standfest, Erich: Einleitung zu: Sozialpolitik und Produktionsprozeß. Beiträge praxisorientierter Forschung für eine präventive, arbeitsprozeßbezogene Sozialpolitik, Köln 1981, S. 1-14; zusammenfassend Kreikebaum, Hartmut und Klaus-Jürgen Herbert: Humanisierung der Arbeit: Arbeitsgestaltung im Spannungsfeld ökonomischer, technologischer und humanitärer Ziele, Wiesbaden 1988.

463 Vgl.: Bürgernahe Gestaltung der sozialen Umwelt: Probleme und theoretische Perspektiven eines Forschungsverbundes, hg. v. Franz-Xaver Kaufmann, Meisenheim am Glan 1977; Bürgernahe Sozialpolitik. Planung, Organisation und Vermittlung sozialer Leistungen auf örtlicher Ebene. Für den Forschungsverbund hg. v. Franz-Xaver Kaufmann, Frankfurt und New York 1979.

464 Vgl. Sozialpolitik und Selbstverwaltung – Zur Demokratisierung des Sozialstaats, hg. v. Wirtschafts- und Sozialwissenschaftlichen Institut des Deutschen Gewerkschaftsbundes, Köln 1977; Ferber, Christian von: Wird der sozialpolitische Handlungsspielraum der Sozialen Selbstverwaltung ausgeschöpft?, in: Gewerkschaftliche Politik: Reform aus Solidarität, Köln 1977, S. 373-392.

zur ›Sozialplanung‹,[465] zum Verhältnis von (sozialwissenschaftlicher) Theorie und (politischer) Praxis[466] sowie zur ›Lebensqualität‹[467] begleiteten den konzeptionellen Umschwung. Auch das Konzept sozialpolitischer Intervention wurde nun differenzierter zur Verknüpfung von Dimensionen der Lebenslage (Rechte, Ressourcen, Gelegenheiten, Fähigkeiten) und entsprechenden politischen Strategien eingesetzt.[468]

Neben den ›konstruktiven‹ entwickelten sich jedoch auch ›kritische‹ Ansätze der Sozialpolitikforschung.[469] Schon Achinger hatte darauf hingewiesen, daß die sich entfaltende Sozialpolitik zu einer Veränderung sozialer Wirklichkeiten führe, die keineswegs nur den ursprünglichen Intentionen entspreche.[470] Diese Kritik wurde nun ausgearbeitet und auf die vier Stichworte *Verrechtlichung, Bürokratisierung, Ökonomisierung und Professionalisierung der Sozialpolitik* hin zugespitzt. Diese vier kritischen Begriffe beziehen sich auf unterschiedliche Aspekte sozialpolitischen Handelns, doch ist ihnen gemein, daß sie die Verselbständigung der Sozialpolitik gegenüber den sozialen Problemen thematisieren, mit deren Bekämpfung oder Lösung sozialpolitische Maßnahmen legitimiert werden.[471] Wie schon in der Weimarer Zeit trat erneut das *Problem der Staatszentrierung* der Sozial-

465 Vgl. zusammenfassend: Wege zur Sozialplanung. Erfahrungen und Chancen in der Bundesrepublik Deutschland, hg. v. K. Dieter Keim und Laszlo Vascovics, Opladen 1985.

466 Vgl.: Thesen zur Kritik der Soziologie, hg. v. Bernhard Schäfers, Frankfurt/M. 1969; Borner, Silvio: Wissenschaftliche Ökonomik und politische Aktion, Bern und Stuttgart 1975; Interaktion von Wissenschaft und Politik. Theoretische und praktische Probleme der anwendungsorientierten Sozialwissenschaften, hg. v. Wissenschaftszentrum Berlin, Frankfurt und New York 1977.

467 Vgl. Zapf, Wolfgang: Zur Messung der Lebensqualität, in: Zeitschrift für Soziologie 1 (1972), S. 353-376; Lebensqualität in der Bundesrepublik Deutschland. Objektive Lebensbedingungen und subjektives Wohlbefinden, hg. v. Wolfgang Glatzer und Wolfgang Zapf, Frankfurt/M. und New York 1984.

468 Vgl. Kaufmann, Elemente einer Theorie sozialpolitischer Intervention.

469 Vgl. zuerst Ferber, Christian von: Sozialpolitik in der Wohlstandsgesellschaft. Was stimmt nicht mit der deutschen Sozialpolitik?, Hamburg 1967.

470 Achinger, Sozialpolitik als Gesellschaftspolitik, S. 78-89.

471 Vgl. statt anderer Hegner, Friedhart: Bürgernähe, Staatsbürgerrolle und soziale Aktion. Praxisbezogene Orientierungspunkte für notwendige Änderungen im System der Sozialen Sicherung, Bielefeld 1979.

politik in die Diskussion. Während die Ökonomen hier eine Korrektur durch Marktmechanismen forderten, setzten die Soziologen mehr auf intermediäre Instanzen und die Förderung von Laienkompetenzen, insbesondere im Rahmen von Selbsthilfegruppen.[472] Allerdings führte die wissenschaftliche Diskussion bald zu dem Ergebnis, daß die Aktivierung von Selbsthilfepotentialen und frei gemeinnützigen Engagements nur als Ergänzung, nicht als Ersatz für öffentlich finanzierte professionelle Dienstleistungen gelten können. Auch hat die Kritik an der Verrechtlichung und Bürokratisierung der Sozialpolitik einen im wesentlichen auf die personenbezogenen Dienstleistungen beschränkten Gültigkeitsbereich; rechtliche Regulierungen bleiben das notwendige Skelett jeder Sozialpolitik.[473]

Die achtziger Jahre brachten im Grenzbereich von Soziologie und Politikwissenschaft Fortschritte in der Analyse politischer Prozesse. Aus der Interventions- und Implementationsforschung[474] entwickelte sich eine steuerungstheoretische Betrachtungsweise, die vorzugsweise auch auf Gegenstände der Sozial-

472 Vgl. Ferber, Christian v.: Demokratisierung und Sozialstaat im Verständnis der Soziologie, in: Reform in der Demokratie, hg. v. Wolfgang Schulenburg, Hamburg 1976, S. 47-62; Badura, Bernhard u. a.: Einleitung: Sozialpolitische Perspektiven, in: Selbsthilfe und Selbstorganisation im Gesundheitswesen, hg. v. Bernhard Badura und Christian v. Ferber, München und Wien 1981, S. 1-38, sowie weitere Beiträge in diesem Band; Becher, Berthold und Pankoke, Eckart: Sozialadministration und selbstaktive Felder, in: Archiv für Wissenschaft und Praxis der sozialen Arbeit 12 (1981), S. 219-239; Becher, Berthold: Gesellschaftlicher Wandel und neue Funktionsbedingungen kommunaler Sozialpolitik, in: Sociologia Internationalis 20 (1982), S. 87-115; Staat, intermediäre Instanzen und Selbsthilfe. Bedingungsanalysen sozialpolitischer Intervention, hg. v. Franz-Xaver Kaufmann, München und Wien 1987.

473 Vgl. Mayntz, Renate: Regulative Politik in der Krise?, in: Sozialer Wandel in Westeuropa. Verhandlungen des 19. Deutschen Soziologentages Berlin 1979, hg. v. Joachim Matthes, Frankfurt/M. und New York 1979, S. 55-82; Kaufmann, Franz-Xaver: Steuerung wohlfahrtsstaatlicher Abläufe durch Recht, in: Gesetzgebungstheorie und Rechtspolitik, in: Jahrbuch für Rechtssoziologie und Rechtstheorie 13 (1988), S. 65-108.

474 Grundlegend für Deutschland Mayntz, Renate: Die Implementation politischer Programme. Theoretische Überlegungen zu einem neuen Forschungsgebiet, in: Die Verwaltung 10 (1977), S. 51-66; vgl. auch: Implementation politischer Programme: empirische Forschungsberichte, hg. v. Renate Mayntz, Königstein/Ts. 1980; Implementation politischer Programme 2: Ansätze zur Theoriebildung, hg. v. Renate Mayntz, Opladen 1983.

politik angewandt wurde.[475] Denn gerade hier wurden die schon um die Mitte des 19. Jahrhunderts thematisierten *Vermittlungsprobleme zwischen Staat und Gesellschaft* deutlich. Es ging darum, einerseits die monolithische Vorstellung vom Staate als einem einheitlich handelnden Akteur aufzubrechen und andererseits neben Märkten und Hierarchien eine Mehrzahl weiterer Koordinationsmodi wie korporatistische, solidarische oder expertokratische Steuerungsformen ins öffentliche Bewußtsein zu rücken.[476] Das Programm einer aktiven Sozialpolitik provozierte somit eine kritische Reflexion auf die gesellschaftspolitische Handlungsfähigkeit des politischen Systems im Horizont einer Theorie funktional-struktureller Gesellschaftsdifferenzierung (vgl. 1.1.2).

4.3.2 Sozialstaatlichkeit und ›Welfare state‹

Die Verschiebung der politischen Aufmerksamkeitshorizonte hätte jedoch allein wohl nicht genügt, um ein nachhaltiges sozialwissenschaftliches Engagement mit Bezug auf sozialpolitische Fragen zu mobilisieren; hinzu kam – und erst dies gab den Sozialwissenschaften Resonanz – eine wachsende *Unzufriedenheit mit den gesellschaftlichen Zuständen*, die auffallend mit der Zu-

475 Vgl. als Überblick: Ulrich, Günter: Politische Steuerung. Staatliche Intervention aus systemtheoretischer Sicht, Opladen 1994.

476 Schwerpunkte dieser Diskussionen entwickelten sich an der Universität Bielefeld und am Max-Planck-Institut für Gesellschaftsforschung in Köln. Vgl. Kaufmann, Franz-Xaver: Steuerungsprobleme im Wohlfahrtsstaat, in: Krise der Arbeitsgesellschaft? Verhandlungen des 21. Deutschen Soziologentages in Bamberg 1982, hg. v. Joachim Matthes, Frankfurt/M. und New York 1983, S. 474-490 (erweiterte Fassung in ders., Sozialpolitik und Sozialstaat, S. 163-196); Guidance, Control, and Evaluation in the Public Sector. The Bielefeld Interdisciplinary Project, hg. v. Franz-Xaver Kaufmann, Giandomenico Majone und Vincent Ostrom, Berlin und New York 1985; Dezentrale Gesellschaftssteuerung. Probleme der Integration polyzentrischer Gesellschaft, hg. v. Manfred Glagow und Helmut Willke, Pfaffenweiler 1987; Leisering, Lutz: Selbststeuerung im Sozialstaat – zur Verortung der Rentenreform in der Sozialpolitik der 80er Jahre, in: Zeitschrift für Sozialreform 38 (1992), S. 3-39; Gesellschaftliche Selbstregelung und politische Steuerung, hg. v. Renate Mayntz und Fritz W. Scharpf, Frankfurt/M. und New York 1995; Mayntz, Renate: Soziale Dynamik und politische Steuerung. Theoretische und methodologische Überlegungen, Frankfurt/M. und New York 1997.

friedenheit der fünfziger Jahre kontrastierte. Nicht mehr die Zeitdiagnose der nivellierten Mittelstandsgesellschaft, sondern eine Renaissance marxistisch inspirierter Problem- und Konfliktdiagnosen, die sich in den Studentenrevolten selbst plausibilisierten, beherrschten die öffentlichen Debatten.[477] Aber wie die sich anschließende Debatte über ›neue Armut‹ und das in der Folge erneuerte Interesse an der Armutsforschung zeigte, beschränkte sich die Sozialkritik nicht auf die marxistische Linke.[478]

In der Marxschen Theorie kam dem Staat und erst recht der Sozialpolitik nur eine untergeordnete Rolle zu. Marxistische Analytiker um 1970 waren dagegen mit den Ergebnissen eines säkularen Wirtschaftsaufschwungs konfrontiert, der – dank der Macht der Gewerkschaften und dank sozialpolitischer Entwicklungen – auch den Arbeitern auf breiter Front zugute gekommen war. Wollte man die Fortdauer einer latent revolutionären Situation plausibel machen, so kam man um eine *marxistische Staatstheorie* nicht herum. Eben hierum kreisten denn auch viele Debatten, die hier nur insoweit interessieren, als sie der Sozialpolitik zentrale Beachtung schenkten. Dabei ging es um das Ausmaß der Autonomie des Staates im Kapitalismus. Die Diagnosen reichten von einer ›Sozialstaatsillusion‹, die an der Tatsache des Klassenkampfes und den Krisentendenzen des Kapitalismus nichts wesentliches ändere,[479] bis zu subtileren Argumentationen, gemäß deren sich der Konflikt zwischen Kapital und Arbeit infolge der wohlfahrtsstaatlichen Entwicklung in den Bereich der Reproduktionsbedingungen und ins Innere des Staatsapparates selbst verlagere.

477 Vgl. Krüger, Anmerkungen zur sozialwissenschaftlichen Wiederentdekkung der Sozialpolitik. Wenig ergiebig dagegen Ehling, Manfred: Theoretische Ansätze in der Sozialpolitik. Untersuchungen zum geschichtlichen und aktuellen Einfluß der Soziologie auf die Sozialpolitik, Frankfurt/M. 1982.

478 Vgl. Geißler, Heiner: Die Neue soziale Frage, Freiburg i. Br. u. a. 1976; vgl. auch die anschließende Diskussion in: Sozialer Fortschritt 25 (1976), passim; ferner: Zur Neuen Sozialen Frage, hg. v. Hans Peter Widmaier, Berlin 1978. Politik der Armut und Die Spaltung des Sozialstaats, hg. v. Stephan Leibfried und Florian Tennstedt, Frankfurt/M. 1985; Armut im modernen Wohlfahrtsstaat, hg. v. Stephan Leibfried und Wolfgang Voges, Kölner Zeitschrift für Soziologie und Sozialpsychologie, Sonderheft 32, Opladen 1992.

479 Müller, Wolfgang und Neusüss, Christel: Die Sozialstaatsillusion und der Widerspruch von Lohnarbeit und Kapital, in: Sozialistische Politik 2 (1970), S. 4-67.

Durch seine fortgesetzten Interventionen zur Pazifizierung des Klassenkampfes und zur Stabilisierung des Wirtschaftskreislaufes begebe sich der Staat zunehmend seiner Autonomie und gerate mit der Verknappung der Budgets und angesichts sich verschärfender politischer Konflikte selbst in den Strudel antagonistischer Klasseninteressen.[480]

Derartige Krisendiagnosen erhielten eine gewisse Plausibilität durch das Ende des »kurzen Traums immerwährender Prosperität«[481] infolge der Währungs- und Ölkrise zu Beginn der siebziger Jahre und auch durch den einflußreichen Bericht des *Club of Rome* zur Lage der Menschheit.[482] Das ›wohlfahrtsstaatliche Projekt‹ schien an seine Grenzen gelangt und seine »utopischen Energien« zu verlieren, denen es nach Jürgen Habermas seine Legitimität verdankte.[483] Oder aber war das Ende der wohlfahrtsstaatlichen Expansionsphase und der mit wachsender Arbeitslosigkeit ab 1975 offenkundig werdende Effektivitätsverlust keynesianischer Politik lediglich ein Anpassungsvorgang innerhalb eines grundsätzlich stabilen ›Wohlfahrtskapitalismus‹?[484]

Wie ersichtlich, hatte sich die öffentliche Diskussion von den Problemen einer inkrementellen Sozialpolitik in unterschiedlichen Problembereichen zu einer ›gesamtgesellschaftlichen‹ Betrachtungsweise hin verschoben. Es stand nun nicht mehr nur diese oder jene sozialpolitische Reform, sondern *der Sozialstaat*

480 So insbesondere Offe, Claus: Strukturprobleme des kapitalistischen Staates, Frankfurt/M. 1972; Lehnhardt, Gero und Claus Offe: Staatstheorie und Sozialpolitik. Politisch-soziologische Erklärungsansätze für Funktionen und Innovationsprozesse der Sozialpolitik, in: Soziologie und Sozialpolitik, S. 98-127.

481 Lutz, Burkart: Der kurze Traum immerwährender Prosperität: Eine Neuinterpretation der industriell-kapitalistischen Entwicklung im Europa des 20. Jahrhunderts, Frankfurt und New York 1984.

482 Meadows, Dennis u. a.: Grenzen des Wachstums. Bericht des Club of Rome zur Lage der Menschheit, Stuttgart 1972.

483 Vgl. Habermas, Jürgen: Legitimationsprobleme im Spätkapitalismus, Frankfurt/M. 1973; ders.: Die Krise des Wohlfahrtsstaates und die Erschöpfung utopischer Energien, in: ders.: Die neue Unübersichtlichkeit, Frankfurt/M. 1985, S. 141-163.

484 Vgl. Alber, Jens: Der Wohlfahrtsstaat in der Krise?, in: Zeitschrift für Soziologie 9 (1980), S. 313-342; ders.: Der Sozialstaat in der Bundesrepublik 1950-1983, Frankfurt/M. und New York 1983; sowie die vorherrschenden Diagnosen in: Growth to Limits. The Western European Welfare States since World War II, hg. v. Peter Flora, 3 Bde., Berlin und New York 1986/87.

selbst zur Debatte.[485] Es waren vor allem die Entwicklungen auf dem Arbeitsmarkt, insbesondere die zunehmende strukturelle Arbeitslosigkeit[486] und die demographischen Entwicklungen,[487] die nicht mehr nur Herausforderungen für einzelne sozialpolitische Einrichtungen, sondern für das gesamte wohlfahrtsstaatliche Arrangement bedeuteten.

Dementsprechend verlor der Begriff *Sozialpolitik* in der hier zu beschreibenden Phase zugunsten des Begriffes *Sozialstaat* völlig an struktureller Bedeutung. Gleichzeitig differenzierte sich in den achtziger Jahren die sozialpolitische Forschung nach Politikfeldern aus, und es entstanden selbständige Forschungs- und Politiknetzwerke z.B. für die Bereiche der Gesundheits-, Arbeitsmarkt- und Familienpolitik. Deren Themenbereiche sind nicht Gegenstand einer Darstellung, die sich auf die Konstruktion des *Zusammenhangs* von Sozialpolitik konzentriert – und dieser Zusammenhang wird seit Mitte der siebziger Jahre zunehmend durch den Begriff des ›Sozialstaats‹ symbolisiert. Die seither aufkommende internationale Debatte über den ›Welfare state‹ hat diese Wortverwendung verfestigt.[488]

485 Wegweisend für die nachfolgende Diskussion: Scharpf, Fritz W.: Public Organization and the Waning of the Welfare State: A Research Perspective, in: European Journal of Political Research 5 (1977), S. 339-362. – Zu den Ergebnissen eines die Perspektive umsetzenden Forschungsprogramms am Max-Planck-Institut für Gesellschaftsforschung (Köln) vgl. Welfare and Work in the Open Economy, hg. v. Fritz W. Scharpf und Vivian A. Schmidt, 2 Bde., Oxford 2000.

486 Für unterschiedliche Facetten der Diskussion vgl. Krise der Arbeitsgesellschaft? Verhandlungen des 21. Deutschen Soziologentages in Bamberg 1982, hg. v. Joachim Matthes, Frankfurt/M. und New York 1983, insb. die Beiträge von Ralf Dahrendorf, Claus Offe, Jonathan I. Gershuny, Johannes Berger, Günther Schmid und Friedhart Hegner.

487 Grundlegend Leisering, Lutz: Sozialstaat und demographischer Wandel. Wechselwirkungen, Generationenverhältnisse, politisch-institutionelle Steuerung, Frankfurt/M. und New York 1992; zu den grundsätzlichen, sozialintegrativen Aspekten vgl. Kohli, Martin: Moralökonomie und ›Generationenvertrag‹, in: Kultur und Gesellschaft. Verhandlungen des 24. Deutschen Soziologentags, des 11. Österreichischen Soziologentags und des 8. Kongresses der Schweizerischen Gesellschaft für Soziologie in Zürich 1988, hg. v. Max Haller, Hans-Jürgen Hoffmann-Nowottny und Wolfgang Zapf, Frankfurt/M. und New York 1989, S. 532-555.

488 Zu dieser sehr vielschichtigen Debatte gibt es noch wenig Übersicht schaffende Literatur, zumal sie noch voll im Gang ist. Ansätze bei Schmidt, Manfred G.: Sozialpolitik in Deutschland. Historische Entwicklung und internationaler Vergleich, 2. Aufl. Opladen 1998; Lesse-

Wie einleitend bemerkt, war ›Sozialstaat‹ zunächst ein verfassungsrechtlicher Begriff, der erst allmählich an Gewicht gewonnen hat.[489] Die heute vorherrschende Interpretation spricht von einer *sozialen Zieldimension des Staates*:

»Die wichtigsten Ziele des ›Sozialstaats‹ sind: Hilfe gegen Not und Armut und ein menschenwürdiges Existenzminimum für jedermann; mehr Gleichheit durch den Abbau von Wohlstandsdifferenzen und die Kontrolle von Abhängigkeitsverhältnissen; mehr Sicherheit gegenüber den ›Wechselfällen des Lebens‹; und schließlich Hebung und Ausbreitung des Wohlstandes. [...] Die wichtigste Prämisse des ›Sozialen‹ aber ist: das Gegenüber von Staat und Gesellschaft bleibt aufrechterhalten; der Staat hat kein Monopol auf das ›Soziale‹ und keinen Titel, die Gesellschaft aufzuheben, um ihren ›sozialen‹ Charakter zu garantieren.«[490]

Auch wenn der erwähnte Zielkatalog sich weitestgehend mit der Tradition des sozialpolitischen Denkens und Handelns überschneidet, wäre es doch verfehlt, von einer bloßen Legitimationsformel für Sozialpolitik zu sprechen. Vielmehr ist das soziale Staatsziel einer der Maßstäbe für die Beurteilung *aller* Staatstätigkeiten und kann nur im Rahmen einer grundsätzlich alle Verfassungsnormen einschließenden Interpretation seinen spezifischen Sinn entfalten. Damit wird auch der oft beschworene Gegensatz von ›Rechtsstaat‹ und ›Sozialstaat‹ zu einem Scheingefecht:

nich, Stephan und Ostner, Ilona:(Hg.): Welten des Wohlfahrtskapitalismus. Der Sozialstaat in vergleichender Perspektive, Frankfurt/New York 1998; Scharpf, Fritz W. und Schmidt, Vivien: Welfare and Work in the Open Economy, Bd. 1: From Vulnerability to Competitiveness, Oxford 2000.

489 Vgl. Grimm, Dieter: Die sozialgeschichtliche und verfassungsrechtliche Entwicklung zum Sozialstaat, in: Chancen und Grenzen des Sozialstaats, S. 41-65; Benda, Ernst: Industrielle Herrschaft und sozialer Staat. Wirtschaftsmacht von Großunternehmen als gesellschaftspolitisches Problem, Göttingen 1966; Tomandl, Theodor: Der Einbau sozialer Grundrechte in das positive Recht, Tübingen 1967; Hartwich, Sozialstaatspostulat; Zacher, Hans F.: Sozialpolitik und Menschenrechte in der Bundesrepublik Deutschland, München 1968; ders.: Was können wir über das Sozialstaatsprinzip wissen?, in: Hamburg, Deutschland, Europa, Festschrift Hans Peter Ipsen, Tübingen 1977, S. 207-267.

490 Zacher, Hans F.: Das soziale Staatsziel, in: Handbuch des Staatsrechts der Bundesrepublik Deutschland, hg. v. Josef Isensee und Paul Kirchhof, Bd. 1, Heidelberg 1987, S. 1085-1111, Wiederabdruck in: Zacher, Hans F.: Abhandlungen zum Sozialrecht, Heidelberg 1993, S. 3-72, Zitat S. 18f. Vgl. auch ders., Der Sozialstaat an der Wende zum 21. Jahrhundert, in: Vierteljahresschrift für Sozialrecht 3/2000, S. 185-206.

»Rechtsstaat und Demokratie haben sich als Medium des sozialstaatlichen Prozesses zu verstehen. Und der Sozialstaat als Prozeß muß sich in diesem Medium der permanenten komplexen Spannung und Entscheidung von Individuen und Kollektiven sehen. [...] Es ist an der Zeit, von der Erwartung Abstand zu nehmen, Verfassungsinterpretation ergäbe den Sozialstaat. Den Sozialstaat zu definieren ist ein politisches Geschäft.«[491]

Die Aufnahme des Sozialstaatsbegriffs in die sozialwissenschaftliche Diskussion orientierte sich denn auch weniger an der staats- und sozialrechtlichen Argumentation, sondern folgte der internationalen Diskussion über den ›Wohlfahrtsstaat‹; gerade dadurch gewann sie im engeren Sinne sozialpolitische Konnotationen.[492] Im internationalen Kontext einflußreich wurde insbesondere die im Anschluß an die Verabschiedung der Allgemeinen Menschenrechtserklärung formulierte These von T. H. Marshall von der sukzessiven Entwicklung des Staatsbürgerstatus durch die Entfaltung bürgerlicher Persönlichkeitsrechte, politischer Partizipationsrechte und sozialer Teilhaberechte.[493] Ausgehend von Marshall haben Talcott Parsons und Niklas Luhmann den Begriff der *Inklusion* geprägt, um das Charakteristikum sozialstaatlicher Verantwortung zu verdeutlichen:

»Jede Person muß danach Zugang zu allen Funktionskreisen erhalten können. Jeder muß rechtsfähig sein, eine Familie gründen können, politische Macht mit ausüben oder doch mit kontrollieren können; jeder muß in Schulen erzogen werden, im Bedarfsfalle medizinisch versorgt werden, am Wirtschaftsverkehr teilnehmen können. Das Prinzip der Inklusion ersetzt jene Solidarität, die darauf beruhte, daß man einer und nur einer Gruppe angehörte.«[494]

491 Zacher, Was können wir über das Sozialstaatsprinzip wissen, S. 260, 266.

492 In diesem Sinne z. B. Talos, Emmerich: Sozialstaatlichkeit – Entwicklungsverlauf und Funktionen, in: Österreichische Zeitschrift für Soziologie 4 (1979), S. 4-19; Spieker, Manfred: Legitimitätsprobleme des Sozialstaats, Bern 1986.

493 Vgl. Marshall, Thomas H.: Social Class and Citizenship (1949); deutsch in: ders.: Bürgerrechte und soziale Klassen. Zur Soziologie des Wohlfahrtsstaates, hg. v. Elmar Rieger, Frankfurt und New York 1992, S. 30-94.

494 Luhmann, Niklas: Gesellschaftsstruktur und Semantik, Bd. 1., S. 30f.; vgl. bereits Parsons, Talcott: Das System moderner Gesellschaften, München 1972, S. 32-35; vertiefend Luhmann, Niklas: Inklusion und Exklusion, in: ders., Soziologische Aufklärung 6, Opladen 1995, S. 237-264.

Der letztzitierte Satz verweist auf eine zentrale Voraussetzung zeitgenössischer Gesellschaftstheorie: Sie geht – wie schon Hegel (vgl. Abschnitt 1.1.2) – davon aus, daß sich im Zuge der Modernisierung eine strukturelle Verselbständigung funktionaler Zusammenhänge ereignet, d. h. die Ausbildung von gesellschaftlichen Teilsystemen, die ihre eigene – ökonomische, politische, wissenschaftliche, religiöse, familiale usw. – ›Eigenlogik‹ entwickeln.[495] In Verbindung mit dem gleichzeitig entstehenden Prinzip der ›formalen Organisation‹ bedeutet dies, daß Individuen nur noch aufgrund besonderer Vorkehrungen Zutritt zu den für sie lebenswichtigen Leistungszusammenhängen erhalten. Derartige Vorkehrungen sind insbesondere Mitgliedschaftsrechte und soziale Anspruchsrechte.[496]

Der englische und der davon abgeleitete internationale Begriff des ›Welfare state‹ meint im wesentlichen die Gesamtheit der sozialpolitischen Institutionen eines Landes, allerdings unter Ausschluß des Arbeitsrechts. Obwohl er systematisch auch die öffentlichen Dienstleistungen des Bildungs-, Gesundheits-, Sozial- und Wohnungswesens einschließt, beschränkt sich die internationale Diskussion weitgehend auf den Bereich der Geldleistungen der sozialen Sicherung (*social security, social protection*). Diese Beschränkung ergibt sich im wesentlichen aus der Datenlage, da nur hier die Kosten und Leistungen in einigermaßen vergleichbarer Weise erfaßt sind.[497]

Die *vergleichende Wohlfahrtsstaatsforschung* brachte in den achtziger Jahren einen wesentlichen Impuls in die wissenschaftliche Beschäftigung mit Sozialpolitik. Sie ging von den Vereinigten Staaten aus, fand aber auch bald Eingang in die deutsche Sozialwissenschaft.[498] Allerdings erfolgt der Vergleich meist ohne

495 Vgl. Luhmann, Niklas: Politische Theorie im Wohlfahrtsstaat; ders.: Der Wohlfahrtsstaat zwischen Evolution und Rationalität, in: Chancen und Grenzen des Sozialstaats, hg. v. Peter Koslowski u. a., Tübingen 1983, S. 26-40.

496 Dieser Gedanke wird nunmehr verallgemeinert bei Rifkin, Jeremy: Access: Das Verschwinden des Eigentums. Warum wir weniger besitzen und mehr ausgeben werden (engl. 2000), Frankfurt/M. 2002.

497 Vgl. OECD: Social Expenditure 1960-1990. Problems of Growth and Control, Paris 1985; dies.: Social Expenditure Statistics of OECD Member Countries, Paris 1996.

498 Vgl. Alber, Jens: Vom Armenhaus zum Wohlfahrtsstaat, Frankfurt/M. und New York 1982; Growth to Limits; Ritter, Der Sozialstaat; Welten

explizites theoretisches Konzept; was den Sozial- oder Wohlfahrtsstaat ausmacht, bleibt häufig im unklaren oder wird nur in einzelnen Aspekten geklärt.[499] Die Schwierigkeiten des totalisierenden Vergleichs ganzer ›Wohlfahrtsstaaten‹ wurden erst allmählich sichtbar, und zunehmend hat sich die Forschung auf den Vergleich einzelner institutioneller Komplexe oder bestimmter Problembereiche verlagert.[500] Der mittlerweile beachtliche Ertrag hat auch schon zu lehrbuchartigen zusammenfassenden Darstellungen geführt.[501]

des Wohlfahrtskapitalismus: Der Sozialstaat in vergleichender Perspektive, hg. v. Ilona Ostner und Stephan Lessenich, Frankfurt/M. und New York 1998; Lessenich, Stephan: Soziologische Erklärungsansätze zur Entstehung und Funktion des Sozialstaats, in: Soziologie des Sozialstaats. Gesellschaftliche Grundlagen, historische Zusammenhänge und aktuelle Entwicklungstendenzen, hg. v. Jutta Allmendinger und Wolfgang Ludwig-Mayerhofer, München 2000, S. 39-78; Kaufmann, Varianten des Wohlfahrtsstaats, S. 25-50.

499 Als Beispiele konzeptioneller Theoriearbeit seien erwähnt: Widmaier, Hans Peter: Sozialpolitik im Wohlfahrtsstaat. Zur Theorie politischer Güter, Reinbek bei Hamburg 1976; Matzner, Egon: Der Wohlfahrtsstaat von morgen. Entwurf eines zeitgemäßen Musters staatlicher Interventionen, Frankfurt/M. und New York 1982; Rieger, Elmar: Die Institutionalisierung des Wohlfahrtsstaats, Opladen 1992; Prisching, Manfred: Bilder des Wohlfahrtsstaates, Marburg 1996; Huf, Stefan: Sozialstaat und Moderne – Modernisierungseffekte staatlicher Sozialpolitik, Berlin 1998; Kaufmann, Franz-Xaver: Sozialstaatlichkeit unter den Bedingungen moderner Wirtschaft, in: Handbuch der Wirtschaftsethik, hg. v. Wilhelm Korff u. a., Bd. 1, Gütersloh 1999, S. 803-833 (überarbeitet in: ders., Sozialpolitik und Sozialstaat, S. 261-296); Nullmeier, Frank: Politische Theorie des Sozialstaates, Frankfurt/M. und New York 2000: Zacher, Hans F.: Grundlagen der Sozialpolitik in der Bundesrepublik Deutschland, in: Geschichte der Sozialpolitik in Deutschland seit 1945, Bd. 1, 2001, S. 333-684. – Für eine Hinterfragung von Sozialstaatstheorien vgl. Kreissl, Richard: Die Krise der Theorie des Wohlfahrtsstaates – Konsequenzen für die Verrechtlichungsdebatte, in: Kritische Vierteljahresschrift für Gesetzgebung und Rechtswissenschaft 2 (1987), S. 89-111.

500 Vgl. z. B. Alterssicherung im Rechtsvergleich, hg. v. Hans F. Zacher, Baden-Baden 1991; Alber, Jens und Brigitte Bernardi-Schenkluhn: Westeuropäische Gesundheitssysteme im Vergleich, Frankfurt/M. und New York 1982; Schmid, Josef: Wohlfahrtsverbände in modernen Wohlfahrtsstaaten, Soziale Dienste in historisch-vergleichender Perspektive, Opladen 1996; Invaliditätssicherung im Rechtsvergleich, hg. v. Hans-Joachim Reinhard, Jürgen Kruse und Bernd Baron v. Maydell, Baden-Baden 1998.

501 Vgl. Schmidt, Manfred G.: Sozialpolitik in Deutschland: Historischer und internationaler Vergleich, 2. Aufl. Opladen 1998; Schmid, Josef: Wohlfahrtsstaaten im Vergleich. Soziale Sicherungssysteme in Europa: Organisation, Finanzierung, Leistungen und Probleme, Opladen 1996.

4.3.3 *Sozialpolitik und die ›Krise des Sozialstaates‹*

Der Bezug der Krisenmetapher auf den Sozialstaat entstammt der marxistischen Theorie, ist inzwischen jedoch allgemein üblich.[502] Dabei sollte nicht übersehen werden, daß die neuzeitliche Gesellschaftsentwicklung sozusagen konstitutionell krisenhaft ist. Eine Gesellschaftsformation, für die fortgesetzte Innovationen und daraus folgende unvorhergesehene Veränderungen konstitutiv sind, produziert laufend Gefährdungen des Bestehenden (›Krisen‹) und richtungsändernde Entscheidungen (also ebenfalls ›Krisen‹).[503] Obwohl insbesondere von ökonomischer Seite die wohlfahrtsstaatliche Entwicklung sozusagen ständig kritisch kommentiert wurde,[504] drang diese Kritik politisch erst durch, nachdem 1989 die sozialistischen Wirtschaftssysteme zusammengebrochen waren und sich zudem die Konkurrenz um Investitionsstandorte in der Europäischen Union durch die etwa gleichzeitig erfolgende vollständige Liberalisierung des Kapitalverkehrs in Europa verschärfte. Waren bis dahin die Wirkungen der Sozialpolitik in der politischen Öffentlichkeit ganz überwiegend positiv beurteilt worden, so avancierten jetzt die ›überhöhten‹ Sozialkosten zum ›Standortrisiko‹. Im Falle Deutschlands war der Anstieg der Sozialleistungsquote im wesentlichen durch die Wiedervereinigung bedingt, so daß der ausgebrochene Verteilungskampf auch als Auseinandersetzung über die Verteilung der Einigungskosten interpretiert werden kann.[505]

502 Mit Bezug auf den Wohlfahrtsstaat wohl zuerst O'Connor, James: The Fiscal Crisis of the State, in: Socialist Revolution No. 1 und 2, 1970, zit. bei Offe, Strukturprobleme, S. 56; ferner Strasser, Johano: Grenzen des Sozialstaats? Soziale Sicherung in der Wachstumskrise, Köln und Frankfurt/M. 1979; Flora, Peter: Krisenbewältigung oder Krisenerzeugung? Der Wohlfahrtsstaat in historischer Perspektive, in: Joachim Matthes (Hg.), Sozialer Wandel in Westeuropa, Frankfurt/M. und New York 1979, S. 92-136.

503 Vgl. Kosellek, Reinhard: Kritik und Krise. Eine Studie zur Pathogenese der bürgerlichen Welt (1959), Frankfurt/M. 1973.

504 Vgl. z. B. Soziale Probleme der modernen Industriegesellschaft. Verhandlungen auf der Arbeitstagung der Gesellschaft für Wirtschafts- und Sozialwissenschaften/Verein für Socialpolitik in Augsburg vom 13. bis 15. September 1976, hg. v. Bernhard Külp und Heinz-Dieter Haas, 2 Halbbände, Berlin 1977.

505 So Kaufmann, Franz-Xaver: Herausforderungen des Sozialstaates, Frankfurt/M. 1997, S. 14-17; vgl. auch die eindringliche Analyse von

Diese Engführung von Sozialpolitik auf den Verteilungsaspekt macht es leicht, einen *Gegensatz zwischen Wirtschafts- und Sozialpolitik* zu konstruieren,[506] was tendenziell zu einer erneuten Polarisierung zwischen Wirtschafts- und Sozialwissenschaftlern führt, obwohl auf beiden Seiten die Einsicht dominiert, daß die absehbaren Verwerfungen des Generationengefüges und die Veränderungen auf dem Arbeitsmarkt einen erheblichen Reformbedarf im Bereich der Sozialpolitik erzeugen, bei dessen Umsetzung um Leistungskürzungen in bestimmten Bereichen nicht herumzukommen sein wird.[507] Im Falle Deutschlands werden vor allem die im internationalen Vergleich überdurchschnittlichen Beiträge zur Sozialversicherung als Lohnnebenkosten thematisiert und deren Leistungen auf ihre Grenzen und Ergänzungsnotwendigkeiten hin befragt.[508] Gelegentlich wird aber auch die Legitimität

Czada, Roland: Vereinigungskrise und Standortdebatte: Der Beitrag der Wiedervereinigung zur Krise des westdeutschen Modells, in: Leviathan 26 (1998), S. 24-59.

506 Vgl. z. B. Berthold, Norbert und Külp, Bernhard: Rückwirkungen ausgewählter Systeme der Sozialen Sicherung auf die Funktionsfähigkeit der Marktwirtschaft, Berlin 1987.

507 Die Schriften mit allgemeinen oder praktischen Reformvorschlägen füllen bereits Regale. Vgl. z. B. Überwindung der Sozialstaatskrise: Ordnungspolitische Ansätze, hg. v. Philipp Herder-Dorneich u. a., Baden-Baden 1984; Zacher, Hans F.: Der gebeutelte Sozialstaat in der wirtschaftlichen Krise, in: Sozialer Fortschritt 33 (1984), S. 1-12; Kleinewefers, Henner: Reformen für Wirtschaft und Gesellschaft: Utopien, Konzepte, Realitäten, Frankfurt/M. und New York 1985; Umbau des Sozialstaats, hg. v. Michael Opielka und Ilona Ostner, Essen 1987; Spaltungen der Gesellschaft und die Zukunft des Sozialstaates, hg. v. Udo Bermbach, Bernhard Blanke und Carl Böhret, Opladen 1990; Soziale Sicherheit in Gefahr. Zur Zukunft der Sozialpolitik, hg. v. Dieter Döring und Richard Hauser, Frankfurt/M. 1995; Sozialpolitik auf dem Prüfstand: Leitlinien für Reformen, hg. v. Horst Siebert, Tübingen 1996; Sozialstaat wohin? Umbau, Abbau oder Ausbau der sozialen Sicherung, hg. v. Werner Schönig und Raphael L'Hoest, Darmstadt 1996; Sozialstaat – Idee und Entwicklung, Reformzwänge und Reformziel, hg. v. Walter-Raymond-Stiftung, Köln 1996; Lampert, Heinz: Krise und Reform des Sozialstaates, Frankfurt/M. 1997; Reforming the Welfare State, hg. v. Herbert Giersch, Berlin u. a. 1997; Sonderheft ›Sozialstaat‹. Jahrbuch für Nationalökonomie und Statistik 216 (1997), H. 4+5; Reform des Sozialstaats, hg. v. Richard Hauser, 2 Bde., Berlin 1998; Die Zukunft des Sozialstaats, hg. v. Richard Hauser, Berlin 2000.

508 Vgl. Sozialvertrag und Sicherung. Zur ökonomischen Theorie staatlicher Versicherungs- und Umverteilungssysteme, hg. v. Gabriele Rolf, P. Bernd Spahn und Gert Wagner, Frankfurt/M. und New York 1988; Strukturwandel der Sozialpolitik. Lohnarbeitszentrierte Sozialpolitik und soziale

des Sozialstaats in seiner gegenwärtigen Form selbst in Frage gestellt.[509]

Gegen die Empfehlung von ökonomischer Seite, die gegenwärtigen Schwierigkeiten seien im wesentlichen durch eine Stärkung der Marktkräfte zu überwinden, und zwar auch im Bereich von sozialer Sicherung und sozialen Diensten,[510] setzen Sozialwissenschaftler eher bei einer Verallgemeinerung der wirtschafts- und sozialpolitischen Problematik in der Perspektive von *Wohlfahrtsproduktion* an und plädieren für eine *pluralistische* Strategie des selektiven Einsatzes öffentlich-rechtlicher, marktwirtschaftlicher, assoziativer und solidarischer Steuerungsformen, unter Berücksichtigung ihrer je spezifischen Eignung zur Lösung bestimmter Probleme.[511]

Grundsicherung, hg. v. Georg Vobruba, Frankfurt/M. 1990; Nullmeier, Frank und Rüb, Friedbert: Die Transformation der Sozialpolitik. Vom Sozialstaat zum Sicherungsstaat, Frankfurt/M. und New York 1993; Grenzen des Sozialversicherungsstaates, hg. v. Barbara Riedmüller und Thomas Olk, Leviathan, Sonderheft 14, Opladen 1994; Leisering, Lutz: Grenzen des Sozialversicherungsstaats? Sozialer Wandel als Herausforderung staatlicher Einkommenssicherung, in: Zeitschrift für Sozialreform 41 (1995), S. 860-880.

509 Vgl. Necker, Tyll u. a.: Sozialstaat – Die Krise seiner Ethik, Köln 1983; Spieker, Legitimationsprobleme; Habermann, Gerd: Der Wohlfahrtsstaat – Die Geschichte eines Irrwegs, Frankfurt/M. und Berlin 1994.

510 Vgl. z. B. Engels, Wolfram: Über Freiheit, Gleichheit und Brüderlichkeit, Bad Homburg 1985; abgeschwächt Molitor, Bruno: Sozialpolitik in der Marktwirtschaft, in: Ordo 37 (1986), S. 59-71. Zur neoliberalen Position kritisch: Berger, Johannes und Claus Offe: Die Zukunft des Arbeitsmarktes. Zur Ergänzungsbedürftigkeit eines versagenden Allokationsprinzips, in: Materialien zur Industriesoziologie, hg. v. Gert Schmidt u. a., in: Kölner Zeitschrift für Soziologie und Sozialpsychologie, Sonderheft 24, Opladen 1982, S. 348-371.

511 Grundlegend zum Konzept der Wohlfahrtsproduktion Zapf, Wolfgang: Wohlfahrtsstaat und Wohlfahrtsproduktion, in: Politische Parteien auf dem Weg zur parlamentarischen Demokratie in Deutschland, hg. v. Lothar Albertin und Werner Link, Düsseldorf 1981, S. 379-400; vgl. ferner: Hegner, Friedhart: Zur Entwicklung von erwerbsgebundener und erwerbsfreier Zeit, in: Neuorganisation der Zeit, hg. v. Joachim Jens Hesse und Christoph Zöpel, Baden-Baden 1987, S. 33-81; Neue Subsidiarität. Leitidee für eine zukünftige Sozialpolitik, hg. v. Rolf G. Heinze, Opladen 1986; Kaufmann, Franz-Xaver: Staat und Wohlfahrtsproduktion, in: Systemrationalität und Partialinteresse, Festschrift Renate Mayntz, hg. v. Hans Ulrich Derlien u. a., Baden-Baden 1994, S. 357-380 (jetzt in ders., Sozialpolitik und Sozialstaat, S. 197-220); Evers, Adalbert und Olk, Thomas: Wohlfahrtspluralismus. Vom Wohlfahrtsstaat zur Wohlfahrtsgesellschaft, Opladen 1996.

Um die Auswirkungen unterschiedlicher wohlfahrtsstaatlicher Arrangements auf die Lebenslage der Betroffenen angemessen zu untersuchen, genügen Querschnittsvergleiche zu einem Zeitpunkt nicht, wie sie vor allem bei Forschungen zur sozialen Ungleichheit unter verschiedenen theoretischen Perspektiven seit langem durchgeführt werden.[512] Denn die Soziallagen können sich im Lebensverlauf wandeln, und die moralische Provokation sozialer Ungleichheit wird besonders dort offenkundig, wo mit sukzessiven kumulativen Prozessen sozialer Benachteiligung gerechnet werden muß. Die Wirkungsweise sozialpolitischer Maßnahmen in ihrem Zusammenhang mit Arbeitsmarkt, Haushalt und Netzwerkunterstützung, also die individualisierten Wirkungen des Zusammenwirkens institutioneller Arrangements der Wohlfahrtsproduktion und ihres historischen Wandels, wird am deutlichsten bei der Untersuchung individueller Lebensverläufe.[513] Auch aus diesem Grundgedanken hat sich eine breite Forschungsrichtung entwickelt.[514]

Die Irrelevanz des Begriffs ›Sozialpolitik‹ für die Sozialstaatsdiskussion könnte eventuell rückgängig gemacht werden, wenn deutlicher zwischen einer *Sozialpolitik erster und zweiter Ordnung* unterschieden würde.[515] Sozialpolitik erster Ordnung als programmatische Orientierung auf die Lösung sozialer Probleme

512 Einen guten Theorieüberblick gibt Müller, Hans-Peter: Sozialstruktur und Lebensstile. Der neuere theoretische Diskurs über soziale Ungleichheit, Frankfurt/M. 1992; zur neueren Diskussion vgl. Lebenslagen, Lebensläufe, Lebensstile, hg. v. Peter A. Berger und Stefan Hradil, Soziale Welt, Sonderband 7, Göttingen 1990.

513 Hierzu grundlegend: Mayer, Karl Ulrich und Walter Müller: Lebensverläufe im Wohlfahrtsstaat, in: Handlungsspielräume. Untersuchungen zur Individualisierung und Institutionalisierung von Lebensverläufen in der Moderne, hg. v. Ansgar Weymann, Stuttgart 1989, S. 41-60; Mayer, Karl Ulrich: Soziale Ungleichheit und die Differenzierung von Lebensverläufen, in: Die Modernisierung moderner Gesellschaften. Verhandlungen des 25. Deutschen Soziologentages in Frankfurt am Main 1990, hg. v. Wolfgang Zapf, Frankfurt/M. und New York, S. 667-687.

514 Zentren sind das Max-Planck-Institut für Bildungsforschung in Berlin und der Sonderforschungsbereich 186 »Statuspassagen und Risikolagen im Lebensverlauf« an der Universität Bremen; vgl. exemplarisch Leibfried, Stephan u. Lutz Leisering: Zeit der Armut, Frankfurt/M. 1995.

515 Vgl. hierzu Kaufmann, Franz-Xaver: Der Sozialstaat als Prozeß – für eine Sozialpolitik zweiter Ordnung, in: Verfassung, Theorie und Praxis des Sozialstaats, Festschrift Hans F. Zacher, hg. v. Franz Ruland, Heidelberg 1998, S. 307-322 (jetzt in: ders., Sozialpolitik und Sozialstaat, S. 129-144).

steht immer noch im Vordergrund des Selbstverständnisses von Sozialpolitik, obwohl die politischen Auseinandersetzungen um Sozialpolitik in der Praxis längst um ganz andere Probleme, z. B. um die Konsolidierung der Finanzen der gesetzlichen Rentenversicherung oder die Effizienzsteigerung im Gesundheitswesen kreisen. Je größer der Bestand an sozialpolitischen Maßnahmen, desto dringlicher werden die Probleme ihrer Koordination, ihrer Effizienz und ihrer Finanzierung. Diese Probleme zweiter Ordnung stellen heute die größte praktische und wissenschaftliche Herausforderung dar.

In den neunziger Jahren hat die Rede von der Krise des Sozialstaates eine neue Dimension durch die sogenannte *Globalisierungsdebatte* erreicht.[516] Neben die seit den späten siebziger Jahren debattierten Risiken der demographischen Entwicklung und der strukturellen Arbeitslosigkeit und die in den achtziger Jahren entdeckten Zusammenhänge zwischen Haushaltsproduktion, Veränderung der weiblichen Lebensverhältnisse und Sozialpolitik,[517] die an sich schon genügend Zündstoff für wissenschaftliche und praktische Auseinandersetzungen über die Zukunft des Sozialstaates in seiner bisherigen Form bieten, trat nunmehr die internationale Herausforderung. Diese umfaßt drei deutlich trennbare Dimensionen: Erstens die Fragen der europäischen Einigung und der Entstehung einer europäischen Sozialpolitik;[518] zweitens

516 Vgl. Seeleib-Kaiser, Martin: Globalisierung und Sozialpolitik. Ein Vergleich der Diskurse und Wohlfahrtssysteme in Deutschland, Japan und den USA, Frankfurt/M. und New York 2001; Schwengel, Hermann: Globalisierung mit europäischem Gesicht. Der Kampf um die politische Form der Zukunft, Berlin 1999.

517 Vgl. hierzu Vom Regen in die Traufe: Frauen zwischen Beruf und Familie, hg. v. Karl Ulrich Mayer, Jutta Allmendinger und Johannes Huinink, Frankfurt/M. und New York 1991; Langan, Mary und Ilona Ostner: Geschlechterpolitik im Wohlfahrtsstaat. Aspekte im internationalen Vergleich, in: Kritische Justiz 24 (1991), S. 302-312; Kulawik, Theresa: Modern bis maternalistisch: Theorien des Wohlfahrtsstaates, in: Der halbierte Staat. Grundlagen feministischer Politikwissenschaft, hg. v. Theresa Kulawik und Birgit Sauer, Frankfurt/M. und New York 1996, S. 47-81; zusammenfassend Kaufmann, Herausforderungen, S. 58-62, 69-113.

518 Vgl. hierzu: Standort Deutschland – Europäische Sozialpolitik, hg. v. Stephan Leibfried und Paul Pierson, Frankfurt/M. 1998 (engl. 1995); Europäische Sozialpolitik, hg. v. Winfried Schmähl und Herbert Rische, Baden-Baden 1997; Internationale Wirtschaft, Nationale Demokratie. Herausforderungen für die Demokratietheorie, hg. v. Wolfgang Streeck, Frankfurt/M. und New York 1998; Schulte, Bernd: The Welfare State and

die Fragen, die aus der Entstehung transnationaler Unternehmungen resultieren, die ihre Standortentscheidungen durch von nationalen Rücksichten unabhängige Strategien zu optimieren trachten; und drittens die Fragen, die sich aus dem Wachstum und der zunehmenden Interdependenz der Finanzmärkte ergeben, von denen ein Druck auf die Erhöhung der Rentabilität der Unternehmungen (›*shareholders value*‹), aber auch ein Sog zur Kapitalflucht aus Staaten ausgeht, die Kapitalien bisher als ergiebige Besteuerungsbasis betrachtet haben.[519]

Die Globalisierungsdebatte hat auch einen klassischen Diskurs der Sozialpolitik wiederbelebt, nämlich die Frage nach den Bedingungen gesellschaftlicher Solidarität und nach der Integrationsfunktion des Sozialstaates.[520] Von der Globalisierung wird neben einer Schwächung nationalstaatlicher Integration vor allem eine Intensivierung der Konkurrenzverhältnisse auch im Bereich der Arbeit erwartet.[521] Empirische Untersuchungen lassen zumindest für Deutschland bisher keine Anzeichen einer Erosion der Akzeptanz sozialstaatlicher Solidarität erkennen.[522]

European Integration, in: European Journal of Social Security 1 (1999), S. 7-61.

519 Kaufmann, Herausforderungen, S. 114-140; vgl. auch Leibfried, Stephan und Elmar Rieger: Die sozialpolitischen Grenzen der Globalisierung, in: Politische Vierteljahresschrift 38 (1997), S. 771-796; sowie die daran anschließende Diskussion: Manow, Philipp und Thomas Plümper: Die Erkenntnisgrenzen der Diskursanalyse, in: Politische Vierteljahresschrift 39 (1998), S. 590-601; Rieger, Elmar: Wohlfahrtsstaat und Globalisierung. Antikritisches zu Erklärungsproblemen und Interpretationsversuchen, in: Politische Vierteljahresschrift 39 (1998), S. 819-828.

520 Vgl. Kaufmann, Franz-Xaver: Schwindet die integrative Funktion des Sozialstaates?, in: Berliner Journal für Soziologie 7 (1997), S. 5-19 (auch in ders., Sozialpolitik und Sozialstaat, S. 241-260); ders., Sozialpolitik zwischen Gemeinwohl und Solidarität, in: Gemeinwohl und Gemeinsinn – Rhetoriken und Perspektiven sozial-moralischer Orientierung, hg. v. Herfried Münkler und Karsten Fischer, Berlin 2002, S. 19-54; Tragl, Torsten: Solidarität und Sozialstaat: Theoretische Grundlagen, Probleme und Perspektiven des modernen sozialpolitischen Solidaritätskonzeptes, München und Mering 2000.

521 Vgl. Heinze, Rolf G./Schmid, Josef/Strünck, Christoph: Vom Wohlfahrtsstaat zum Wettbewerbsstaat: Arbeitsmarkt- und Sozialpolitik in den 90er Jahren, Opladen 1999.

522 Vgl. Roller, Edeltraud: Einstellungen der Bürger zum Wohlfahrtsstaat der Bundesrepublik Deutschland, Wiesbaden 1992; dies., Kürzungen von Sozialleistungen aus der Sicht der Bundesbürger, in: Zeitschrift für Sozialreform 42 (1996), S. 777-788; Ullrich, Carsten G.: Solidarität im Sozial-

Die Debatten sind hier noch voll im Gange und können nicht resümiert werden.[523] Drei Fragen harren im vorliegenden Zusammenhang vor allem der Klärung:

1. Inwieweit trifft es tatsächlich zu, daß der Umfang der sozialen Leistungen eines Landes einen Nachteil im internationalen Wettbewerb darstellt, und in welcher Hinsicht?[524]

2. Inwieweit schwächt die wachsende Interdependenz der Staaten deren Fähigkeit, einen Horizont und Gestaltungsraum sozialpolitischer Maßnahmen zu bilden?[525]

3. Nach welchen Kriterien sind Vorschläge für einen ›Umbau des Sozialstaates‹ zu beurteilen? Gibt es hierfür wissenschaftlich vertretbare Gesichtspunkte, oder bleibt dieser Umbau ausschließlich ein politisches Geschäft?

Festzuhalten bleibt, daß auch in diesen Debatten die beteiligten Autoren nur selten den Zitier- und Argumentationsraum ihrer eigenen Disziplin verlassen. Nur wenige Theoreme, die in den politischen Debatten vorgebracht werden, können bisher als empirisch ausreichend bestätigt gelten.[526] Wenn es jedoch richtig ist, daß Sozialpolitik es mit der *Vermittlung von Staat und bürgerlicher Gesellschaft* zu tun hat, oder moderner formuliert: mit der Abarbeitung der Folgeprobleme einer funktionsorientierten

versicherungsstaat: Die Akzeptanz des Solidarprinzips in der gesetzlichen Krankenkasse, Frankfurt/M. und New York 2000; Andreß, Jürgen/Heien, Thorsten/Hofäcker, Dirk: Wozu brauchen wir noch den Sozialstaat? Der deutsche Sozialstaat im Urteil seiner Bürger, Wiesbaden 2001.

523 Vgl. als Überblicke: Ritter, Gerhard A.: Probleme und Tendenzen des Sozialstaates in den 1990er Jahren, in: Geschichte und Gesellschaft 22 (1996), S. 393-408; Leibfried, Stephan: Nationaler Wohlfahrtsstaat, Europäische Union und ›Globalisierung‹: Erste Annäherungen, in: Soziologie des Sozialstaats. Gesellschaftliche Grundlagen, historische Zusammenhänge und aktuelle Entwicklungstendenzen, hg. v. Jutta Allmendinger und Wolfgang Ludwig-Mayerhofer, München 2000, S. 79-108.

524 Gegenüber der These einer Demontage nationaler Wohlfahrtsstaaten als Folge internationaler Konkurrenz wird z. B. eingewandt, daß die nationale Sozialpolitik gerade eine Bedingung der Öffnung nationaler Volkswirtschaften zum Weltmarkt hin sei. Vgl. Rieger, Elmar und Leibfried, Stephan: Grundlagen der Globalisierung: Perspektiven des Wohlfahrtsstaates, Frankfurt/M. 2001.

525 Hier scheint sich die europäische Integration als einflußreicher denn die Globalisierung zu erweisen. Vgl. Scharpf, Fritz W.: Regieren in Europa: Effektiv und demokratisch?, Frankfurt/M. und New York 1999, bes. S. 111-139.

526 Vgl. die Übersicht bei Schmidt, Sozialpolitik, S. 291-295.

Strukturdifferenzierung sich modernisierender Gesellschaften, so kann es nicht genügen, die Dinge *entweder* aus der Sicht des Staates – also juristisch oder politikwissenschaftlich – *oder* aus der Sicht der Marktwirtschaft bzw. einem breiter ansetzenden Konzept der Versorgung und der Wohlfahrtsproduktion – also ökonomisch oder soziologisch – zu betrachten. Es kommt vielmehr gerade auf eine Verschränkung der disziplinären Perspektiven an, um das hybride Gebilde ›Sozialpolitik‹ oder ›Sozialstaat‹ in seiner Eigenart zu erfassen. Und ebensowenig genügt es, Sozialpolitik nur im Hinblick auf ihre unmittelbaren Wirkungen auf die Lebenslagen und Entfaltungschancen von Individuen hin zu diskutieren. Wie nicht zuletzt die dargestellten Begriffsdiskussionen gezeigt haben, hat Sozialpolitik neben personfunktionalen stets auch systemfunktionale Aspekte. Diese zur Sprache zu bringen fällt in einer auf den Wert individualistischer Selbstentfaltung festgelegten Kultur schwer. Individueller Nutzen allein kann jedoch in der Regel keine politischen Mehrheiten mobilisieren. Sozialpolitik, auch soziale Umverteilungspolitik, ist eine Weise, in der sich ein Gemeinwesen seiner basalen Solidarität versichert. Und es tut dies um des kollektiven Nutzens willen, wie der Humankapitalbildung, der inneren Pazifizierung oder der Verwirklichung akzeptierter Werte. Hier spielen nach wie vor kulturelle Leitbilder, institutionelle Traditionen und politische Orientierungen eine motivierende Rolle. Und diese sind von Land zu Land verschieden; in Deutschland scheint z. B. der Begriff der Gerechtigkeit erneuten Einfluß auf die sozialwissenschaftlichen und sozialpolitischen Diskurse zu gewinnen. Nicht zuletzt deshalb verdienen sie eine verstärkte wissenschaftliche Beachtung.

Schlußbemerkung

Aus forschungsökonomischen Gründen mußte diese Studie, die einen Zeitraum von gut 150 Jahren umfaßt, relativ eng an der Begriffsgeschichte von ›Sozialpolitik‹ entlang geführt werden. Abschließend sei kurz auf Ergänzungen zu dieser Perspektive hingewiesen, um ihren Ort mit Bezug auf die internationale sozialwissenschaftliche Diskussion zu verdeutlichen.

Daß das im Vergleich zu England und Frankreich um die Mitte des 19. Jahrhunderts wirtschaftlich rückständige Deutschland zum Pionier des sozialpolitischen Denkens und in eingeschränkterem Maße auch des sozialpolitischen Staatshandelns wurde, ist auf Kontinuitäten der deutschen Staats- und Verwaltungslehre zurückzuführen: Die Traditionen des paternalistischen Fürstenstaates blieben hier auch im 19. Jahrhundert wirksam:

> »Das ausgeprägt christliche Amts- und Dienstverständnis, die Erwartungshaltung gegenüber der Obrigkeit, sie werde für die Realisierung von ›Glückseligkeit‹ und ›guter Policey‹ sorgen, die Neigung schließlich, eher den administrativen Apparat zu reformieren als den Staat umzustürzen, haben sich auch in der Zeit des Liberalismus nicht wirklich verändert. In der Wissenschaftsgeschichte des öffentlichen Rechts zeigt sich auch nach dem Übergang in das 19. Jahrhundert die Dominanz der Verwaltungstheoretiker über die Staatstheoretiker, das Fortleben der ›Policeywissenschaft‹ im Rahmen der Juristenausbildung, sowie die für Deutschland so typische Kombination von Staats- und Selbstverwaltung, föderativer Strukturen und ausgeprägtem sozialem Verantwortungsgefühl.«[527]

Das sozialpolitische Denken entstand somit im Kontext einer spezifischen Staatstradition, die einerseits den Bereich der öffentlichen Verantwortung breit ansetzte, aber andererseits hinsichtlich der Erfüllung öffentlicher Aufgaben nicht auf zentralistische Strukturen (wie z. B. in Frankreich), sondern auf dezentrale und z. T. ›gesellschaftliche‹ Träger setzte. Gerade deshalb erwies sich die Dialektik von ›Staat‹ und ›Gesellschaft‹ im deutschen Kontext als dermaßen plausibel.

527 Stolleis, Michael: Historische Grundlagen: Sozialpolitik in Deutschland bis 1945, in: Geschichte der Sozialpolitik in Deutschland seit 1945, hg. v. Bundesministerium für Arbeit und Sozialordnung und Bundesarchiv, Bd. 1, S. 199-332, Zitat S. 238.

Die deutsche Tradition des sozialpolitischen Denkens unterscheidet sich von der angelsächsichen vor allem durch eine stärkere Betonung kollektiver Funktionen der Sozialpolitik, während angelsächsische Legitimationen sich vornehmlich durch Argumente individueller Wohlfahrt im Sinne des vorherrschenden Utilitarismus legitimieren.[528] Georg Wilhelm Friedrich Hegel und Lorenz von Stein auf der deutschen, Jeremy Bentham und John Stuart Mill auf der britischen Seite können als die repräsentativen Vordenker der jeweiligen sozialpolitischen Diskurse im 19. Jahrhundert gelten. Charakteristisch für die deutsche Tradition der Sozialpolitik ist ferner die Orientierung an der *Arbeiterfrage*, während für die britische Sozialpolitik die *Armutsfrage* das sozialpolitische Leitproblem abgab. In Skandinavien dagegen dominierte die »Leidenschaft für Gleichheit«,[529] in Frankreich die Berufung auf »Solidarité« die sozialpolitischen Diskurse.[530] Eine genauere Beschreibung der nationalen Unterschiede im Umgang mit den sozialen Folgeproblemen von Liberalisierung und Industrialisierung müßte bei den unterschiedlichen Auffassungen zu Staat und Gesellschaft ansetzen.[531]

Der Begriff ›Sozialpolitik‹ hat nicht nur den Vorteil, fast im gesamten Untersuchungszeitraum eine zentrale Stelle in den deutschen Diskursen zur ›sozialen Frage‹ und zu verwandten Themen einzunehmen. Er hat überdies seine ursprüngliche Funktion, sozialwissenschaftliche Problemdiagnosen und politische Maßnahmen in einem übergreifenden ›gesellschaftspolitischen‹ Zusammenhang zu thematisieren, in etwa durchgehalten. Diese tritt gerade im Kontext der jüngeren Diskussionen um die Krise des Sozialstaates erneut hervor. Dennoch ist nicht zu übersehen, daß damit der Problemraum des ›Sozial-Politischen‹ nicht erschöpfend dargestellt werden konnte. Die Beziehungen zwischen ›Staat‹ und ›Gesellschaft‹ – oder moderner: zwischen ›politischem System‹ und den übrigen gesellschaftlichen Teilbereichen – sind

528 Vgl. Pinker, Robert: Social Theory and Social Policy, London 1971.

529 Vgl. Die Leidenschaft für Gleichheit und Gerechtigkeit. Essays über den nordischen Wohlfahrtsstaat, hg. v. Stephen R. Graubard, Baden-Baden 1988.

530 Vgl. Bode, Ingo: Solidarität im Vorsorgestaat. Der französische Weg sozialer Sicherung und Gesundheitsversorgung, Frankfurt/M. und New York 1999.

531 Vgl. hierzu Kaufmann, Varianten des Wohlfahrtsstaats, die Abschnitte »Staat und Gesellschaft« der Länderstudien.

natürlich vielfältiger als ihre Thematisierung unter dem Begriff Sozialpolitik. Vor allem in den letzten Jahrzehnten, hat sich der Raum der Innenpolitik enorm differenziert, man denke nur an die Umweltpolitik und die Forschungs- und Technologiepolitik. Und zudem haben sich die Grenzen zwischen Innen- und Außenpolitik eingeebnet. Auch innerhalb des sozialpolitischen Bereichs haben sich die Politikfelder ausdifferenziert: Man spricht z. B. von Arbeitsmarktpolitik, Familien- und Jugendpolitik, Gesundheitspolitik und Rentenpolitik derzeit weit häufiger als von Sozialpolitik. Diese Bereiche erhalten auch zunehmend eigene wissenschaftliche Grundlagen. Damit wurde das einigende gedankliche Band von Sozialpolitik undeutlich, und dies dürfte einer der Hauptgründe sein, warum die Semantik der Sozial- oder Wohlfahrtsstaatlichkeit in jüngster Zeit diejenige von ›Sozialpolitik‹ weitgehend verdrängt hat.

Auch die Bezeichnungen ›sozialer Staat‹ (zuerst bei Lorenz von Stein) und ›Wohlfahrtsstaat‹ (zuerst bei Adolph Wagner) sind im Kontext der hier präsentierten deutschen Tradition entstanden und haben – ausgehend von Großbritannien – als ›Welfare state‹ ihre internationale Begriffskarriere erst nach dem Zweiten Weltkrieg angetreten. Auslösend wurde hierfür die Programmatik einer Gesellschaft »frei von Furcht und Not«, die angesichts der Kriegserfolge der Achsenmächte der amerikanische Präsident F. D. Roosevelt und der britische Premierminister Winston Churchill in der sogenannten Atlantik-Charta vom 14. August 1941 als Leitbild einer Nachkriegsordnung proklamierten. Von der Atlantikcharta führt ein ziemlich direkter Weg zur Allgemeinen Erklärung der Menschen- und Bürgerrechte der Vereinten Nationen (1948), die neben die klassischen Bürger- und Freiheitsrechte erstmals auch »wirtschaftliche, soziale und kulturelle Rechte« (Art. 22-27) stellte.[532] Damit war das internationale Leitbild eines auch soziale Rechte gewährleistenden Gemeinwesens geschaffen, das sich in der Folge mit dem internationalen Begriff des Wohlfahrtsstaates verbunden hat. In Deutschland wurde die Bezeichnung ›Wohlfahrtsstaat‹ allerdings überwiegend polemisch rezipiert und mit der Idee staatszentrierter Vorsorge- und Versor-

532 Hierzu demnächst ausführlicher Kaufmann, Franz-Xaver: Die Entstehung sozialer Grundrechte und die wohlfahrtsstaatliche Entwicklung. Vortrag G 456 der Nordrhein-Westfälischen Akademie der Wissenschaften, Paderborn (i. Druck).

gungssysteme wie in Großbritannien und Skandinavien verbunden, während das deutsche System selbständiger und nach Berufsgruppen gegliederter Sozialversicherungen dem Leitbild des ›Sozialstaates‹ oder der ›sozialen Marktwirtschaft‹ zugeordnet wird. Bei einem sozialwissenschaftlichen internationalen Vergleich erscheinen ›Sozialstaat‹ und ›Soziale Marktwirtschaft‹ dagegen als die deutsche Variante ›wohlfahrtsstaatlicher Semantiken‹.[533]

Wir müssen jedoch noch genauer unterscheiden: ›Welfare state‹ bezeichnet im angelsächsischen Raum »the *institutional outcome* of the assumption by a society of legal and therefore formal and explicit responsibility for the basic well-being of all of its members«.[534] ›Welfare state‹ meint also im Gegensatz zum deutschen ›Sozialstaat‹ nicht ein Merkmal des Staatskonzeptes oder ein Staatsziel, sondern die institutionelle Verwirklichung des Staatsziels in der Form unterschiedlicher ›Social services‹. Das hat mit dem wesentlich schwächeren Staatskonzept der angelsächsischen Tradition im Unterschied zur kontinentaleuropäischen zu tun.[535] Mit ›Sozialstaat‹ ist in der deutschen Tradition stets der Staat selbst als Ursprung von ›Sozialpolitik‹ angesprochen, und vor allem die sozialwissenschaftliche Tradition seit der Bismarck-Zeit hat sich gerne in die Position des Staates als eines einheitlichen, für den nationalen Zusammenhalt verantwortlichen Akteurs versetzt und sich sozusagen ›den Kopf des Staates zerbrochen‹. Mit dem Vordringen systemtheoretischer Gesellschaftsvorstellungen wird dieses monolithische Staatsverständnis zwar aufgeweicht. Aber das Staatskonzept bleibt als Selbstbeschreibung des politischen Systems für das deutsche Selbstverständnis leitend, während im angelsächsischen Raum eine stärker am demokratischen Prozeß orientierte Selbstbeschreibung vorherrscht. Da die Wohlfahrtseinrichtungen (analytischer: der ›Wohlfahrtssektor‹) im britischen und skandinavischen System jedoch überwiegend unter

533 Vgl. hierzu Stephan Lessenich, Wohlfahrtsstaatliche Grundbegriffe – Semantiken des Wohlfahrtsstaats, in: ders. (Hg.), Wohlfahrtsstaatliche Grundbegriffe. Historische und aktuelle Diskurse, Frankfurt/M. und New York 2003.

534 Girvetz, Harry K.: Welfare State, in: International Encyclopedia of the Social Sciences, hg. v. David L. Sills, o. O. 1968, Bd. 16, S. 512-521, Zitat S. 512 (Herv. F.-X. K.).

535 Vgl. Dyson, Kenneth: The State Tradition in Western Europe, Oxford 1980.

staatlicher Verwaltung stehen und aus Steuermitteln finanziert werden, im deutschen Falle dagegen überwiegend durch formal selbständige Körperschaften des öffentlichen Rechts (z. B. Sozialversicherungen) administriert und durch Versicherungsbeiträge finanziert werden, wird auch aus dieser institutionellen Perspektive die semantische Differenz zwischen ›Welfare state‹ und ›Sozialstaat‹ plausibel: Beim ›Welfare state‹ bezieht sich ›State‹ auf die institutionelle Einbindung, beim ›Sozialstaat‹ auf die politische Verantwortung.[536]

Diese immer noch semantischen und damit am Erkenntnisinteresse dieser Studie orientierten Hinweise öffnen gleichzeitig den Raum auf die breitere Perspektive der institutionellen Zusammenhänge, die nicht Gegenstand dieser Studie werden konnten. Sozialstaat und Sozialpolitik implizieren kulturelle Orientierungen, welche die gleiche Würde aller Menschen legitimieren und ihnen von daher gemeinsame Grundrechte zusprechen. Diese kulturellen Orientierungen haben alte Quellen in Judentum, Antike und Christentum, aber sie haben erst im Zuge der Aufklärung und mit Hilfe unterschiedlicher sozialer Bewegungen ihre politische Form erreicht. Die politische Form eines Freiheitsrechte und Teilhaberechte gewährleistenden Staates gewinnt ihre soziale Qualität jedoch nur nach Maßgabe eines effektiven Wirtschaftssystems. So ist eine möglichst weitgehende Synergie von Wirtschafts- und Sozialpolitik die Erfolgsbedingung wohlfahrtsstaatlicher Politik. Ihre Voraussetzungen zu erkunden wäre die Aufgabe einer Theorie des Wohlfahrtsstaats. Wenn heute in Deutschland die Sozialpolitik in die Defensive geraten ist, ist dies als Folge eines Rückgangs dieser Synergie zu begreifen.

536 Die Leitformel ›Soziale Marktwirtschaft‹ dagegen impliziert, daß die Marktwirtschaft aus sich heraus ›sozial‹ sein könne, was mit der hier vorgestellten Tradition des sozialpolitischen Denkens nur schwer zur Dekkung zu bringen ist. Umgekehrt impliziert natürlich auch das Leitbild des ›Sozialstaates‹ eine hochproduktive Marktwirtschaft. Die rhetorische Verwendung der beiden je nach verschiedenen Richtungen einseitigen Leitformeln korreliert daher nicht von ungefähr mit politischen Präferenzen. Aus analytischer Sicht geht es bei der Analyse der Ordnungsprinzipien europäischer ›Wohlfahrtsstaaten‹ somit stets um das jeweilige *Verhältnis* von politischem System, Marktwirtschaft und anderen (z. B. gemeinnützigen oder familialen) Formen der Wohlfahrtsproduktion. Vgl. Kaufmann, Sozialpolitik und Sozialstaat, Kap. 8 und 11.

Register

1. Personen

2. Einrichtungen

edition suhrkamp
»Kultur und Konflikt«

Unter dem Titel »Kultur und Konflikt« ist 1994 eine Publikationsreihe des Forschungsschwerpunktes in der *edition suhrkamp* eröffnet worden, die von Wilhelm Heitmeyer, Günter Albrecht, Otto Backes und Rainer Dollase herausgegeben wird.

Das Gewalt-Dilemma. Gesellschaftliche Reaktionen auf fremdenfeindliche Gewalt und Rechtsextremismus. Herausgegeben von Wilhelm Heitmeyer. es 1905. 464 Seiten

Die bedrängte Toleranz. Ethnisch-kulturelle Konflikte, religiöse Differenzen und die Gefahren politisierter Gewalt. Herausgegeben von Wilhelm Heitmeyer und Rainer Dollase in Zusammenarbeit mit Johannes Vossen. es 1979. 507 Seiten

Bundesrepublik Deutschland: Auf dem Weg von der Konsens- zur Konfliktgesellschaft. Herausgegeben von Wilhelm Heitmeyer. Zwei Bände in Kassette. es 2004 und es 2034. 1138 Seiten

Verlockender Fundamentalismus. Türkische Jugendliche in Deutschland. Von Wilhelm Heitmeyer, Jochen Müller und Helmut Schröder. es 1767. 277 Seiten

Die Krise der Städte. Analysen zu den Folgen desintegrativer Stadtentwicklung für das ethnisch-kulturelle Zusammenleben. Herausgegeben von Wilhelm Heitmeyer, Rainer Dollase und Otto Backes. es 2036. 470 Seiten

NF 316/1/11.00

Die Bindung der Unverbindlichkeit. Mediatisierte Kommunikation in modernen Gesellschaften. Von Uwe Sander. es 2042. 297 Seiten

Politisierte Religion. Ursachen und Erscheinungsformen des modernen Fundamentalismus. Herausgegeben von Heiner Bielefeldt und Wilhelm Heitmeyer. es 2073. 494 Seiten

Schattenseiten der Globalisierung. Rechtsradikalismus, Rechtspopulismus und separatistischer Regionalismus in westlichen Demokratien. Herausgegeben von Dieter Loch und Wilhelm Heitmeyer. es 2093. 544 Seiten

NF 316/2/11.00

Neue Historische Bibliothek in der edition suhrkamp

»Hans-Ulrich Wehlers fast aus dem Nichts entstandene ›Neue Historische Bibliothek‹ ist nicht nur ein forschungsinternes, sondern auch ein kulturelles Ereignis.«
Frankfurter Allgemeine Zeitung

Werner Abelshauser. Wirtschaftsgeschichte der Bundesrepublik Deutschland 1945-1980. es 1241. 187 Seiten

Peter Alter. Nationalismus. es 1250. 179 Seiten

Helmut Berding. Moderner Antisemitismus in Deutschland. es 1257. 295 Seiten

Walther L. Bernecker. Sozialgeschichte Spaniens im 19. und 20. Jahrhundert. es 1540. 377 Seiten

Manfred Botzenhart. Reform, Restauration, Krise. Deutschland 1789-1847. es 1252. 172 Seiten

Johannes Burkhardt. Der Dreißigjährige Krieg 1618-1648. es 1542. 308 Seiten

Francis L. Carsten. Geschichte der preußischen Junker. es 1273. 224 Seiten

Horst Dippel. Die Amerikanische Revolution 1763-1787. es 1263. 133 Seiten

Christof Dipper. Deutschland 1648-1789. es 1253. 339 Seiten

NF 317/1/11.00

NF 317/2/11.00

Dieter Langewiesche. Deutscher Liberalismus. es 1286. 381 Seiten

Detlef Lehnert. Sozialdemokratie zwischen Protestbewegung und Regierungspartei 1848-1983. es 1248. 261 Seiten

Karl-Egon Lönne. Politischer Katholizismus im 19. und 20. Jahrhundert. es 1264. 339 Seiten

Peter Marschalck. Bevölkerungsgeschichte Deutschlands im 19. und 20. Jahrhundert. es 1244. 203 Seiten

Michael Mitterauer. Sozialgeschichte der Jugend. es 1278. 276 Seiten

Horst Möller. Vernunft und Kritik. Deutsche Aufklärung im 17. und 18. Jahrhundert. es 1269. 354 Seiten

Eckart Pankoke. Die Arbeitsfrage. Arbeitsmoral, Beschäftigungskrisen und Wohlfahrtspolitik im Industriezeitalter. es 1538. 346 Seiten

Detlev J. K. Peukert. Die Weimarer Republik. es 1282. 313 Seiten

Jürgen Reulecke. Geschichte der Urbanisierung in Deutschland. es 1249. 232 Seiten

Klaus Schönhoven. Die deutschen Gewerkschaften. es 1287. 290 Seiten

Hans-Christoph Schröder. Die Revolutionen Englands im 17. Jahrhundert. es 1279. 290 Seiten

NF 317/3/11.00

Winfried Schulze. Deutsche Geschichte im 16. Jahrhundert. es 1268. 312 Seiten

Reinhard Sieder. Sozialgeschichte der Familie. es 1276. 360 Seiten

Wolfram Siemann
- Die deutsche Revolution von 1848/49. es 1266. 256 Seiten
- Gesellschaft im Aufbruch. Deutschland 1849-1871. es 1537. 355 Seiten

Dietrich Staritz. Geschichte der DDR 1949-1989. es 1260. 350 Seiten

Dietrich Thränhardt. Geschichte der Bundesrepublik Deutschland. 1949-1989. es 1267. 387 Seiten

Hans-Peter Ullmann. Das Deutsche Kaiserreich 1871-1918. es 1546. 308 Seiten

Hans-Ulrich Wehler. Grundzüge der amerikanischen Außenpolitik 1750-1900. Von den englischen Küstenkolonien zur amerikanischen Weltmacht. es 1254. 222 Seiten

Albert Wirz. Sklaverei und kapitalistisches Weltsystem. es 1256. 256 Seiten

Gilbert Ziebura. Weltwirtschaft und Weltpolitik 1922/24-1931. Zwischen Rekonstruktion und Zusammenbruch. es 1261. 230 Seiten

Personen, Ereignisse, Soziale Bewegungen. Gesamtregister zur ›Modernen Deutschen Geschichte‹. Redaktion: Bernd Holtwick und Claus Kröger. es 1280. 160 Seiten

NF 317/4/11.00

Geschichte und Politik in der edition suhrkamp Eine Auswahl

Hannah Arendt revisited. »Eichmann in Jerusalem« und die Folgen. Herausgegeben von Gary Smith. es 2135. 320 Seiten

Stephen Bronner. Augenblicke der Entscheidung. Übersetzt von Petra Willim. es 1981. 247 Seiten

Marie-Janine Calic. Der Krieg in Bosnien-Hercegovina. Ursachen – Konfliktstrukturen – Internationale Lösungsversuche. es 1943. 256 Seiten

Lorraine Daston. Vom Nutzen und Nachteil der Historie für die Wissenschaften. es 2199. 80 Seiten

Kurt Eisner. Zwischen Kapitalismus und Kommunismus. Herausgegeben und mit einer biographischen Einführung versehen von Freya Eisner. Mit Abbildungen. es 1982. 311 Seiten

Europa im Krieg. Die Debatte über den Krieg im ehemaligen Jugoslawien. es 1809. 157 Seiten

Richard J. Evans. Im Schatten Hitlers? Historikerstreit und Vergangenheitsbewältigung in der Bundesrepublik. Übersetzt von Jürgen Blasius. es 1637. 283 Seiten

Fluchtpunkt Europa. Migration und Multikultur. Herausgegeben von Martina Fischer. es 2062. 248 Seiten

NF 315/1/11.00

Juan Goytisolo
- Ein algerisches Tagebuch. Übersetzt von Thomas Brovot. Mit Abbidungen. es 1941. 120 Seiten
- Landschaften eines Krieges: Tschetschenien. Übersetzt von Thomas Brovot. es 1768. 110 Seiten
- Notizen aus Sarajewo. Mit zahlreichen Abbildungen. Übersetzt von Maralde Meyer-Minnemann. es 1899. 140 Seiten
- Weder Krieg noch Frieden. Palästina und Israel heute. Übersetzt von Thomas Brovot. Mit Fotos. es 1966. 108 Seiten

Ludolf Herbst. Das nationalsozialistische Deutschland. Herausgegeben von Hans-Ulrich Wehler. 1933-1945. Die Entfesselung der Gewalt: Rassismus und Krieg. NHB. es 1285. 495 Seiten

Alfred Herzka. Kuba. Abschied vom Kommandanten? es 2061. 258 Seiten

Die Hexen der Neuzeit. Studien zur Sozialgeschichte eines kulturellen Deutungsmusters. Herausgegeben von Claudia Honegger. Mit 15 Abbildungen. es 743. 393 Seiten

Wolfgang Hoffmann-Riem
- Kriminalpolitik ist Gesellschaftspolitik, es 2154. 240 Seiten
- Modernisierung von Recht und Justiz. Eine Herausforderung des Gewährleistungsstaates. es 2188. 368 Seiten

Dick Howard. Die Grundlegung der amerikanischen Demokratie. Übersetzt von Ulrich Rödel. es 2148. 450 Seiten

Konrad H. Jarausch. Die unverhoffte Einheit. 1989-1990. es 1877. 416 Seiten

NF 315/2/11.00

Judentum im deutschen Sprachraum. Herausgegeben von Karl E. Grözinger. es 1613. 435 Seiten

Ketzer, Zauberer, Hexen. Die Anfänge der europäischen Hexenverfolgungen. Herausgegeben von Andreas Blauert. es 1577. 285 Seiten

Ekkehart Krippendorff. Kritik der Außenpolitik. es 2139. 240 Seiten

Kritisches Wörterbuch der Französischen Revolution. Herausgegeben von François Furet und Mona Ozouf. Zwei Bände. es 1522. 1712 Seiten

André Leroi-Gourhan. Die Religionen der Vorgeschichte. Paläolithikum. Übersetzt von Michael Bischoff. Mit Abbildungen. es 1073. 171 Seiten

Christian Meier. Die Ohnmacht des allmächtigen Diktators Caesar. Drei biographische Skizzen. es 1038. 287 Seiten

Oskar Negt/Alexander Kluge. Geschichte und Eigensinn. Drei Bände. Mit zahlreichen Abbildungen. es 1700. 1249 Seiten

»Niemand zeugt für den Zeugen«. Erinnerungskultur und historische Verantwortung nach der Shoa. Herausgegeben von Ulrich Baer. es 2141. 278 Seiten

Frank Niess. Die europäische Idee – aus dem Geist des Widerstands. es 2160. 260 Seiten

Ostdeutsche Biographien. Lebenswelt im Umbruch. Herausgegeben von Rainer Zoll unter Mitarbeit von Thomas Rausch. es 2078. 416 Seiten

NF 315/3/11.00

Politik ohne Projekt? Nachdenken über Deutschland. Herausgegeben von Siegfried Unseld. es 1812. 494 Seiten

Schattenseiten der Globalisierung. Rechtsradikalismus, Rechtspopulismus und separatistischer Regionalismus in westlichen Demokratien. Herausgegeben von Dietmar Loch und Wilhelm Heitmeyer. es 2093. 544 Seiten

Bernhard Schlink. Heimat als Utopie. es-Sonderdruck. 48 Seiten

Alessandro Silij. Verbrechen, Politik, Demokratie in Italien. Übersetzt von Ulrich Hausmann. es 1911. 389 Seiten

Der Spanische Bürgerkrieg. Eine Bestandsaufnahme von Manuel Tuñón de Lara, Julio Aróstegui, Angel Viñas, Gabriel Cardona, Joseph M. Bricall. es 1401. 708 Seiten

Standort Europa. Europäische Sozialpolitik. Herausgegeben von Stephan Leibfried und Paul Pierson. es 2021. 400 Seiten

Dietrich Staritz. Geschichte der DDR. 1949-1989. Aktualisierte Neuausgabe. NHB. es 1260. 350 Seiten

Hans-Peter Ullmann. Das Deutsche Kaiserreich 1871-1918. NHB. es 1546. 308 Seiten

Paul Veyne. Foucault: Die Revolutionierung der Geschichte. Übersetzt von Gustav Roßler. es 1702. 84 Seiten

Vom Ewigen Frieden und vom Wohlstand der Nationen. Dieter Senghaas zum 60. Geburtstag. Herausgegeben von Ulrich Menzel. es 2173. 640 Seiten

NF 315/4/11.00

Von der Risikogesellschaft zur Chancengesellschaft. Herausgegeben von Erwin Teufel. es 2209. 300 Seiten

Was hält die moderne Gesellschaft zusammen? Herausgegeben von Erwin Teufel. es 1977. 340 Seiten

Der Zusammenbruch der DDR. Soziologische Analysen. Herausgegeben von Hans Joas und Martin Kohli. es 1777. 325 Seiten

Eine kleine Geschichte ...

Eine kleine Geschichte Brasiliens. Von Walther L. Bernecker, Horst Pietschmann und Rüdiger Zoller. es 2150. 368 Seiten

Kleine Geschichte Haitis. Von Walther L. Bernecker. Unter Mitarbeit von Sören Brinkmann und Patrick Ernst. Mit Abbildungen. es 1994. 220 Seiten

Eine kleine Geschichte Polens. Von Rudolf Jaworski, Christian Lübke. Michael G. Müller. es 2179. 384 Seiten

Eine kleine Geschichte der Schweiz. Der Bundesstaat und seine Traditionen. Von Manfred Hettling, Mario König, Martin Schaffner, Andreas Suter, Jakob Tanner. es 2079. 322 Seiten

Eine kleine Geschichte Ungarns. Von Holger Fischer und Konrad Gündisch. es 2114. 302 Seiten

NF 315/5/11.00